沈钧儒手迹选

嘉兴市文史研究馆
南湖革命纪念馆
沈钧儒纪念馆 编

群言出版社
QUNYAN PRESS
·北京·

图书在版编目（CIP）数据

沈钧儒手迹选 / 嘉兴市文史研究馆，南湖革命纪念馆，沈钧儒纪念馆编 . -- 北京：群言出版社，2024.2（2024.6 重印）
（民盟历史文献）
ISBN 978-7-5193-0920-6

Ⅰ . ①沈… Ⅱ . ①嘉… ②南… ③沈… Ⅲ . ①沈钧儒（1875-1963）- 文集 Ⅳ . ① C53

中国国家版本馆 CIP 数据核字 (2024) 第 013117 号

责任编辑：李　群　宋盈锡
封面设计：杭州美迪图文设计有限公司

出版发行：群言出版社
地　　址：北京市东城区东厂胡同北巷1号（100006）
网　　址：www.qypublish.com（官网书城）
电子信箱：qunyancbs@126.com
联系电话：010-65267783　65263836
法律顾问：北京法政安邦律师事务所
经　　销：全国新华书店

印　　刷：北京九天鸿程印刷有限责任公司
版　　次：2024年2月第1版
印　　次：2024年6月第2次印刷
开　　本：889mm×1194mm　1/16
印　　张：19.25
字　　数：165千字
书　　号：ISBN 978-7-5193-0920-6
定　　价：240.00元

《沈钧儒手迹选》编委会

序

中华人民共和国开国大典纪录片的画面中，天安门城楼上有一位鹤发银髯、清瘦慈祥的老者立于毛主席左后方，这位老者，就是我们的祖父——沈钧儒。

祖父一生，因爱国奉献而光辉灿烂。他祖籍嘉兴，出生苏州。在88年的人生征途上，始终勇立时代潮头，全力寻求让祖国和人民摆脱苦难、获得解放的真理。曾为新中国首任最高人民法院院长，历任第一、第二、第三届全国政协副主席，第一、第二届全国人大常委会副委员长，民盟中央主席等职。他是救国会“七君子”领头人，是著名的法学家与教育家，是坚定的民主主义者、伟大的爱国主义者，更是中国共产党的亲密战友和“杰出的党外共产主义战士”。我的伯伯周恩来代表中央赞他为“民主人士左派的旗帜”，董必武誉他是“一切爱国知识分子的光辉榜样”。

如今距祖父逝世已59年，而他好像从未离开。现代诗人臧克家有诗云：“有的人死了，他还活着。”对于我们来说，祖父就是这样的人。在这长达半个多世纪的时间里，家族后人、故乡人民乃至社会各界对他的怀念始终持久而深切。他的简朴、清廉，他的家国情怀、责任担当，他的以身树人、以情育人……他留下的巨大人格魅力和崇高精神风范，将永远光照故梓、激励后人。

为让更多人走近祖父高尚纯粹的灵魂，了解他笔墨手书下的学术思想和精神情操，感悟他言传身教中的良好家风，嘉兴市文史研究馆、南湖革命纪念馆与沈钧儒纪念馆共同组织编撰出版了这本《沈钧儒手迹选》。该书共分为家书、诗稿、日记、书法四个部分，比较系统地整理和收录了祖父的亲笔手书稿，并仔细校注，后附释文，是真实记录和生动展现这位德高望重的爱国知识分子心路历程的珍贵史料，是保存沈钧儒文物和提供沈钧儒研究的极佳举措。

本书为祖父原件手迹影印，是在业已出版的《寥寥集》《沈钧儒家书》等基础上，进一步全面审慎校对、整理、编辑而成，诸多细节尚属首次公开，殊为不易。尤其让我感到欣慰的是，由我们亲属后辈捐赠的祖父手迹史料，那么多年来不仅得到了很好的保存，更得到了多方面的研究和利用，从而使更多的人从中了解祖父的精神风范。在此，我谨代表沈老亲属后辈，对嘉兴市文史研究馆、南湖革命纪念馆、沈钧儒纪念馆等有关单位的倾情付出致以诚挚感谢！

是为序。

周秉德

二〇二二年十月

编辑说明

这部《沈钧儒手迹选》整理和收录了沈钧儒家属捐赠给沈钧儒纪念馆的部分亲笔手书稿，是真实记录和生动展现这位德高望重的爱国知识分子心路历程的珍贵史料，对于保存沈钧儒文物和提供沈钧儒研究具有重要意义。

我们在编辑过程中，最大程度地保留作品原貌，对内文体例进行如下调整和规范：

1. 本书根据内容，将其作品分为四个部分，即：家书、诗稿、日记、书法。

2. 保持原文体例、风格不变。

3. 为了尽量真实地反映原信的样式和内容，对原信中属于解释性的双行小字和夹于行间的小字，我们均使用小号的楷书字体来加以区别。对于原信中少量的错字和异体字，我们也都保持了原样，仅在该字的后面加括号，注明正字或现今通用的字。

4. 书信中尚有一些人名，因各种原因实在无法一一查证并标注说明，已注的人名也可能存在失误。此次出版，对此进一步做了核实的工作。

由于时间仓促、工作繁重，在编校过程中难免出现疏漏之处，敬请读者批评指正。

群言出版社

二〇二三年九月

目录

家书

诗稿

日记 ‖ 辛酉年（一九二一年）

书法 ‖

家书

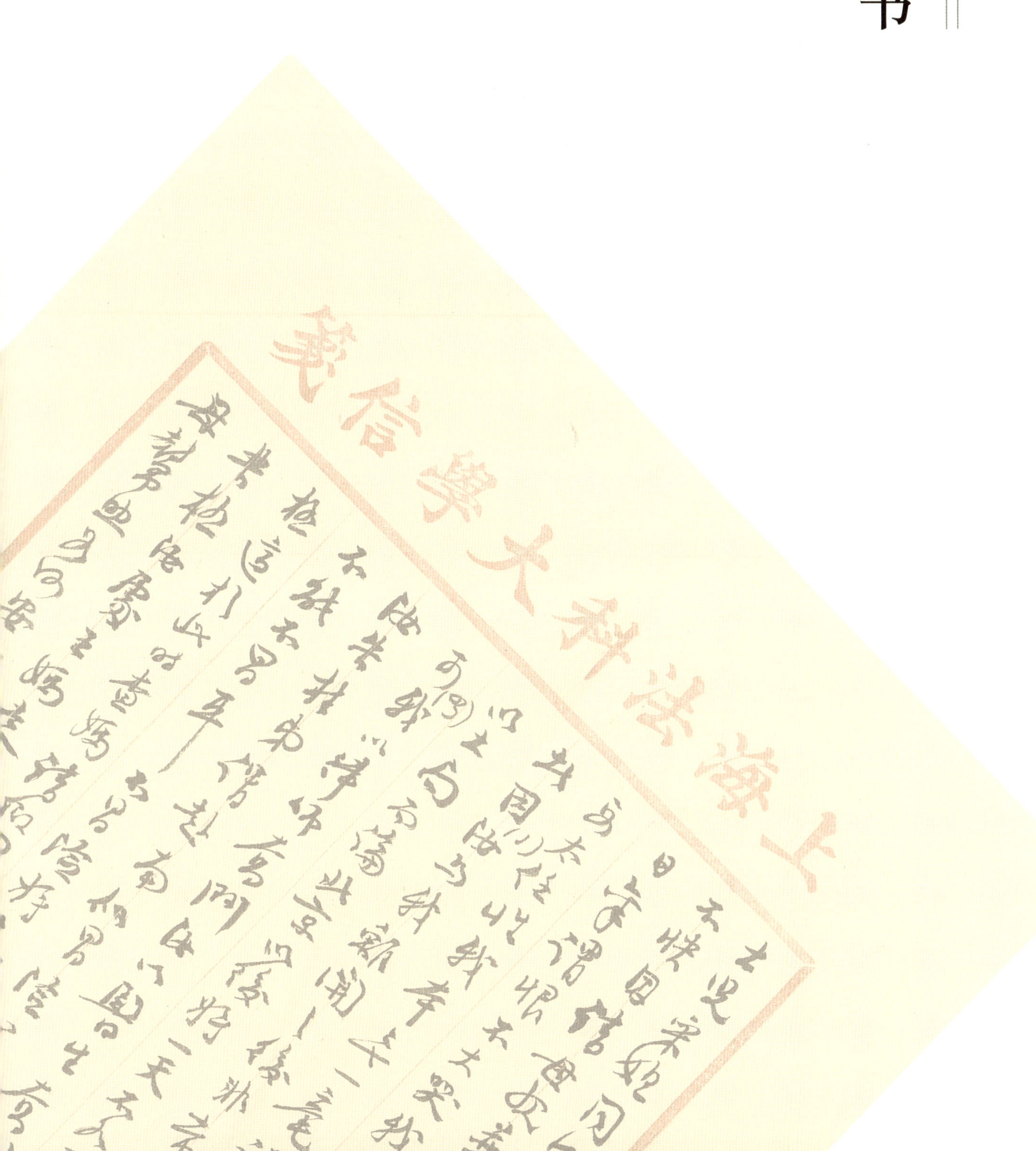

同去安慶否、短衫褲鞋子均做好、並有搭連華襪、妙極、多謝〻〻、王
晉藩来必帶来也、兄近身子甚好、胃口亦旺、牙鮮久不出、海参三月
起停服、尚有四十餘枚、留至冬間吃之、此物近查藥書、無甚大益處
也、兄擬做一菊花枕、要小、勿切邊、勿做花、中間勿空洞、白洋布足矣、大
約六七寸長三四寸濶、做好後有便帶来、儘不要緊、並望為
母親亦做一個、在同竟無暇寫信、廿九返署、歇息兩月、抽暇作此、餘詳
寄弟輩信可取閱 匆〻即頌
近佳 兩兒好 鈞儒手泐 五月初三日十点燈下

来信太客氣、以後福躬侍安等勿用、有寫錯字、特附正於此
收拾、要寫拾字、 些〻如此寫、惟恐勿寫未恐、 再說非最說、
自大人以次均好、非似字、 水土服非復字、 有親頭 就是頑皮
賜、躬、暖、怕、燈、

十四傍晚將到蒲城、離城尚有一里、忽然風雨交作、並聞雷聲、車中
沙土頃刻積有寸許、車幾為風吹倒、可怕之至、南中所無也、端五日
幕友等約至東里劉家花園游玩、離城十里、騎馬去、園小而布
置甚好、臺樓池榭無一不具、此間已稱難得、 初七日註

孟嬋賢妹足下、前月初十曾作一書、附寄
岳父信中、計已收到、十三與大哥隨十二舅父起身赴同、十四行次
蒲城忽接臬署馬遞、拆開、中有三月十七日
手書、不勝欣喜、然客中岑寂、思之愈益惆悵、迢迢千里、
妹其何以慰我念乎、另謀事甚不易、且舅父相待極好、如此遠
道跋涉尤難、不能不細為斟酌、四面想來、終以緩議為是、處館
兄實怕極、意欲捐教、尚未打聽明白、如費一二百金、可以得缺、決擬
辦之、附生捐教、斷乎不能得缺、止好作為罷論矣
妹以為可否、書弟不進學、聞之甚為納悶、
岳父自不快活、然書弟筆下實不能進學、只要自己肯要好、得失
遲早自有一定、原可不必在意、惟兄與相處數年、自問絲毫無
以相益、未免思之愧恨耳、鳴弟近尚用心否、立弟知近好騎馬、確
否、管先生究如何、甚念、菊官皮、只好聽之、惟字又不認、是何緣故乎
萬勿令間斷、至要至要、杏官想好、天氣漸熱、兩兒均勿令多吃香瓜
以免腹瀉等患、近用粗做尚能做事否、
妹第一勿無故憂悶、心跳等患、須要靜養、家中搬屋、一時恐未必
成功、現住之房、諸多不便、想必回去過夏、勿貪涼食冷、至囑至囑、劉嫗

沈钧儒致张象徵的信

一九〇一年六月二十二日

孟婵[①]贤妹足下：

前月初十曾作一书，附寄岳父[②]信中，计已收到。十三与大哥[③]随十一叔父[④]起身赴同，十四行次蒲城。忽接臬署马递，拆开，中有三月十七日手书，不胜欣喜。然客中岑寂，思之愈益惆怅。迢迢千里，妹其何以慰我念乎！另谋事甚不易，且叔父相待极好，如此远道，跋涉尤难，不能不细为斟酌。四面想来，终以缓议为是。处馆兄实怕极，意欲捐教，尚未打听明白。如费一二百金，可以得缺，决拟办之。附生捐教，断乎不能得缺，止好作为罢论矣。妹以为可否？书弟不进学，闻之甚为纳闷。岳父母自不快活，然书弟笔下，实不能进学。只要自己肯要好，得失迟早，自有一定，原可不必在意。惟兄与相处数年，自问丝毫无以相益，未免思之愧恨耳。鸣弟[⑤]近尚用心否？立弟[⑥]知近好骑马，确否？管先生究如何？甚念。菊官皮[⑦]只好听之，惟字又不认，是何缘故？千万勿令间断。至要至要。杏官[⑧]想好？天气渐热，两儿均勿令多吃香瓜，以免腹泻等患。近用粗做[⑨]尚能做事否？妹第一勿无故忧闷、心跳等患，须要静养。家中搬屋，一时恐未必成功。现住之房，诸多不便，想必回去过夏，勿贪凉食冷。至嘱至嘱。刘妪之利，本拟寄给，前信嘱将账簿上清账抄来，现俟寄到，即设法附汇不误。琨弟款真难为情，奈何？闰妹妹有喜否？此番蕴嫂亦同去安庆否？短衫裤鞋子均做好，并有搭连（褡裢）笔袋，妙极。多谢多谢。王晋藩来必带来也。兄近身子甚好，胃口亦旺，牙鲜久不出。海参三月起停服，尚有四十余枚，留至冬间吃之。此物近查药书，无甚大益处也。兄拟做一菊花枕，要小，勿切边，勿做花，中间勿空洞，白洋布足矣。大约六七寸长，三四寸阔，做好后有便带来，尽不要紧，并望为母亲亦做一个。在同竟无暇写信，廿九返署，歇息两日，抽暇作此。余详寄弟辈信，可取阅。匆匆即颂近佳！两儿好！

钧儒手泐　五月初三日十点灯下

来信太客气，以后“福躬侍安”等勿用。有写错字，特附正于此：

收拾要写拾字。些些如此写。惟恐勿写未恐。再说非最说。自大人以次均好非似字。水土服非复字。有亲头，就是（不）顽皮。赐、躬、暖、怕、灯。

十四傍晚将到蒲城，离城尚有一里，忽然风雨交作，并闻雷声，车中沙土顷刻积有寸许。车几为风吹倒，可怕之至，南中所无也。端五日幕友等约至东里刘家花园游玩，离城十里，骑马去。园小而布置甚好，台楼池榭无一不具，此间已称难得。

初七日注

【注解】

①孟婵：沈钧儒夫人（1874—1934），名张象徵，字孟婵。

②岳父：张廷骧，号翰伯，吴县名士，曾为县学府贡生花翎三品衔中书科中书。

③大哥：沈钧儒之兄，名保儒（1871—1950），字惠甫，号定九，别号声隐。

④十一叔父：沈钧儒之叔父沈卫（1864—1945），字友霍，号淇泉，别号兼巢。时以甲午翰林简放甘肃正考官、陕西学政（即学台）。

⑤鸣弟：妻孟婵之弟。

⑥立弟：妻孟婵之弟。

⑦皮：苏州一带方言，顽皮、调皮之意。

⑧杏官：沈钧儒次子沈诚（1898—1984），字君成，小名杏官。

⑨粗做：苏州一带方言，即佣人。

孟嫜收閱

孟嫜足下。初三寄一信。計廿五六可到。頃忽憶及出月初七。乃（歲生日也）
岳母大人六旬大慶之辰。道遠不能趨叩。又無物可寄以將意者。深爲愧愧不安。茲寄去八元。以省齋佛買物等用。如能
辦趨酒一席。（自辦如八碟五簋一品鍋物物。可以似勝館子中菜多多矣。）最妙。均請
足下斟酌可也。家中信來。近狀之窘。無以復加。一兩元之事。躊躇束手。竟至無法。兄在外洒然無慮。幾不知有此艱苦。因思
足下用度。自亦必拮据萬分。此間滙到家中之款。時有脱節。想必先與
岳父大人移用。（如適在缺窘之時。移用亦不少。不得已仍向家中索取。務望寫條呈送母親大人。勿令姬輩傳話。深恐家中亦適窘乏。有時不能應付。爲若輩所笑也。至要至要。千萬親筆。勿令弟輩代書。）前爲
岳母大人所借。合之長生加利等項。共已借過若干。甚念念。菊兒想已改讀史鑑節要。蒙學各書。想係
岳父大人買給。感激之至。女僕似至今尚未用成。是否錢少事多。故若輩不甚情願。（只要好。少加工錢亦不妨也。）如因兩兒擠糟不好服事。致怕極而逃。務望
足下加以管束爲要。兄以爲不拘老少巧笨。只要肯做事。説得起。即屬可用。不可過於苛求。須要曲加體諒。惟懶而多言之人。
斷不可用。未知現在究已用定未。念極念極。屢易生手。受累可知矣。兄近甚健。日來天氣已凉。可不赤膊。廿五取齊本棚。又有卷
子看了。匆匆書此。外賀柬一紙。望上呈。又爲書弟乞十一弟寫名片兩紙。内有一紙似頗好。望付書弟。即問
近佳。不多及。兩兒好。

衡山手泐 七月初十日

岳母大人慈前請安。閨弟均爲致意。

（爲朱竹石治目之醫。必甚高明。不知岳父之耳疾。渠能醫治否。）

（今番適嚴氏同來蘇州者。是小家妹妹。還是小玉妹妹。便望示知。小玉妹妹今年似亦廿）

（七月初四有信云。俄約甚棘手。全權電云。據使臣照會。要以三事。一不使他國與知。一不令他國指使。一先定兩國甘心之約。方能議和。以上數語兄告岳父大人爲要。又另寫了一條。可以之上呈也。）

沈钧儒致张象徵的信

一九〇一年八月二十三日

孟婵足下：

初三寄一信，计廿五六可到。顷忽忆及出月初七，乃岳父母大人六旬大庆之辰，道远不能趋叩，又无物可寄以将意者，深为悚愧不安！兹寄去八元，以备斋佛买物等用。如能办面酒一席自办如八碟五簋一品锅，物物可口，似胜馆子中菜多多矣，最妙。均请足下斟酌可也。今番适严氏同来苏州者，是小家妹妹，还是小玉妹妹？便望示知。小玉妹妹今年似亦廿岁生日也。家中信来，近状之窘，无以复加，一两元之事，踌躇束手，竟至无法。兄在外洒然无虑，几不知有此艰苦，因思足下用度，自亦必拮据万分，此间汇到家中之款，时有脱节，想必先与岳父大人移用。如适在归宁之时，移用已不少，不得已仍向家中索取，务望写条呈送，千万亲笔，勿令弟辈代书。母亲[1]大人，勿令妪辈传话，深恐家中亦适窘乏，有时不能应付，为若辈所笑也。至要至要！前为做夹马褂等，以后此等处大可省去，兄尚有一件黑布者也。其钱是否亦向岳母大人所借，合之长生加利等项，共已借过若干，甚念甚念！菊儿[2]想已改读史鉴节要，蒙学各书，想系岳父大人买给，感激之至！女仆似至今尚未用成，是否钱少事多，故若辈不甚情愿。只要好，少加工钱，亦不妨也。如因两儿挤糟[3]不好服事，致怕极而逃，务望足下加以管束为要。兄以为不拘老少巧笨，只要肯做事，说得起，即属可用，不可过于苛求，须要曲加体谅。惟懒而多言之人断不可用，未知现在究已用定未？念极念极。屡易生手，受累可知矣。兄近甚健，日来天气已凉，可不赤膊。廿五取齐本棚，又有卷子看了。匆匆书此，外贺柬一纸，望上呈。又为书弟乞十一叔写名片两纸，内有一纸似颇好，望付书弟。即问近佳！不多及。两儿好！

岳父母大人慈前请安。阖第均为致意。

衡山手泐　七月初十日

为朱竹石治目之医，必甚高明，不知岳父之耳疾，渠能医治否？

七月初四省信云：俄约甚棘手，全权电云，据使臣照会，要以三事。一不使他国与知；一不令他国指使；一先定两国甘心之约，方能议和。以上数语，乞告岳父大人为要。又另写了一条，可以之上呈也。

【注解】

①母亲：潘德琬（1851—1917），号佩珩，江苏吴县人。

②菊儿：沈钧儒长子，名谦(1895—1977)，号汝兼，小名菊官或阿菊。

③挤糟：苏州一带方言，啰唆、吵闹等意。

孟嬋閣下：前月十二寄一信，並洋五十元，由五弟轉交，想已收到。本月初四接正月廿九日又亦知
手書，詳細已極，快如面談，欣快不可言喻。並相念益甚矣。搬家滬上之說，本已作罷，種種為難
之。菊者入學堂，日來思之，亦多未妥。且家中已有先生，只好俟歸來再說，已函告五弟矣。省儉最難
家信上又亦不敢多說，真無可如何也。菊者現在應讀何書，務必請教
岳父、叔仲仁大哥。千萬勿令白費精神。至要至要。兄近體甚健，歸期雖尚有半年，亦倏忽之間耳。惟祝彼
此保重。艸艸泐此，即候
近好。兒輩並念。
三月十七日 鈞儒手布
又託岳父買書兩種，信到望即以兩元上呈。至要至要。
上海有女學報，望閣下購閱之。一年大約亦花不了多錢，而可以增許多見解。其報如否，可再一請教
岳父。至要至要。

沈钧儒致张象徵的信

一九〇二年四月二十四日

孟婵阁下：

前月十二寄一信，并洋五十元，由五弟转交，想已收到。本月初四接正月廿九日手书，详细已极，恍如面谈，欣快不可言喻，然相（想）念益甚矣。搬家沪上之说，本已作罢，种种为难，兄亦知之。菊、杏入学堂，日来思之，亦多未妥，且家中已有先生，只好俟归来再说，已函告五弟矣。省俭最难，家信上兄亦不敢多说，真无可如何也。菊、杏现在应读何书，务必请教岳父或仲仁大哥，千万勿令白费精神。至要至要。兄近体甚健，归期虽尚有半年，亦倏忽之间耳。惟祝彼此保重。草草泐此即候近好。儿辈并念！

三月十七日　钧儒手布

兄托岳父买书两种，信到望即以两元上呈，至要至要！

上海有女学报，望阁下购阅之。一年大约亦花不了多钱，而可以增许多见解。其报好否，可再一请教岳父，至要至要！

夫人閣下：連接兩信，書如晤面，快極快極。因未定動身日期，故未即覆。想蒙垂
妹記念，知日來妹及兩兒想均大健，均在念中。妹經期不準不暢，益母膏等止均有流法，可
細細一看。至要。茲將各事列後，以清眉目。
一、今晚上船，趁大阪公司船，名叫海丕留。坐其三等艙，每人十九元。同行者尚有錢自嚴之
婿任鵠淮源，十八歲，共四人。路上可不寂寞。四日到神戶起岸，十九必抵東京。
一、此番到申後，身子甚健。曾扣道台，登在報上。知之者皆來送行，故亦甚忙。曾与鳴申看丹
桂戲一次，馬戲一次，坐吳淞火車一次，其的玩耍比未暇及。鳴申曾陪書級兩次，頗得應裁
後，姓諸的又未去。十一妹請鳴申，鳴申亦未去。此次同行，鳴申甚能說話，又亦老氣樣矣。
惟早起渠竟不甚慣，並不如何（勿告他人）。到東後，幸渠亦不能不早起矣。今日上船即須改裝，又頭
髮後面又剃去一塊，鳴申自己剪，竟不放心（條去一半），教剃頭再去，恐其偷，又笑之。毫
一、彥雲告我云，蘇州初等小學好極，在顏夫子廟者尤其最佳。又因去鎮投考甚遲，
欲叫菊官去，其中已額四十已滿。彥雲云又菊去不適，融請託藍方一打聽，進去每月須錢
若干，教習據云最好。定後即由藍方函告彥雲，不如彥雲日來在滬，二十邊回蘇。菊官如
去，須開明中文讀至何書，地理問答讀至何處，英文曾讀何書，算學曾習加減乘除，至要。
一、三日來天又壽熱，悶得了不得。此次大風，寶山傷人數千，上海從包房、寶山岸路的失不止百萬，可
謂鉅矣。

一每月之十五元，又已函托四弟，四弟代云必当照办。节前嘱四弟送去十元，未知送去否，函以为念。加兴寄款妈七八两月，已由此间寄出，九月起妹寄可也。年底寄信，只要寄信封回此。

内洋两元送嘉兴南门帮岸沈六老太爷收下，即乞转交沈二老太太安启

一儿辈要买各物，又无此间钱，望告以到东洋再买，必较上海的好也。儿辈留不可与女婢说玩话及骂人，吃东西第一勿许自己作主，言语见人要有规矩。

一辞行字另开，要帖未还，妙极，感极。

一由母款带回各物，照开如下。厚棉被一条，被里一个（因在此买得，故年底此来），衣箱一个，内夹被一条，棉袄一件，夹袄一件，青布长衫一件，粗布短衫裤一付，纺绸套裤一双，枕衣一个（又之两个均在外国大皮包内），破短衫一件（寄存鸣处），东茶篮内看图镜子一面（买来妹可用，止小洋八角也），扇子一把，扇面一页，数珠一部，望切缘如，礼摇图说两本（官作菊漱口），锡盂一套。以上各物均由查入为多。寄来即告行李箱，带到东洋矣，将来均要用也。

一岳母近来好么，时念之至，由为请安。二少奶奶寄鸣弟信，未知如何寄法，千万勿以告诉鸣弟为妙。母款大约二十后缘家，又之眼镜由告藏另作寄，十一味灵便。常熟人可恶已极，此后不可再用，大约母款四家即须歇脱，由寄申买之可也。

钧俟到东再详。此行千里，小别一年，怅极怅极。又外画四套（请以两套），给杏一套（东京名胜），给菊一俟荣官可矣矣。菊要用英文书，不必多买，以后如真要用，妹以钱交。

钧儒手，十三日早

沈钧儒致张象徵的信

一九〇五年十月十三日

夫人阁下：

连接两信，喜如晤面，快极快极！因未定动身日期，故未即复，想蒙吾妹记念矣。日来妹及两儿想均大健，时在念中。妹经期不准不畅。益母膏单上，均有吃法。可细细一看。至要至要。兹将各事列后。以清眉目。

一、兄定今晚上船，趁大阪公司船，名叫海而笛，坐其三等舱，每人十元。同行者尚有钱自严[①]之甥，姓任号淮源[②]，十八岁，共四人，路上可不寂寞。四日到神户起岸，十九必抵东京。

一、此番到申后，身子甚健。曾拜道台，登在报上，知之者皆来送行，故亦甚忙。曾与鸣弟看丹桂戏一次，马戏一次，坐吴淞火车一次，其余玩事皆未暇及。鸣弟曾吃番饭两次，顾缉庭严俊叔请的，兄未去。十一叔请鸣弟，鸣弟亦未去。此次同行，鸣弟甚听我话，兄亦老气横冬（秋），惟早起渠竟不甚惯，无可如何。到东后，幸渠亦不能不早起矣。今日上船即须改装，兄头发后面又剃去一尖角。鸣弟自己剪勿告他人，修去一半竟不放心教剃头弄，云恐其偷，兄笑之。

一、彦云告我云，苏州初等小学好极，在颜夫子庙者，尤其最佳。兄因去镇抚司前甚近，意欲叫菊官去，其中足额四十已满，彦云云，如菊去，可通融，请托蕴哥一打听。进去每月须钱否？教习据云最好。定后即由蕴哥函告彦云可也。彦云日来在沪，二十边[③]回苏。菊官如去，须开明中文读至何书，地理问答讲至何处，英文曾读何书，算学曾习加减乘除，至要！

一、三日来天又奇热，闷得了不得，此次大风，宝山伤人几千。上海货色房屋岸路所失不止百万，可谓钜（巨）灾。

一、每月之十五元，兄已函托四弟，四弟信云必当照办。节前嘱四弟送去十元，未知送去否？至以为念。加（嘉）兴寄亲妈七八两月，已由此间寄出，九月起妹寄可也，无须写信，只要写信封，照此(内洋两元送嘉兴南门帮岸沈六老太爷收下即乞转交沈二老太太安启）。

一、儿辈要买各物，兄无此闲钱，望告以到东洋再买，必较上海的好也。儿辈最不可与女婢说玩话，及骂人，吃东西第一勿许自己作主，走路见人，要有规矩。

一、辞行单另开，吴帖未还。妙极！感极！

一、由母亲带回各物，照开如下：厚棉被一条，被囊一个，因在此买得软包故无须此矣，衣袋一个，内夹被一条，棉袄一件，夹袄一件，青布长衫一件，粗布短衫裤一付，纺绸套裤一双，枕衣一个，兄之两个均在外国大皮包内，破短衫一件，寄在鸣弟考篮内者，圆镜子一面，买来妹可用，止小洋八角也，扇子一把，扇面一页，类腋一部，望均归好，体操图说两本，给菊官，漱口锡盂一套。以上各物，均望查入为要。寄来纱长衫套裤，带到东洋矣，归来时要用也。

一、岳母近来何如？敬念之至，望为请安。二少奶奶寄鸣弟信，未知如何写法，千万勿以苦语告鸣弟方好。母亲大约二十后归家。兄之眼镜，望告蕴哥仍寄十一叔处觅便。常熟人可恶已极，此仆不可再用，大约母亲回家，即须歇脱[④]。余俟到东再详。此行千里，小别一年，怅极怅极！

兄钧儒顿首　十三日早

外画四套，请以两套给杏，东京名胜一套给菊，一给荣官，可笑之至。菊要用英文书，不必多买，以后如真要用，妹以钱交四弟，寄申买之可也。

【注解】

①钱自严：名崇威（1870—1969），字自严、慈严，江苏吴江人。光绪三十年中进士，殿试入翰林。次年赴日学法律。民国初年任江苏省高等检察所检察长、上海市律师公会主席等。为著名书法家、诗人。1954年，任江苏省文史馆馆长。

②淮源：任淮源，钱自严的外甥。

③边：苏州一带方言，近之意，二十边，即近二十日。

④歇脱：苏州一带方言，解雇之意。

孟婷足下。别来甚念。匆匆竟未暇寄書。前日得〔前月日五时之英洋十五元刑帖一张想已收到〕
来示。欣悉一一。丞日大祇看戲回家。竟未上岸。不覺吃力否。四弟信来故知之。甚念甚念。又
前日寄四弟信。有
母親大人動身情形。想必送来閲之。又與次乾今日午後五点准開船（德公司船）三等艙每人十五元。聞
甚餘舫到神戸上岸。必即先寄一信以慰吾
妹懸盼之意。餘事條列如後。

一小學堂如此情形。菊兒不令去甚丞。惟達之明年究竟如何。渠曾告四弟云。並無他就之
意。須已函囑四和便再詢一確實。如達之願就。不知
岳父意下何如也。

一昨得青島電。（上海園南里沈到安）夜十点三刻送来。
母親以次今日可安抵青島矣。欣快之至。

一每月寄用款十五元。又還楊姬十元。共二十五元。已託仲樸三弟按月匯寄
岳父處。寄到無須回信。付一收條為要。楊姬款本洋五十元。利每月乙元。付至何月。渠自有
摺。徐姬款本洋三十元。利每月三角。付至卅一年七月初一日止。以後還去十元。利少兩角。扣
出為要。如何情形。隨後
妹自稟聞
母親可也。

一蘭如剃頭時。曾借徐媽八角。係四弟代還。能還四弟最好。十一妹處新弟弟廿一剃頭。隨
便寄些物件。不必講究。便可。

一嘉興寄祖母月費。又寄至六月。現在不必補寄。仍從本月起。按月兩元。寫明七月分
可也。到年底再併寄不遲。

一来青書才亀不可自丢。多看自明。多問自知。蘇又脩尋家庭或青教育和年。極

有意思能細看之得益不淺

一

岳父處需還之款如先生綢緞等年底必設法歸楚

一兒輩不許做不經着衣裳吃点心等不許小人自己作主不許罵人夜睡頭必要放在枕上衣裳須自摺好將来出門便當多こ起来必令其自將頭髮攏好勿許披在面前此皆從前父親以之訓兒等者勿使改此樣子兒亦感謝吾妹也長生果及油灼米粉各物妹與兒輩均不宜多吃兒輩見客必令着長衣言之煩こ自覺可笑幸勿責我也

一四弟要棉袍套及對襟棉馬褂已否送去

一留出之縐生褲大可穿之上海有紅皮底圓頭蒲鞋面女鞋甚好看頭上拉鎖子妹如欲購可將脚寸寫出交與三弟婦帶申仲樸弟自接頭也大約一元二角

一遷 二十前來申

一三弟老師處已託孫比於無人時告之爲要

一鳴申寄回發財票一條尚未對過又棉馬甲一件夾馬褂一件夾衫一件

一兒寄回書兩冊夾馬褂一件夾衫一件棉馬甲一件夾袄一件夾套褲一双單褲兩條短衫一件均望寄入爲要

飯後即上船到東再詳一切率此敬頌

近佳 兩兒並念

兒鈞儒手 十六日午刻

沈钧儒致张象徵的信

一九〇五年十月十四日

孟婵足下：

别来甚念，匆匆竟未暇寄书。前日得来示，欣悉一一。前日五叔叔带送洋十五元，呢帽一顶，想已收到。是日大观看戏回家，竟走上岸，不觉吃力否？四弟信来故知之，甚念甚念！兄前日寄四弟信，有母亲大人动身情形，想必送来阅之。兄与次乾今日午后五点准开船。德公司船，三等舱每人十五元，闻甚舒服，到神户上岸，必即先寄一信，以慰吾妹悬盼之意。余事条列如后：

一、小学堂如此情形，菊儿不令去甚是。惟达之明年究竟如何？渠曾告四弟云，并无他就之意。顷已函嘱四弟，便再询一确实，如达之愿就，不知岳父意下何如也。

一、昨得青岛电，（上海图南里沈到安）夜十点三刻送来，母亲以次今日可安抵省寓矣，欣快之至！

一、每月寄用款十五元，又还杨妪十元，共二十五元，已托仲朴三弟按月迳寄岳父处。寄到无须回信，付一收条为要。杨妪款本洋五十元，利每月一元，付至何月，渠自有折。徐妪款本洋三十元，利每月三角，付至卅一年七月初一日止，以后还去十元，利少两角，扣出为要。如何情形，随后妹自禀闻母亲可也。

一、兰侄剃头时，曾借徐妈八角，系四弟代还，能还四弟最好。十一叔处新弟弟廿一剃头，随便寄些物件，不必讲究便可。

一、嘉兴寄祖母月费，兄寄至六月，现在不必补寄，仍从本月起，按月两元，写明七月分（份）可也，到年底再併（并）寄不迟。

一、妹看书千万不可自诿，多看自明，多问自知。兹又购得家庭感情教育两本，极有意思，能细看之，得益不浅。

一、岳父处需还之款，如先生绸缎等，年底必设法归楚。

一、儿辈不许做不经著[①]衣裳，吃点心等不许小人自己作主，不许骂人，夜睡头必要放在枕上，衣裳须自折好，将来出门，便当[②]多多。起来必令其自将头发攞好，勿许披在面前。此皆从前父亲以之训兄等者，勿使改此样子，兄亦感谢吾妹也。长生果及油灼米粉各物，妹与儿辈均不宜多吃。儿辈见客，必令著长衣。言之琐琐，自觉可笑，幸勿责我也。

一、四弟要棉袍套及对襟棉马褂，已否送去？

一、留出之卫生裤，大可穿之。上海有红皮底圆头蒲鞋面女鞋，甚好看，头上拉锁子，妹如欲购，可将脚寸写出，交与三弟妇带申。二十前来申，仲朴弟自接头也，大约一元二角一双。

一、立弟彦云处已托到，望于无人时告之为要！

一、鸣弟寄回发财票一条，尚未对过。又棉马甲一件，夹马褂一件，夹衫一件。

一、兄寄回书两册，夹马褂一件，夹衫一件，棉马甲一件，夹袄一件，夹套裤一双，单裤两条，短衫一件，均望察入为要！

饭后即上船，到东再详一切。率此敬颂近佳。两儿并念。

兄钧儒顿首　十六日午刻

【注解】

①经著：苏州一带方言，著，念za，即穿之意，即耐穿、不易穿破之意。

②便当：苏州一带方言，方便、容易之意。

難為情、彼時寫一信與母親為要、楊媼之款、四弟來信、皆云由渠還、如此亦好、以後楊媼如來、即令其往四弟處可也、妹曾付利兩元、可即劃作閶門局錢、又寄四弟代、當與說明、天氣漸冷、妹衣服等等、思之竟一籌莫展、小妹妹皮襖尚未還、為之奈何耶、上海每月寄款、我已寄四十洋、並必於每月初十前寄蘇、想必可以如願也、又即借餘錢、只存十一外處、山東每月寄止二十五元、前信云云、其意蓋謂寄呈母親、非亟幫助大哥家用耳、其實可笑之至、昨聞朱劼丞云、下半年即結太不興、十月份止二十兩、果然又將奈何、令人悶悶、吾妹愛我之心、我自知之、有話儘管直寫、又能無不謂然也、岳母近體何如、致念之至、上次大發、究竟因何而起、令人馳念不已、吾妹體次、千萬你自珍養、做襖織等、不可太夜深、至要至要、母親棉鞋做好後想你寄由上海貨便、妹放足近到如何地步、念念、二妹處道喜帖子、已由此間遞寄福建、送分一節極難、妹擬做些儒裝、甚好、即以此辦法可也、此間天氣正二月（即中國之二三月）至三月之間極冷、過於蘇州、次弟厚棉被未帶、渠甚悔之、大家妹夫出來時、可否托其一帶、以渠一時不動身、亦不要緊也、珍珠一說、恐你不確、若將久在此、每日大概情形、及近日天氣、略敘於下、（每日六點至七點前後必起、打疊被褥、出茶、洗面、吃首烏丹、少停吃牛乳一大杯、麵包四塊、到學堂、不到學堂則作他事、無定、午飯四碗（不過中國兩碗）、小菜兩碟、一葷多魚（向中不吃魚故他吃閑之時多）、一素、鼓湯、另一小碟、多鹽菜等、午後有課則到學堂、六點後夜飯、與午飯同、飯後專習日語、十點打八段錦、吃生蓮子、攤鋪蓋睡覺）（日間穿衛生衣、小棉襖、外罩外國服、（在房中則穿棉袍子）夜間蓋薄的棉被兩條及絨毯、不蓋他物、近數日如此）

孟婶如面：不寄信廿幾月餘矣。一則事忙，一則恃　妹之必能我諒，以至如此，然忽忽竟不自
覺為時太久，未知勞　妹幾許思想矣。此後當隔兩禮拜，無論如何必寫　妹一書，以贖我罪，
以慰　妹情。然萬語千言，祇增惆悵，為之奈何。前月十八接第一號　手書，今日初三接第二號
手書，再三閱之，幾不能釋手，甚矣我兩人之苦情也。明歲一節必力成之，否則誠無以對我可愛可
感之　妹妹矣。自去歲以來，我心中之感慨甚多，　妹止見我之在家中者耳，其他在世界在一身者，
則　妹不知也。夏間在家，時相爭論者，皆係　妹以言激我，因急欲辯明所致，其實正欲使我
兩人之心意不隔也。　來書云我在外，亦有此種煩惱，何不諒我耶，如在家又要爭論矣，一笑。第
二號代封，寫得好極，可喜之至。近來文理亦勝於前。　母親大哥來信，均讚菊官字好，云像
三弟，我知之，實在快甚。此　妹督教之效也。　妹管小孩，趁此亦可自家看書，最妙之事。達之
到安徽，我最料到。曾先生亦好，但菊官英文如何弄法，四弟處太遠，我思之不得妙法，躊躇之
至。可與四弟商量，不知近處有教英文者否。杏官身體想好，此孩好寫字，可讓其寫字，或臨畫
花亦好。寫至此，又想著小人二事：一粉食點心有損無益，千萬勿令多吃，勿令常吃。一弄火千萬
不可用腳去踏。我還記得杏官燒壞小妹妹鏡子時，腳底踏得滾熱，可怕之至。卯官近來如何
有趣了，時亦念之。　母親來信，盛言大嫂之不會教導小孩，又說大嫂脾氣之不高明，並無一語
說　妹妹。大約蘇信意亦如此，吾　妹千萬勿以自疑。　妹之心，豈獨我一人說好耶。　母親來信，深
望桐菊兩人早日發達，而以四弟伉儷之不和，又甚念蘭官，欲　妹常去看視。吾　妹千萬勿怕

此間伏侍的名下女、尚周到、洗衣服等出去洗、要常乾淨、中國所未有。父來此後、洗過四回澡、遊玩卻沒有到過幾處、止遊過三個公園、一叫上野、多樹木、有油畫院、極好看、中畫的係日俄攻守旅順情形、天光日色、人影炮烟、無不逼真、一叫淺草、有水族館、中畜各種水內動物、奇奇怪怪、皆係活的、甚為有趣、有泥人景物、與真人大致相仿、有圖畫館、畫軸極多可愛、一叫日比谷、長林豐草、散步極佳。至於平日所見、則街市間往來者、男女大小、以學生為最多也。父朋友戚屬中有潘子欣甥甥（甥婿亦在此學蠶絲、來此已兩年有餘）、硯生表兄、王曉滄及雷博四人、同年中有良臣兄弟、自嚴魯孫劫餘數人、其餘同鄉極疏、不大然、不敢多與往來、既多費、又妨工課也。次冲竟不甚用功、父時時苦口相勸、蓋其在家於用功兩字未經習慣、故不能耐苦、紙烟亦不能不吃、此甚費也。然妹千萬勿告一人、至要至要、蓋次冲之不能用功、由於不知用功方法、非不肯也。日本最潔淨、次冲糟而懶、父實在看不過、時時規勸、近稍好些矣。父前日拍一照、俟半月後方能取得、當即寄妹。父在此一切自當小心、工課雖忙、其中卻有味道。蘊之處未寄一書、甚為抱歉、務為我致意。純堂處亦須令轎官說到。立弟近况何、倘要出洋、必須於外用功於英文、即平時飲食及衣服隨意亂放等習氣、均須改去方妙也。三冲常通信、務使已撤、未知無害否、寄我晶章一方、可愛之至、並云正月間須來看我也。抽暇寄此。妹閱之如與我並坐握手而談心矣、千里不遠。說惟孫重、菊香讀書寫字、務須用心、然最要令其活潑、不可看得出看用功樣子、使小人膽勞筋生病。閱次冲夫人臘月來家、然今千萬勿為所見也。

父鈞儒書 十一月初五日午後

外付書兩片

此信千萬千萬棄去為要

沈钧儒致张象徵的信

一九〇五年十二月一日

孟婵如面：

不寄信者几一月余矣，一则事冗，一则恃妹之必能我谅，以至如此。然忽忽竟不自觉为时太久，未知劳妹几许思想矣，此后当隔两礼拜，无论如何，必寄妹一书，以赎我罪，以慰妹情。然万语千言，只增惆怅，为之奈何！前月十八接第一号手书，今月初三接第二号手书，再三阅之，几不能释手。甚矣我两人之苦情也，明岁一节，必力成之，否则诚无以对我可爱可感之妹妹矣。自去岁以来，我心中之感慨甚多，妹止见我之于家中者耳，其他于世界、于一身者，则妹不知也。夏间在家，时相争论者，皆系妹以言激我，因急欲辩明所致，其实正欲使我两人之心意不隔也。来书云我在外，可省此种烦恼，何不谅我耶，如在家，又要争论矣。一笑。第二号信封，写得好极，可喜之至。近来文理，亦胜于前。母亲大哥来信，均赞菊官字好，云像三弟，我知之实在快甚，皆妹督教之效也。妹管小孩，趁此亦可自家看书，最妙之事。达之到安徽，我最料到，曹先生亦好。但菊官英文如何弄法，四弟处太远，我思之不得妙法，踌躇之至，可与四弟商量，不知近处有教英文者否？杏官身体想好。此孩好写字，可诱其写字，或瞎画花亦好。写至此，又想着小人二事，一、粉食点心，有损无益，千万勿令多吃，勿令常吃，一、弄火千万不可用脚去踏。我还记得杏官烧坏小妹妹镜子时，脚底踏得滚热，可怕之至。卯官[①]近来如何有趣了，时亦念之！母亲来信，盛言大嫂之不会教导小孩，又说大嫂脾气之不高明，并无一语说妹，大约苏信意亦如此，吾妹千万勿以自疑。妹之心，岂独我一人说好耶。母亲来信，深望榴菊两人早日发达，而以四弟伉俪之不和，又甚念兰官，欲妹常去看视。吾妹千万勿怕难为情，暇时写一信与母亲为要。杨妪之款，四弟来信，皆云由渠还，如此亦好。以后杨妪如来，即令其往四弟处可也。妹曾付利两元，可即划作阊门局钱。兄寄四弟信，当与说明。天气渐冷，妹衣服等等，思之竟一筹莫展。小妹妹皮袄尚未还，为之奈何耶！上海每月寄款，我已寄函十一叔，恳必于每月初十前寄苏，想必可以如愿也。兄印结余钱，皆存十一叔处。山东每月寄止二十五元。前信云云，其意盖谓寄呈母亲，非是帮助大哥家用耳，其实可笑之至。昨闻朱劼丞[②]云，下半年印结太不兴，十月分（份）止二十两，果然又将奈何，令人闷闷。吾妹爱我之心，我自知之，有语尽管直写，兄断无不谓然也。岳母近体何如？敬念之至！上次大发，究竟因何而起？令人驰系不已！吾妹体次，千万深自珍养。做袄袜等，不可太夜深，至要至要！母亲棉鞋做好后，想系寄由上海觅便。妹放足，近到如何地步，念念！二叔处道喜帖子，已由此间迳寄福建，送份一节，极难。妹拟做些绣货，甚好。即如此办法可也。此间天气，正二月即中国之二三月至三月之间极冷，过于苏州。次弟厚棉被未带，渠甚悔之。尤家妹夫出来时，可否托其一带。如渠一时不动身，亦不要紧也。珍珠一说，恐系不确。兹将兄在此每日大概情形及近日天气，略叙于下（每日六点至七点前后必起，打叠被褥，出恭，洗面，吃首乌丹，少停，吃牛乳一大杯，面包四块，到学堂。不到学堂则作他事，无定。午饭四碗，不过中国两碗，小菜两碟，一荤，多鱼，鸣弟不吃鱼故他吃肉之时多，一素，或汤，另一小碟，多盐菜等。午后有课则到学堂。六点后夜饭，与午饭同。饭后专习日语。十点，打八段锦，吃生莲子，摊铺盖睡觉）（日间穿卫生衫，小棉袄，外罩外国服在寓中则穿绵袍子。夜间盖薄的棉被两条，及绒毯，不盖他物，近数日如此）。此间伏（服）伺的名下女，尚周到，洗衣服拿出去洗，异常干净，中国所未有。兄来此后，洗过四回澡，游玩却没有到过几处，止游过三个公园。一叫上野，多树木，有油画院，极好看，中画的系日俄攻守旅顺情形，天光日色，人影炮烟，无不逼真。一叫浅草，有水族馆，中畜各种水内动物，奇奇怪怪，皆系活的，甚为有趣，有泥人景物，与蜡人大致相仿，有图画馆，画轴极多可爱。一叫日比谷，长林茸草，散步极佳。至于平日所见，则街市间往来者，男女大小，以学生为最多也。兄朋友、戚属中有潘子欣舅舅舅妈亦在此学养蚕，来此已两年有余砚生表兄王晓涵[3]及云抟[4]四人，同年中有良臣兄弟自严鲁珍[5]劼丞数人，其余同乡颇复不少。然不敢多与往来，既多费，又妨工课也。次弟竟不甚用功，兄时时苦口相劝，盖其在家，于用功两字，未经习惯，故不能耐苦。纸烟亦不能不吃，此甚费也。然妹千万勿告一人，至要至要！盖次弟之不能用功，由于不知用功方法，非不肯也。日本最洁净，次弟糟而懒，兄实在看不过，时时规劝，近稍好些矣。兄前日拍一照，须半月后方能取得，当再寄妹。兄在此，一切自当小心。工课虽忙，其中却有味道。蕴之处未寄一书，甚为抱歉，务为我致意。纪堂处，亦须令菊官说到。立弟近如何？倘要出洋，必须格外用功于英文，即平时饮食，及衣服随意乱放等习气，均须改去方妙也。三弟常通信。韩使已撤，未知无害否？寄我晶章一方，可爱之至，并云正月间须来看我也。抽暇写此，吾妹阅之。如与我并坐握手而谈心矣。千里不远，诸惟珍重。菊杏读书写字，务须用心，然最要令其活泼，不可看得出有用功样子，使小人脑筋生病。闻次弟夫人腊月归家，我信千万勿为所见也。

兄钧儒顿首　十一月初五日午后，外信封两个。

此信千万焚去为要！

【注解】

①卯官：沈钧儒夫人张象徵大弟弟的儿子，名张贤达，号孝通，小名卯官。

②朱劼丞、③王晓涵、④云抟、⑤鲁珍：皆为沈钧儒日本留学时的同学。

益婢如晤。昨寄一信。想達。刻接三十日手示。誦悉一是。来東之事。岳父来諭已允。「小女既属君家。欲其何之。愚斷無阻止之理。」何以妹信又云。「其势不能如願。止好作為罷論。務望来書勿再提及。」似乎妹亦不願来矣。奇甚奇甚。前次岳父来諭。有云「小女無不勉從。此即其有德處。」似乎欲相偕来東。今出於乃父一人之意思。吾妹實是勉強俯從。若是如此。我真可謂多事矣。不識情理矣。但妹意思何如乎。何以乃父喋喋言之。而吾妹則竟做旁觀。彷彿真像乃要勉強妹来者耶。長者教訓。乃自能受。況愛我如岳父。豈忍以言語相抵觸。但前次来諭。並非教訓。乃是嘲笑。故不能不辯白以求原諒。倘仍不能見諒。以後去禀。恐仍不免犯冒。寧可罵我百靈。不能默默作啞子作糊塗蟲也。前次岳父来諭云。「夫婦之情。正以相洽雖遠。永久不渝。乃見為真。豈可以不能岳父情殷虧空一切不顧者。實以(一)則來東之意。確是出於我兩人意思。毫不勉強。(二)則吾妹實不宜再久居母家。(三)來東後確有許多好處也。令妹乃說我絕極。又云祇好作為罷論。是旁人看來。全是又一人胡鬧。岳母更不必說。我說了許多。徒然得罪岳父。得了一個百靈別號。真是可笑。真是可嘆。不能不謝謝吾好妹妹也。又除了自己一身之外。以後不敢一毫作主。菊妹吾專俟吾妹來函決定。杏牙痛自有吾妹作主。日後來想已大念。又亦不念。惟求家中大家亦多念我。讓我在海外自由自在。無思無慮。做一翱飛天外之百靈。則我乃大樂矣。此復

敬頌

盦婦近祉。不盡欲言。

又 鈞儒

初七日

攜手而滅。」兄屢亟辯云。「長者但聞小姐。彼亦可深信婿非此等人。」今

來諭亦云。「來書語氣絃極。」閱之為之嘆息。然則兄與吾

妹真絃極者也。既是絃極。又要假意欲同來東。觸怒

岳父。得百靈之罵以為有趣。兄真不足取之人也。否則亦天下第一等

聾大者矣。然而我果如是者乎。諒吾

妹亦自知之。但何以說我絃極耶。來東之意。是我兩人合議。

妹何以竟無一言。

岳母之思念固知。但如其北行。豈不是一樣要相念。北行則可。東行則不可。

真無理可說也。至吾

妹實不宜再住母家。「家中均是兩位姑太太做主」之語。蔣家九弟亦知之。

前日談及。兄力辯其為不實不盡之事。九弟亦云深知之。且極言來東

後於此層亦有益。犯不着處此嫌疑之地。又吾

妹不能常往四弟處。

母親亦屢以為言。兄雖婉轉解釋。然終是受累之事也。否則兄在此間。

沈钧儒致张象徵的信

一九〇六年

孟婵如晤：

昨寄一信，想达。刻接三十日手示，诵悉一是。来东之事，岳父来谕已允，“小女既属君家，欲其何之，愚断无阻止之理”。何以妹信又云，“其势不能如愿，止好作为罢论。务望来书勿再提及”。似乎妹亦不愿来矣，奇甚奇甚！前次岳父来谕，有云“小女无不勉从，此即其有德处”。似乎欲相偕来东，全出于兄一人之意思，吾妹实是勉强俯从。若是如此，我真可谓多事矣，不讲情理矣。但妹意固是何如乎？何以兄喋喋言之，而吾妹则竟做旁观，仿佛真像兄要勉强妹来者耶。长者教训，兄自能受，况爱我如岳父，岂忍以言语相抵触，但前次来谕，并非教训，乃是嘲笑，故不能不辩白以求原谅。倘仍不能见谅，以后去禀恐仍不免犯冒，宁可骂我百灵，不能默默作哑子作糊涂虫也。前次岳父来谕云，“夫妇之情，正以相隔虽远，永久不渝，乃见为真。岂可以不能携手而减”。兄复函辩云，“长者但问小姐，彼亦可深信婿非此等人”。今来示亦云，“来书语气疏极”。阅之为之叹息。然则兄与吾妹真疏极者也，既是疏极，又要假意欲同来东，触怒岳父，得百灵之骂以为有趣，兄真不足取之人也，否则亦天下第一等戆大①者矣。然而我果如是者乎？谅吾妹亦自知之。但何以说我疏极耶？来东之意，是我两人合成，妹何以竟无一言，岳母之思念固矣，但如其北行，岂不是一样要相（想）念。北行则可，东行则不可，真无理可说也。至吾妹实不宜再住母家。“家中均是两位姑太太做主”之语，蒋家九弟亦知之，前日谈及，兄力辩其为不实不尽之事，九弟亦云深知之，且极言来东后于此层亦有益，犯不着处此嫌疑之地。又吾妹不能常往四弟处，母亲亦屡以为言，兄虽婉转解释，然终是受累之事也。否则兄在此间，经济之窘，如何形状，次弟当能言之，何必一定要妹同来，自寻烦恼。兄之所以如此得罪岳父，情愿亏空，一切不愿者，实以（一）则来东之意，确是出于我两人意思，毫不勉强；（二）则吾妹实不宜再久居母家；（三）来东后确有许多好处也。今妹乃说我疏极，又云只好作为罢论，是旁人看来，全是兄一人胡闹。岳父母更不必说，我说了许多，徒然得罪岳父，得了一个百灵别号，真是可笑！真是可叹！不能不谢谢吾好妹妹也。兄除了自己一身之外，以后不敢一毫作主。菊归否，专俟吾妹来函决定。杏牙疳自有吾妹作主，日来想已大愈，兄亦不念。惟求家中大家亦勿念我，让我在海外自由自在，无思无虑，做一翔飞天外之百灵，则我乃大乐矣。

此复敬颂孟婵近祉。不尽欲言。

兄钧儒顿首　初七日

【注解】

①戆大：苏州一带方言，傻瓜之意。

益婶如晤。八號信並照片等。想早帶到。日來蘇州天氣何如。吾
妹要否已經穿棉。此間日來奇暖。已可着夾。又眠起有時。三日一浴。體次頗健。惟相念之思久
而益切。前日手上偶傷木刺。無人能為我一拑。使吾
妹在此。則必無此苦。又自庚子冬出門。至今離去在外。思之可慨已極。欲思兩全之道。惟有同
妹出來。別無他法。吾
妹如有躊躇之意。真無以慰我心也。日來本審
岳母大人慈躬能否增健。至深懸念。至于此間用款。又每年學費有五百餘元。又即伏南需
妹之百八十元。合之一年可有七百元。此間如潘子飛、馬幼漁等。皆夫婦同來。詢其每月用款。皆云至
多五十。自可敷用。即使不敷。主家亦可助我。且常借之百元。前日已寄還矣。又所深盼者尤在
妹之放腳。至出洋一層。無論如何。母親總可商量。即
岳母亦不能不放也。而況書生。既已如此。止好擱開。但求從現在起。所讀之書。不至再生。便好。從前
看書。有無用者。惟學記、曲禮。（禮記篇名）必須令兩兒熟讀。（已生亦要理）至要至要。菊宜能早起否。廿的習
慣。大了難改。吾家亦坐此毛病也。務必痛戒菊宜。至要至要。責令書款寫字。宜教之。第一食物
勿令隨意挑選。又窃恨此種也云
妹何以睡覺何以起來。有的看書否。甚念念。又前照神氣如何。剪了辮子吾
妹亦恨我否。　母親近有信來。均安好。約再以印頃
近祉　又翁傳年　二十四日（九號）　江陰查有信來。回信請他人寫。念念。

沈钧儒致张象徵的信

一九〇六年三月十八日

孟婵如晤：

八号信并照片等，想早带到。日来苏州天气何如？吾妹是否已经穿棉？此间日来奇暖，已可着夹。兄眠起有时，三日一浴，体次颇健，惟相念之思，久而益切。前日手上偶伤木刺，无人能为我钳，使吾妹在此，则必无此苦。兄自庚子冬出门，至今奔走在外，思之可慨已极。欲思两全之道，惟有同妹出来，别无他法。吾妹如有踌躇之意，真无以慰我心也。日来未审岳母大人慈躬能否增健，至深敬念。至于此间用款，兄每年学费有五百余元，又印结内寄妹之百八十元，合之一年可有七百元。此间如潘子欣、马幼渔①等皆夫妇同来，询其每月用款，皆云至多五十，自可够用，即使不够，三弟必可助我。渠前借之百元，前日已寄还矣。“兄所深盼者，尤在妹之放脚，至出洋一层，无论如何，母亲总可商量，即岳母亦断不能不放也。”两儿书生，既已如此，止好搁开，但求从现在起所读之书，不至再生，便好。从前各书，有无用者，“惟学记、曲礼礼记篇名，必须令两儿熟读已生亦要理。至要至要！”菊官能早起否？少时习惯，大了难改，鸣弟亦坐此毛病也，务必痛戒菊官，至要至要！杏官喜欢写字，宜教之。第一食物勿令随意挑选，兄最恨此种也。吾妹何时睡觉？何时起来？有时看书否？甚念甚念。兄前照神气如何？“剪辫子吾妹亦恨我否？”母亲近有信来，均安好。余再及。

即颂近祉。

兄钧儒顿首　二十四日（九号）

江阴想有信来，回信请何人写？念念。

【注解】

①潘子欣、马幼渔：沈钧儒日本留学时的同学。

孟婵如晤。初二接九号手示。欣慰之至。朱鲁珍兄动身。托其带去一小
包。均破裤袜等。亦未及写信。中国短衫裤及袜等。穿在洋服里面。亦不适意。现均赠此间者用之。甚好且便宜。妹处勿做。亦可以省
妹想不责我也。前陈伯申来带药太多。用至明年尚不能尽。同窗诸人以为好有人向之乞之以
药笑谓之。家中人惟望我何身体康健耳。大分家大矣。以后望勿如此了
本拟交朱鲁珍带四首乌丸。因加味不同。岳父亦不能用而止。
妹在家为难情形。我所深知。现与二少奶奶同房。言语千万小心。至要至要。
又知其家次弟信。有云大姊出去。可否设法令姊夫稍缓云云。如何可耶。
岳母日健。下怀亦慰。家宅不吉。又不甚信。倘
岳母一人搬至冯家。甚势不能。大约二少奶奶同去。然
岳父又更寂寞。亦非所宜。若大家同搬。何等费事。似无如此办法。吾
妹千万勿出主意为要。女佣仍用徐妈亦好。寄祖母月费。今年寄过否。
便中亦知照。
母亲来谕。要妹打听四弟近状。因即以来信云云禀告矣。四弟如此胖

聞四弟甚窘，而四妹竟不知，亦殊不情也。

氣二兄亦無法。初八曾接四弟六號信，已寄三弟處。吾

妹見四弟，望告知此語。並云醉雲圖書即刻，作為四弟送孫君者云也。又銷準再作

夏矣。兩兒究竟如何，勿怕先生。儘不要緊。先生又非老虎妖怪，何必要怕。望

妹為我告兩兒：讀書第一要讀得明白，勿許多懂處。不問先生，我錄家要

考察也。又須自思：又錄國山東、上海、蘇州皆可去，不要說定我家在何處，則

妹又住在岳家，竟與本家一樣，可為一笑。又甚健。學課尚不算也。次弟不

甚用功。只看渠意思，不一定須久留日本。其實亦思家之故。

岳母近又多病，此亦不能怪渠。真難處也。大哥信來，近曾咯紅，心境甚不

佳。菊兒信去，須要請安。大哥偏祕大嫂姬愛薔官，而於楊官則稍差。

母親亦然。兄聞之甚喜。蓋不欲專及於楊官有益也。又於楊官寔愛之。

妹知之也。姊姊勸此。話多不遍。即頌

益嬸近祉

鈞儒手 十二日

（十一號）

此間甚暖。蘇州如何。千萬珍重。不另一一。

玉雲堂製

沈钧儒致张象徵的信

一九〇六年四月五日

孟婵如晤：

初二接九号手示，欣悉一一。朱鲁珍兄动身，托其带去一小包，均破裤袜等，亦未及写信。中国短衫裤及袜等，穿在洋服里面，究不适意，现均购此间者用之，甚好，且便宜。妹处勿做，至要至要！吾妹想不责我也。前陈伯申来带药太多，用至明年，尚不能尽。同寓诸人，以为必有吃局[1]，兄示之以药，笑谓之曰：家中人惟望吾们身体康健耳，大家大笑。本拟交朱鲁珍带回首乌丸，因加味不同，岳父亦不能用而止。以后望勿如此。吾妹居家为难情形，兄所深知。现与二少奶奶同房，言语千万小心，至要至要！兄知其寄次弟信，有云大姊出去，可否设法令姊夫稍缓云云，如何可耶。岳母日健，下怀深慰。家宅不吉，兄不甚信。倘岳母一人搬至冯家，其势不能，大约二少奶奶同去，然岳父又更寂寞，亦非所宜。若大家同搬，何等费事，似无如此办法，吾妹千万勿出主意为要。女仆仍用徐妈亦好。寄祖母月费，今年寄过否？便中示知为盼。

母亲来谕，要妹打听四弟近状，因即以来信云云禀告矣。四弟如此脾气，真是无法。初八曾接四弟六号信，已寄三弟处闻四弟甚窘，而四妹竟不管，亦殊不情也。吾妹见四弟，望告知此语，并云醉云图书即刻，作为四弟送孙君者可也，兄稍迟再作复矣。两儿究竟如何？勿怕先生，尽不要紧，先生又非老虎妖怪，何必要怕。望妹为我告两儿，讲书第一要听得明白，勿许勿懂处，不问先生，我归家要考察也。兄顷自思兄归国，山东、上海、苏州皆可去，而要说定我家在何处，则妹又住在岳家，竟与无家一样，可为一笑。兄甚健，学课尚不算忙。次弟不甚用功，兄看渠意思不一定愿久留日本，其实亦思家之故。岳母近又多病，此亦不能怪渠，真难处也。大哥信来近曾咯红，心境甚不佳。菊儿信去，须要请安。大哥偏听大嫂，颇爱蔷官[2]，而于榴官则稍差，母亲云然。兄闻之甚喜，盖不欢喜反于榴官有益也，兄于榴官实爱之，妹知之也。草草泐此，语多不通。

即颂孟婵近祉。

钧儒顿首　十二日（十一号）

此间甚暖，苏州如何？千万珍重！不尽一一。

【注解】

①吃局：苏州一带方言，即吃的东西、食物之意。

②蔷官：保儒的小女儿，名沈咏，小名蔷。

買好枕可如意之針窘是且頤心裏適意再說現在學費
不到六十文矣。可歎亦可笑也。千萬勿告他人為要。
妹窘竟不能頤。慚愧之至。同行之約。今年竟成畫餅。然必不
能一刻忘之。菊官為好。渠不用冷水洗面也。此間並無骨簪可
買。不知小妹妹從何處看見。便望
示及。昨日王詠梅朱魯珍二君歸國。託其帶回織絨框屏四條。可
作為吾
妹喜事送分之用。又玩物數種。共兩匣兩包。此菊官寄紫蘭者。
蘭匣內有圖章小扇等。亦四弟之物也。立求錶決勿忘。因此間之物遠
不及上海。緣的必購贈耳。近時四妹如何情形。前寄
岳父照片一方。內惟菊官補氣尚好。想見及也。又近躬諒好。
惟思心中各事。無一可快意者。同屬亦無一可以解悶之人。真乏
味耳。此間
近好。季官勿令任性及懶惰為要。

兄鈞儒白 菊隨叩

第△△△
第二號

益婢如晤。前月二十一日寄第一號信。到否。初六接第三次
手示。所志一一。字較前大好。可喜之至。間時望更隨意學習。
惟有錯字。如刻字誤為刻。淅字誤為折之類。英文本不要緊。現
可置之腦後。各種淺知及淺近算學書。能看看最好。
岳母處
妹看書習字。大約是怕因此辛苦耳。
岳父來信云。明年待囡不到學堂。小姐二嬸娘切可教之。然又不願
妹教之。因待囡資質不佳。不易討好。故因此反生齟齬。何犯着
耶。喜事漸近。忙迫可知。菊官襪收到。以後望勿再做。因不到半
月。四邊已破。不能再穿。止好棄去。不如買此間絨鞋粗襪。可經
穿也。月費五元。何必放好奉還。此言又不能去告訴他人。若對兄
説。未免好笑。豈竟信不過我耶。山東久無信來。
文親葬事。今年其勢不能舉辦。惟地不可不買定。故昨日魯

沈钧儒致张象徵的信

一九〇六年十月

孟婵如晤：

前月二十一日寄第一号信，到否？初六接第三次手示，欣悉一一。字较前大好，可喜之至。闲时望更随意学习。惟有错字，如刻字误为刻，浙字误为折之类。英文本不要紧，现可置之脑后，各种须知及浅近算学书，能看看最好。

岳母厌，妹看书习字，大约是怕因此辛苦耳。

岳父来信云，明年待圆不到学堂，小姐[①]二婶娘均可教之。然兄不愿妹教之，因待圆资质不佳，不易讨好，或因此反生龃龉，何犯着耶。喜事渐近，忙迫可知。菊官袜收到，以后望勿再做，因不到半月，四边已破，不能再穿，止好弃去，不如买此间绒鞋粗袜，可经穿也。月费五元何必放好奉还，此言又不能去告诉他人，若对兄说，未免好笑，岂竟信不过我耶。山东久无信来，父亲葬事，今年其势不能举办，惟地不可不买定。故昨日鲁珍同年归国，托其带七十元与十一叔，转求淞叔将禾中坟地买好，想可如意。兄虽窘迫，且顾心里适意再说，现存学费不到六十元矣，可叹亦可笑也，千万勿告他人为要！

妹窘竟不能顾，惭愧之至！同行之约，今年竟成画饼，然必不能一刻忘之。菊官尚好，渠不用冷水洗面也。此间并无骨簪可买，不知小妹妹从何处看见，便望示及。昨日王咏梅、朱鲁珍二君归国，托其带回织绒框屏四条，可作为吾妹喜事送分（份）之用，又玩物数种，共两匣两包。皆菊官寄荣兰杏者，兰匣内有图章小扇等，亦四弟之物也。立弟表决勿忘。因此间之物，远不及上海，归时必购赠耳。近时四妹如何情形。前寄岳父照片一方，内惟菊官神气尚好，想见及也。兄近体次尚好。惟思心中各事，无一可快意者，同寓亦无一可以解闷之人，真乏味耳。此问近好。杏官勿令任性及懒惰为要。

兄钧儒顿首菊随叩　第二号

【注解】

①小姐：指张象徵。

孟婵如晤。十五第二號信。想必達到。日來 妹體次想必安好。喜事幫忙不吃力否。均以為念。妹來日本。竟非 岳母病愈不能來矣。兄看病愈尚未必能。真可歎也。兄現在以學部學費不允延長。明年或要歸國。不復再來此間。亦未可知。望勿告一人知之為要。菊官甚好。英文頗有進境。亦肯讀書。次乾天資既拙。真不能耐苦。欲求進境難甚。岳父來諭。每一次不說如何盼望次弟。真令人閲之心痛也。禾中地可買否。此事兄極力為之。不顧身邊之窘。因恐人家請我止生一張嘴耳。買地之後。尚不知何日方能辦葬。真是可歎。兄春間所寄獨立小照。去信寫明是何日所照否。乞 查示為盼。因擬添印也。又 妹處各種須知共係幾本。是何名目。亦望 示知。至要至要。旅寓去山東信七張。閱後燒去。勿寄還。勿為他人見。又四弟信、魯珍信。即 飭公送為要。並望封口。餘再及。專此即頌 近好。上叩

岳父母大人福安。不盡萬一。杏官如何。程先生認真可喜。

兄 鄧傳密 菊兒隨叩

十月三十日 三號

芸菊

沈钧儒致张象徵的信

一九〇六年十二月十五日

孟婵如晤：

十五第二号信，想必达到。日来妹体次想必安好。喜事帮忙，不吃力否？均以为念！妹来日本，竟非岳母病愈不能矣。兄看病愈尚未必能，真可叹也。兄现在以学部学费不允延长，明年或要归国，不復再来此间，亦未可知，望勿告一人知之为要。菊官甚好，英文颇有进境，亦肯读书。次乾天资既拙，真不能耐苦，欲求进境难甚。岳父来谕无一次不说如何盼望次弟，真令人阅之心痛也。禾中地可买成？此事兄极力为之，不顾身边之窘，因恐人家诮我止生一张嘴耳。买地之后，尚不知何日方能办葬，真是可叹！兄春间所寄独立小照，去信写明是何日所照否？乞查示为盼！因拟添印也。又妹处各种须知，共系几本，是何名目，亦望示知，至要至要！兹寄去山东信七张，阅后烧去，勿寄还，勿为他人见。又四弟信鲁珍信，即饬分送为要，并望封口。余再及。专此即颂近好！上叩岳父母大人福安。不尽万一。杏官如何？程先生认真可喜！

兄钧儒顿首菊儿随叩　十月三十日　三号

益嬋如晤前月廿日寄第三號信（附寄四弟信朱魯珍信）想必達到初二日接廿四日來示欣悉一一吾妹體次甚健且寫字
較前整齊殊為可喜信面似福弟所書是否丁目番地皆誤居然寄到並寄去四個即望察入吾
妹好學之心遠勝諸弟不能同出游學實為憾事岳母近意何如曾言及否來信謂放腳現無用
處自係懊惱之言若論用處纏腳又是何用處耶千萬勿要如此至盼至囑織絨物件呈與
岳父妙不可言此物並不甚貴四條不到三元杏官何以如此之吵然吾妹萬勿因此火冒至要至要小孩吵鬧是
其天性第一止要對長者有規矩第二止要讀書肯用心第三止要勿習懶惰便好也菊官在此一切頗能習
慣此孩只嫌其太不吵故不甚活潑尚肯讀書悟性則差說話每多崛强此一端最像我當慢慢化導之
從未離家而不甚思家亦是好處亦是壞處寫字近甚用心比我小時好得多算學教之極吃力然我毫不存
一分火冒之心緩緩諄解自能明白夜十點必睡早七點必起又每早吞生鷄蛋兩枚以當補藥首烏丸則竟
忘卻尚未吃過如何如何下女名字叫一春字日本話是（御春樣）三字其音為（啞哈露商）燒菜（日本西洋中國菜皆會）做
事（揩掃極乾淨亦能做衣服識字亦能寫）均好年紀約二十左右知吾妹要來時時問及令我觸動愁懷為之慨然學費已無幾何
幸此間朋友多皆可通融當不至十分窘迫亦決不以此放在心上望妹勿念如妹同來自須設法籌款現
在誰再高興過一日是一日矣岳父諭來屢囑教導次弟又札次弟自然問切但學問之道總在自己
別人不過勸勸說說即如菊官我豈不歡喜然教到算學令我束手無法矣小妹妹近何如三妹幾時回家查
家大舅真是糊涂人女兒既嫁如何以自己口舌令女兒失歡於舅姑愛之正所以害之耳三弟昨有信知尚未到
福建去母親非常想回蘇而三弟以為四弟處遠不如大哥處清靜故勸母親目前勿思念蘇州亦無法之
事也上海月費按月寄來否嘉興寄祖母款目前可勿寄且到年下再看喜事漸近妹當甚忙化錢
等等亦是無法萬勿以此煩心為要艸艸止此即問益嬋近好今日冬至節也鈞儒手菊兒隨叩
第四號

沈钧儒致张象徵的信

一九〇六年十二月二十三日

孟婵如晤：

前月卅日寄第三号信附寄四弟信朱鲁珍信想必达到。初二日接廿四日来示，欣悉一一。吾妹体次甚健，且写字较前整齐，殊为可喜。信面似福弟所书，是否？丁目番地皆误，居然寄到，兹寄去四个，即望察入。吾妹好学之心，远胜诸弟，不能同出游学，实为憾事。岳母近意何如，曾言及否？来信谓放脚现无用处，自系懊恼之言，若讲用处，缠脚又是何用处耶，千万勿要如此，至盼至嘱！织绒物件，呈与岳父，妙不可言，此物并不甚贵，四条不到三元。杏官何以如此之吵，然吾妹万勿因此火冒，至要至要！小孩吵闹是其天性。第一止要对长者有规矩，第二止要读书肯用心，第三止要勿习懒惰，便好也。菊官在此，一切颇能习惯。此孩兄嫌其太不吵，故不甚活泼，尚肯读书，悟性则差，说话每多崛（倔）强，此一端最像我，当慢慢化导之。从未离家而不甚思家，亦是好处，亦是坏处。写字近甚用心，比我小时好得多，算学教之极吃力，然我毫不存一分火冒之心，缓缓讲解，自能明白。夜十点必睡，早七点必起。兄每早吞生鸡蛋两枚，以当补药。首乌丸则竟忘却，尚未吃过，如何如何？下女名字叫一春字，日本话是“御春样”三字，其音为“哑哈露商”。烧菜日本西洋中国菜皆会做事揩扫极干净，亦能做衣服，识字，亦能写均好，年纪约二十左右，知吾妹要来，时时问及，令我触动愁怀，为之慨然。学费已无几何，幸此间朋友多，皆可通融，当不至十分窘迫，亦决不以此放在心上，望妹勿念。如妹同来，自须设法筹款，现在谁再高兴，过一日是一日矣。岳父谕来，屡嘱教导次弟，兄于次弟，自然关切，但学问之道，总在自己，别人不过劝劝说说，即如菊官我岂不欢喜，然教到算学，令我束手无法矣。小妹妹近何如？三妹几时回家？查家大舅真是糊图（涂）人，女儿既嫁，如何以自己口舌，令女儿失欢于舅姑，爱之正所以害之耳。三弟昨有信，知尚未到福建去。母亲非常想回苏，而三弟以为四弟处远不如大哥处清静，故劝母亲目前勿思念苏州，亦无法之事也。上海月费按月寄来否？嘉兴寄祖母款，目前可勿寄，且到年下再看。喜事渐近，妹当甚忙。化（花）钱等等亦是无法，万勿以此烦心为要。草草泐此。即问孟婵近好。今日冬至节也。

钧儒顿首菊儿随叩　第四号

瑩婢如晤。初三寄大姊信。想到矣。昨得初六日來信。欣慰之至。
岳母慈躬殊不能甚健。不過如此。復原似乎甚難。日來如何。寔你萬念。 妹在小牀上陪睡。是否
岳母仍在樓上。抑已搬至樓下。吾 妹過年辛苦矣。又在海外。亦能想見情形。真可悵然。長
生係何物去甚兩張。深為可惜。又此心何嘗忘 妹。乃云不能要好親近。真是冤不可言。又要
入專門。自有遠處。萬一要入專門。其時欲 妹來此。想亦不能拒我。 來示云從此不來日
本矣。此言又以為奇。 岳母以日本告。不許 妹同來。又想萬一我犯罪充發黑龍江。欲
妹同行。恐亦不能矣。隨我去至何處。那是萬萬不能。此種意思出之於
岳母。猶不足怪。 妹亦云然。實不能不以為恨也。又現在大致不進專門。非知足而不進去。
實不得已而不進去也。一因經費難籌。一因吾 妹其勢決不能來。子欣夫婦在
此。又兩表妹一表弟均來。此種境地。令人望若神仙。又想做神仙。豈非妄想。豈非做
夢乎。菊官決意今進日本學堂。即又練國。亦仍令其在此。庶幾將來可望略有成
就。又已自誤。不可再誤。見筆矣。杏官英文祇好稍緩再說。劉家渠吾
妹儘可不去。又剡寄四申郵片已接收。即

母親亦決不說妹。但妹自己必須再與四弟言之。深恐四弟婦亦不去則訓矣。母親押歲錢是否照原數寄還。此辦法甚不妥。其實大嫂整錢。儘不要緊。問明數目再還。亦不為遲耳。次弟入專門与否。岳父既不勉強。來諭云亦惟兄代為籌劃。就實在論之。全在次弟自己量力而行。兄何能贊一辭耶。次弟寫字如此之怕。最為吃虧。即法政滿肚皮。東文極好。亦得受字之累。從前吾家三弟寫字亦不見十分。自從三妹來後。即大用功寫字看書。此妹所知也。大約次弟寫字欲進境。亦非得次弟去人監督不可耶。（兄欲於妹為監督而不可得。祇好於夜夢他人耳）岳父初意望次弟作論寫字。蓋欲次弟回來應試。然兄確知次弟即進專門。亦不能到此地步。此言兄与妹說說則可。萬不可使岳父聞知。至要至要。岳父望次弟學。岳母則不許妹學。究竟望兒女學為欲善耶。望兒女不學為欲善耶。兄真不明白矣。日來忙極。忙忙累此。即頌近佳。青亦好。

一月十三日 兄鈞儒手 蘭兒隨叩

第十號

以後來信望寄工作舅舅處轉交。因日內即擬搬場也。（兄去年赴國之坐二等艙。在此之租房子。皆是為妹來地步。蓋至今日而我之心始死矣。）

沈钧儒致张象徵的信

一九〇六年十二月二十四日

孟婵如晤：

初三寄九号信，想到矣。昨得初六日来信，欣悉一一。岳母慈躬殊不能甚健，不过如此，复原似乎甚难，日来如何？实深敬念。妹在小床上陪睡，是否岳母仍在楼上，抑已搬至楼下？吾妹过年寂寞，兄在海外，亦能想见情形，真可怅然。长生系何物去其两张，深为可惜。兄此心何尝忘妹，乃云不能要好亲近，真是冤不可言。兄要入专门，自有远虑，万一要入专门，其时欲妹来此，想亦不能拒我。来示云从此不来日本矣，此言兄以为奇。岳母以日本苦，不许妹同来，兄想万一我犯罪充发黑龙江，欲妹同行，必亦不能矣。随我去至何处，那是万万不能。此种意思，出之于岳母，犹不足怪，妹亦云然，实不能不以为恨也。兄现在大致不进专门，非知足而不进去，实不得已而不进去也，一因经费难筹，一因吾妹其势决不能来。子欣舅舅夫妇在此，又两表妹一表弟均来，此种境地，令人望若神仙。兄想做神仙，岂非妄想，岂非做梦乎？菊官决意令进日本学堂，即兄归国，亦仍令其在此，庶几将来可望略有成就。兄已自误，不可再误儿辈矣。杏官英文只好稍缓再说。刘家浜吾妹尽可不去，兄刻寄四弟邮片已提及，即母亲亦决不说妹，但妹自己必须再与四弟言之，深恐四弟妇亦不去，则训矣。母亲押岁钱是否照原数寄还，此办法甚不妥，其实大嫂垫钱，尽不要紧，问明数目再还，亦不为迟耳。次弟入专门与否，岳父既不勉强，来谕云亦惟兄代为筹划。就实在论之，全在次弟自己量力而行，兄何能赞一辞耶。次弟写字如此之怕，最为吃亏，即法政满肚皮，东文极好，亦得受字之累。从前吾家三弟写字亦不见十分，自从三妹来后，即大用功，写字看书，此妹所知也。大约次弟写字欲进境，亦非得次弟夫人监督不可耶！兄欲求妹为监督而不可得，只好羡慕他人耳。岳父初意望次弟作论写字，盖欲次弟回来应试，然兄确知次弟即进专门，亦不能到此地步，此言兄与妹说说则可，万不可使岳父闻知，至要至要！岳父望次弟学，岳母则不许妹学，究竟望儿女学为欢喜耶，望儿女不学为欢喜耶？兄真不明白矣。日来忙极，草草书此。即颂近佳。杏官好。

一月十三日　兄钧儒顿首菊儿随叩　第十号

以后来信，望寄子欣舅舅处转交，因日内即拟搬场也。兄去年归国之坐二等舱，在此之租房子，皆是为妹来地步，盖至今日而我之心始死矣。

日本。不但離開吾妹。亦離開於我。我之愛菊兒妹所知也。愛之而使之遠離膝下。我豈忍心。但舍此辦法。亦竟無以盡我愛子之心。我之心其不得已可知矣。來信幾年乳母之語。令我閱之心痛。我豈不知我妹念子之心。無異於我。且遠過於我。但妹亦知我之心固無異於妹耶。乃竟如此不能相諒乎。

小兒遠出。豈有不念家者。但菊官卻尚算好。我屢次寄信。說其不甚念家者。此中亦有緣故。欲因以安慰妹念子之心也。即我對於菊官亦是如此。每逢禮拜日。必与之出外游玩。渠欲買物。雖無錢必買給之。平時不願說之。蓋以其離妹遠出。不欲更以他事苦其心也。今日接妹信後。又即告之曰。母親聞汝進學堂甚喜。但望汝用功。小心衣食。餘外不以他語告之。深恐觸起其思家之念。則苦我可愛之菊兒之心矣。

現在四月十日進學堂後。每逢禮拜六午後可出來。在外住一夜。禮拜日午後回學堂。蓋我在此。先可令其習慣也。

所謂自誤之語。全然與妹無涉。即我自恨從前未習各種科學。未習一國語言。以致現在吃虧。前月寄 母親稟。亦云我年已長。自誤處實多。不可再使兒輩不學以誤之。但寄妹信。寫得太簡。致妹誤會。有此傷心之語。皆我之過也。悔之無及。

（一）

我在此常對友人云。我年雖長。然過四十歲。必要通一國語言。文

孟婵如晤。昨日菊官寄信。息〻附數筆。想到頃接
手示。欣悉一〻。本擬放學。再行作复。因
來函誤會處太多。急欲一辯。知
妹速知我心。不能緩矣。〻何嘗有一毫動氣。乃教次第勸我。
妹真好笑也。前次去信。語意分明。實係吾
妹文理不深。以至於誤會。訓甚〻。令吾
妹數日心中不樂。皆我多寫之故。翹望
姊恕我爲盼。各語一〻必係寫於後面。吾
妹細〻閱之。如親我面。如見我心矣。
(一)菊官我最愛之。豈肯使其一人遠離膝下。但中國內地學堂。
我實不能相信。然不到學堂。萬〻不興。日本學堂。祗有慶
應曉星兩處最好。曉星重法文。慶應重英文。菊官習讀英
文。故令其進慶應。慶應學堂內讀書者。皆係日本有錢之家。
學費每月須二十元外。然飲食起居。全照西洋。要常舒服。其
中本有我國學生十餘人。菊官現在同進去者。有錢自嚴同
年之世兄。孫芸莊。十四歲。近来与菊官常見。以相伴甚熟。
此事久斟酌。至二月之久。所以未与妹商量者。卻無別意。一来
因此間學堂如何。妹不知之。二来因妹向来与我議事。意思

妹与我二人知之。岂有第二人能知之者。前閲菊官函。妹以久信与次弟夫人同看。非我所願也。

(一)妹家情形。久全曉得。吾妹為難。岂有不知。舊年見書中寫次弟信。説起岳父有諭書弟函。汝華討厭汝姊。我特動怒等語。即知家中必因此曾有口舌。此次書弟暑事。其夫人有同去之意否。我恐又有口舌。近來妹家中裏面情形。竟甚可歎。弟華又不能力自振拔。稍博岳父歡心。奈何奈何。待圓恐難。叔導妹止好事衍了事。認真説亦無益。不獨或因此招怪也。

(一)久留學期限。本是三年。今年底作止兩年。故尚有一年學費可領。現專俟朱魯珍同年進京後。打聽情形。信來再定。倘半途回去。不免吃力不討好。則其勢不能不再留一年。故目前久欲与妹同出之念。仍未冷透也。或者一年期短。岳母可以不加阻撓。亦未可知。

(一)十一妹處寄款已來否。念念。

寫此信恐為汝平所見。故於夜間寫之。刻已一點過矣。不能再寫。急欲睡矣。或於夢中此信先到吾妹身邊耶。好保秀畢再寫。日來累極。此頌

近好 吉官乞安

久鈞儒上 菊官随叩

二十九日 第十一號

云。我終不能通外國語言。則學之至老至死。必爲通數國語言文字之鬼矣。蓋我之自恨從前之誤。深入於骨。然實皆与吾妹無一毫之關涉。天地知我心。妹何不知我心乎。然我亦不怪妹耳。

(一) 三妹云云。係指次弟夫人不言。實因次弟在此。又竟不能有以助之。不能不望之甚夫人耳。至旁邊添注羨慕名語。又是一時高興之戲言。別無他意。不過說妹不能來此。又未免無人監督耳。次弟天資低。又不能耐苦用心。在此情形。一言難盡。總之學問兩字。次弟殆不能有分。實無可如何也。不進專門亦好。此事在次弟自己作主。兄未便代爲計畫。次中前次試驗未取。後補試驗仍未取。此番尚不知如何。代爲焦心。妹千萬勿告一人知之。此事次弟或連夫人亦欲瞞之也。現定西歷本月廿四考起。下月初五可畢。但望次弟取上方好。次弟告我云。擬考後稍耽閣即回家。極遲亦必在 岳母生日之前也。

(一) 來信納妾云云一節。全然因誤會去信三妹一語所致。故我亦無可辯白。想妹亦一時怨恨。隨筆寫去耳。其實妹知我心。決不肯以此說我。即以此說我。我亦不怪。知非妹真心話也。妹寫此信時。心中不知如何不樂。此信寄出以後。或又異常懊悔。皆不可知。吾妹吾妹。我知妹之一心中惟有我耳。我一心中亦惟有妹。

沈钧儒致张象徵的信

一九〇七年三月十三日

孟婵如晤：

昨日菊官寄信，匆匆附数笔，想到。顷接手示，欣悉一一。本拟考毕，再行作复，因来函误会处太多，急欲一辩，知妹速知我心，不能缓矣。兄何尝有一毫动气，乃教次弟劝我，妹真好笑也。前次去信，语意分明，实系吾妹文理不深，以至于误会，训甚训甚！令吾妹数日心中不乐，皆我多写之故，务望恕我为盼！各语一一分条，写于后面，吾妹细细阅之，如亲我面，如见我心矣。

（一）菊官我最爱之，岂肯使其一人远离膝下，但中国内地学堂，我实不能相信。然不到学堂，万万不兴。日本学堂，只有庆应、晓星两处最好。晓星重法文，庆应重英文，菊官曾读英文，故令其进庆应。庆应学堂内读书者，皆系日本有钱之家，学费每月须二十元外。然饮食起居，全照西洋，异常舒服。其中本有我国学生十余人。菊官现在同进去者，有钱自严同年之世兄，号芸庄，十四岁，近来与菊官常见，已相伴甚熟。此事兄斟酌至二月之久，所以未与妹商量者，却无别意，一来因此间学堂如何，妹不知之，二来因妹向来与我议事，意思多同，我果然斟酌妥当，妹必亦以为可也。

妹为菊儿之母，我为菊儿之父，儿子者父母共之者也。菊官留学日本，不但离开吾妹，亦离开于我。我之爱菊儿，妹所知也。爱之而使之远离膝下，我岂忍心，但舍此办法，亦竟无以尽我爱子之心。我之心其不得已可知矣。来信几年乳母之语，令我阅之心痛。我岂不知我妹念子之心，无异于我，且远过于我，但妹亦知我之心，固无异于妹耶，乃竟如此不能相谅乎？

小儿远出，岂有不念家者，但菊官却尚算好。我屡次寄信，说其不甚念家者，此中亦有缘故。欲因以安慰妹念子之心也。即我对于菊官，亦是如此。每逢礼拜日，必与之出外游玩，渠欲买物，虽无钱必买给之。平时不愿说之，盖以其离妹远出，不欲更以他事苦其心也。今日接妹信后。兄即告之曰，母亲闻汝进学堂甚喜，但望汝用功，小心衣食，余外不以他语告之。深恐触起其思家之念，则苦我可爱之菊儿之心矣。

现在四月十日进学堂后，每逢礼拜六午后可出来，在外住一夜，礼拜日午后回学堂，趁我在此，先可令其习惯也。

（一）所谓自误之语，全然与妹无涉。即我自恨从前未习各种科学，未习一国语言，以致现在吃亏。前月寄母亲禀，亦云我年已长，自误处实多，不可再使儿辈不学以误之。但寄妹信，写得太简，致妹误会，有此伤心之语，皆我之过也，悔之无及。我在此常对友人云，我年虽长，然过四十岁，必要通一国语言。又云我终不能通外国语言，则学之至老至死，必为通数国语言文字之鬼矣。盖我之自恨从前之误，深入于骨。然实皆与吾妹无一毫之关涉，天地知我心，妹何不知我心乎？然我亦不怪妹耳。

（一）三妹云云，系指次弟夫人而言，实因次弟在此，兄竟不能有以助之，不能不望之其夫人耳。至旁边添注羡慕各语，又是一时高兴之戏言，别无他意。不过说妹不能来此，兄未免无人监督耳。次弟天资低，又不能耐苦用心，在此情形，一言难尽，总之学问两字，次弟殆不能有分，实无可如何也。不进专门亦好，此事在次弟自己作主，兄未便代为计画。次弟前次试验未取，后补试验仍未取，此番尚不知如何，代为焦心。妹千万勿告一人知之。此事次弟或连夫人亦欲瞒之也。现定西历本月廿四考起，下月初五可毕，但望次弟取上方好。次弟告我云，拟考后稍耽阁（搁）即回家，极迟亦必在岳母生日之前也。

（一）来信纳妾云云一节，全然因误会去信三妹一语所致。故我亦无可辩白，想妹亦一时怨恨，随笔写去耳。其实妹知我心，决不肯以此说我。即以此说我，我亦不怪，知非妹真心话也。妹写此信时，心中不知如何不乐。此信寄出以后，或又异常懊悔，皆不可知。吾妹吾妹，我知妹之一心中惟有我耳，我一心中亦惟有妹。我之此言，知我妹必能信之，不以为虚也。

次弟何能劝我，次弟不知我心，亦不能知妹心。妹与我之心，惟妹与我二人知之，岂有第二人能知之者。前闻菊官云，妹以兄信与次弟夫人同看，非我所愿也。

（一）妹家情形，兄全晓得。吾妹为难，岂有不知。旧年见书弟寄次弟信，说起岳父有谕书弟云，汝辈讨厌汝姊，我将动怒等语，即知家中必因此曾有口舌。此次书弟署事，其夫人有同去之意否，我恐又有口舌。近来妹家中里面情形，竟甚可叹。弟辈又不能力自振拔，稍博岳父欢心，奈何奈何！待圆恐难教导，妹止好敷衍了事，认真终亦无益，不独或因此招怪也。

（一）兄留学期限，本是三年，今年底仍止两年，故尚有一年学费可领。现专俟朱鲁珍同年进京后，打听情形，信来再定。倘半途回去，不免吃力不讨好，则其势不能不再留一年。故目前兄欲与妹同出之念，仍未冷透也，或者一年期短，岳母可以不加阻挠，亦未可知。

（一）十一叔处寄款已来否？念念！

写此信恐为次弟所见，故于夜间写之，刻已一点过矣，不能再写，急欲睡矣，或于梦中此信先到吾妹身边耶？余俟考毕再写。日来累极。此颂近好。杏官如何？

兄钧儒顿首菊官随叩　二十九日　第十一号

岳母肯耶，如並非真心話，不過說與我聽聽，則之又不能不怪吾
妹之不知吾心也。吾當千萬勿怨責之，總要令其自由自在。小孩第一須活潑，則
大時必聰明。前月品行點數不及紫宮，此儘無妨。小孩品行與大人不同，資
質活潑者，雖稍吵鬧或無規矩，祇可稍稍教之，不宜十分怨責也。菊在此
常與二娘舅爭辯，其實不盡是菊錯，又但稍稍說之，有時二娘舅似不大
以為然，但又亦不能頑矣。菊學堂名末，須寫
岳父稟，仍敢及之。吾
妹必見及，故不再說。吾
妹教我勿說滿話，當牢記於心。此實是之一樣毛病，非吾
妹愛我，豈肯提醒我耶。吾
妹長住父母家中，實不相宜。不獨姑娘做事，總之為難，即如不能常至仙
洲，菀四弟依舊，亦必不以為然，此可想而知者也。現在都不要管他。又所望者
弟一要放腳，愈大愈好，不可依其攔阻，總要從長裏放去，未知吾
妹亦肯私吾語否耶。此信到後，次弟事
妹來日事，如
岳母有何說話，均望即日寄我數字，至要至盼。專此即頌
近祉。吾愛妹
兄鈞儒書 菊兒附叩
菊兒明日午後可回虞，渠前日曾言回虞時要將博覽會景緻、學堂
裏情形寫信告知吾
妹。明日當再於菊信上添註也。
外附去信封兩個，甚薄，寄信時裏面須用紙包之。
二月三十日夜十二鐘

嫂如晤，連得十二日十七日
手示，欣悉一切，快甚快甚。兄陽歷四月五日考畢，六日休息一天，七日八日為菊賠買
衣服被褥等物，九日與菊同遊博覽會一天，十日午前送菊至校，臻處頓覺
寂寞，夜間有人請吃飯，不覺狂飲，遂至大醉，昨日（十二日）雖過一天，不能吃飯，皆食菊
所致也，亦因甚矣，今日（十三日）精神已復原，日間有客來（尤懿年兄），刻已熄火，將寄
岳父稟函附，此次二弟之事，令兄為難之極，
岳母因望其臻，而二弟自己亦頗有臻意，故無可切實商量，渠有長信寄
妹，又亦未見，惟又以
岳父切望其留學專門，曾與次弟痛快言之，渠惟歎氣而已，談到後來，幾
乎兩人相對歎氣，在次弟亦真可憐矣，天資不好，此是無法，至於不能吃苦，
亦是小時習慣所致，現在趁其自己要想將來出頭，不能不處處忍耐，稍
之使習，亦是好的，且在此之所謂苦，自兄看去，實在不能算苦，至
妹出來一看，亦即知之
岳母必心心處其吃苦，實在無謂，至於無益而反有誤之理，兄尤不解，兄但聞
學而有益，未聞有學而反致誤者也，現在東西洋各國，幾乎無事不有學堂，
兄在此早晨出至街上，但見往來之人，學生最多，而女學生中三四十歲之人，亦頗
不少，蓋每日抽出數點鐘之暇到學堂，與其家中做事，仍不妨礙也，女子
如此，男子可知，吾中國能及其百分之一乎，兄現在函
岳父稟雖言留學為佳，而語意尚多圓轉，何係
岳父自為二弟決定，兄不能代決也，吾
妹不肯放腳，兄實不解是何意思，兄現在看了小腳，竟覺萬分難過，吾
妹何其不能原諒我心，並不知尊重自己身體耶，兄亦不願再言矣，同
妹來日一層，實在因下半年臻居不定，故於

沈钧儒致张象徵的信

一九〇七年四月十二日

孟婵如晤：

连得十一日十七日手示，欣悉一切，快甚快甚。兄阳历四月五日考毕，六日休息一天，七日八日为菊购买衣服被褥等物，九日与菊同游博览会一天，十日午前①送菊至校。归寓顿觉寂寞，夜间有人请吃饭，不觉狂饮，遂至大醉。昨日（十一日）难过一天，不能吃饭，皆爱菊所致也，亦困甚矣。今日（十二日）精神已复原，日间有客尤慰皋兄来，刻已点火，将寄岳父禀写好。此次二弟之事，令兄为难之极。岳母因望其归，而二弟自己亦颇有归意，故无可切实商量，渠有长信寄妹，兄亦未见，惟兄以岳父切望其留学专门，曾与次弟痛快言之，渠惟叹气而已，谈到后来，几乎两人相对叹气。在次弟亦真可怜矣，天资不好，此是无法，至于不能吃苦，正是小时习惯所致。现在趁其自己要想将来出头，不能不处处忍耐，稍稍练习，亦是好的。且在此之所谓苦，自兄看去，实在不能算苦，吾妹出来一看，亦即知之。岳母必心心虑其吃苦，实在无谓。至于无益而反有误之理，兄尤不解。兄但闻学而得益，未闻有学而反致误者也。现在东西洋各国，几乎无事不有学堂。兄在此早晨出至街上，但见往来之人，学生最多，而女学生中，三四十岁之人，亦颇不少。盖每日抽出数点钟之暇到学堂，与其家中做事，仍不妨碍也。女子如此 ，男子可知。吾中国能及其百分之一乎？兄现在写岳父禀，虽言留学为佳，而语意尚称圆转，仍俟岳父自为二弟决定，兄不能代决也。吾妹不肯放脚，兄真不解是何意思。兄现在看了小脚，竟觉万分难过，吾妹何不能原谅我心，并不知尊重自己身体耶？兄亦不愿再言矣。同妹来日一层，实在因下半年归否不定，故于岳父禀上，尚未提及，刻亦言之矣。到山东云云，如是妹之真话，兄不能不以为弗明白，盖此为必不能做到之事也，岳母肯耶？如并非真心话，不过说与我听听，则兄又不能不怪吾妹之不知吾心也。杏官千万勿怒责之，终要令其自由自在。小孩第一活泼，则大时必聪明。前月品行点数不及荣官，此尽无妨，小孩品行，与大人不同，资质活泼者，虽稍吵闹，或无规矩，只可稍稍教之，不宜十分怒责也。菊在此常与二娘舅争辩，其实不尽是菊错，兄但稍稍说之，有时二娘舅似不大以为然，但兄亦不能顾矣。菊学堂各事，顷写岳父禀，约略及之，吾妹必见及，故不再说。吾妹教我勿说满话，当牢记于心，此实是兄一样毛病，非吾妹爱我，岂肯提醒我耶？吾妹长住父母家中，实不相宜，不独姑娘做事，种种为难，即如不能常至宋仙洲巷，四弟伉俪，亦必不以为然，此可想而知者也。现在都不要管他，兄所望者第一是放脚，愈大愈好，不可使其横阔，终要从长里放去，未知吾妹真肯听吾语否耶？此信到后，次弟事，妹来日事，如岳父母有何说话，均望即日寄我数字，至要至盼。专此泐颂近祉。杏官好。

兄钧儒顿首菊儿随叩

菊儿明日午后可回寓，渠前日曾言回寓时，要将博览会景致，学堂里情形，写信告知吾妹。明日当再于菊信上添注也。外附去信封两个，甚薄，寄信时里面须用纸包之。

二月三十日夜　第十二号

【注解】

①午前：这是日语中“上午”之意，当时沈钧儒在日本，或许受其影响用了日语的表达方式。后面几封信中的午后，即下午之意。

益娴如晤。頃接初八、十四日兩次手書。閱後使我腦筋昏亂。有不可一日遲寬者。並將我此刻心中困苦之狀。詳以告妹。妹能諒之乎。亟盼亟盼。

務必照此一言以表白自己之意思。要要。此次之事。妹如不發一語。我將發狂矣。岳父前。無論如何。妹必要將此意為我說明。否則無以對我也。妹只信母家。而妹之間。必不能全其終始。若此次我已多言。而妹默然。人家必有批評。

一日本之行。不但因有種種利益。始作此想。實與我妹早已互相約定。他人自不知。妹則必未嘗一刻忘之。此以我之心推妹之心。可想而得者也。且前兩月妹來信。屢屢言家中不可久居。又言家中艱難之情。又言欲到山東。又屢催我向岳父稟明偕出之意。我既望妹來。又知妹在家之難。且知妹雖深願同出。而以岳母相愛之甚。必不便自己說明。故久遂不顧岳父慈意何如。直言相懇。所以然者。以為非如此則妹不能從旁解說。趁此表明自己意思也。但使妹果將自己意思說明。則岳母雖愛女。或則知此事並非久一人蠻做。肯順女兒之意。亦未可知。至岳父本無可無不可。此次雖似深有怒久之意。然久至不生體諒之心。再既天下為兒女勿要太好。深得父母之愛。累將父母牽心吊肚。勿能割離。嗚呼男子豈能無出門之日。既為夫婦。同出門游。又非不正之行為。乃父母以相愛之心。幾至變成相害之意。真可一歎。從何說起耶。此事經費能否足用。本尚難知。岳父來諭。並無原諒教導之語。一味埋怨責備。甚且嘲笑之。以素來相愛相知之尊長。忽然如此。妹想我豈能不怨恨耶。妹來信亦全不以此事為我抱屈。亦絕不從旁為我說一語。以證明自己之意。反有責我之語。兄真可謂動輒得咎矣。妹果不樂。兄亦何有樂處。此真我近日來最悶之一事也。

一、兄暑假不能歸來。已早言之。豈忘家而不思耶。岳父言令菊歸省。俾不忘故國之恩。兄以為小孩子講不到此種話頭。止可云俾不忘母耳。然人非禽獸艸木。無論何如。終不能忘家。此實天然生性。自己不能作主。家中人處其忘家不思。不知客游海外。其苦趣亦不歡。今家中人知之耳。蕊姑再言之以下。(一)冬間必歸。故此刻勢不能歸。(一)歸蘇並到山東。經費無著不與。(一)日語若歸。實亦於自己大有妨礙。以上三者。皆在必不得已之數。非不思歸也。次弟自是[illegible]如。我何能比之。何況他人。

則深知並非 岳父本心也。 岳父不過欲保全 岳母愛女之心。至 妹之心意如何，則 岳父毫無所覺。故前寄之諭有云：婿欲其何之，小女斷無不從。此即其有德處等語。觀此即可知岳父之於 妹心，初無所覺也。又此次屢屢瀆陳，異常冒犯。以平日所奉為第一知己之人，如 岳父（都）橫衝直撞，幾忘卑幼之分，思之殊覺痛心。使非為君 妹，我決不能為此事也。今我 妹來信，乃云：「此事止好作罷，實在無法。」又云：「妹如以自己定要出來意思稟明，尤恐大人動氣，亦傷慈懷。」「如勿言自意欲隨出，又實弗願聽兩大人怪兒說兒等語。」細看來書之意，知我 妹實在未嘗向兩大人有一句言語可知矣。 妹不敢說明己意，亦自有為難地步，但苦累我矣。無異上 妹之當也。 妹云言之深傷慈懷，自養女兒，固是不錯，但女子既嫁，原無長侍膝前之理。使家家如此，則人人無婦矣。且欲保全此局，必北京亦不去，方為萬安。否則仍不免有離開之日也。況更有一層， 岳母之愛我兩人，可謂至矣。乃因此事而久則得罪 岳父。 妹則以念我之切，因而疑我，甚且怨我。此等究妹亦來說我鐃極。似乎全不諒人苦心者。我豈能不怨不怒乎。雖然我之怨怒不過一時。而我之悶悶則無一日不如此矣。妹念我至於如此之切。而又恐傷 岳母之意。不敢明言。此實 妹之孝思。但此種地方。真令人為難。如女子既嫁。但能相夫教子。即所以報父母之恩。不必以得事膝前為盡職。此實為無可如何之事。蓋女子一嫁之後。即為他家之人。當以事翁姑為盡職相夫教子為盡職。一人之身。不能做兩家之事。故已之父母。不得不讓兄弟盡其孝思。而為女兒者。雖不練習服事。亦不為有罪。蘇俗過夏多接回母家。此實不通。既為媳婦。無論何時。皆有伺候翁姑之職。豈一年止有春秋冬三時當在夫家乎。且使家家女兒皆以得事父母為孝。則人家何處更有媳婦乎。再推言之。查家四表妹聽父母之言而回家。亦得謂其能仰體親心乎。故此次事。只不自顧力量則有之。岳父謂為過舉。只實不明白。蓋 妹此刻如在 母親身邊。母親又極愛妹。因而不欲接 妹出來。一切不顧。則可謂之過舉矣。又或因接 妹同出之故。再須在日本多留一二年。不願 母親之盼

更自不同矣。冬間
父親葬事。父之志在必歸。已與大哥及三四弟並商數次。大家決意同心。必能
如願否。則真不能為人也。必在中國十一月十二月之間也。
一 菊在學校。進境甚遲。以歲數而論。不能再入小學。因日本小學內游玩之時太
多也。近覺其心不靜。擬放在身邊。稍加管束。此亦為不令歸東之故。
托友人帶歸。實不放心。此亦一原由也。又日來經濟窘。菊宜盤川。實
亦無著。又此孩不知我何以異常愛之。放在身邊。稍慰客中寂寞。
又明年決計攜之同回。故不厭其此刻歸去。以上數層。皆係實情。望
妹細細為我一思。非不願 妹之愛念也。只日來為此事。萬分躊躇。殊覺
費閱已極。菊不歸則無妨害。惟必累 妹思念。為之奈何。
一 之日來手頭之窘。真是達於極點。一舉一動。都不自由。錢乎出門不敢
坐電車。短衫褲子破了。亦不能買。此間朋友借錢已在百外。真不得
了。此事不能不怨 十一姊。現已過端節。 十一姊日來應廿從容。昨已
發稟請求矣。
一 妹妹念我。我豈不知。但此次萬不能歸之情形。前去信已屬言及。吾
妹當能相諒。前去信多怨怒之言。即因念 妹之極。深盼

相依。此自出於兩大人愛女及體諒之意。並非小輩應該如此。故女子既嫁。猶以此住居飲食之事上累親心。於妹深覺不安。而又無樣來信。自引為過舉者也。不意同出之事。為不知果能做到與否。而縮一启口。反生藤葛。此實又所思之困悶不堪者也。

一 菊不在學堂時。有一最困難事。即我有事他出。或到學堂。則渠一人在寓。更無他人管之。渠亦靜極悶極。小孩究竟不像大人。能自己用功也。

一 妹此次至四弟處住數日。四弟過端節如何情形。又經十一妹代寫五十元到否。四弟近在外邊如何情形。便望示知一二為盼。

一 次弟宜勸其略早來此。漢學既無根柢。現在所學法政。如何可以再加潦草。若真少有所得。此三年離家之苦。不更白嘗此味道乎。此次來示無甚事。不更作覆。乞代致意。又日來以天熱路遠。學堂鐘點賴去甚多。房子（即前說此）以被他人留去。不能如願。另有他處。十日內或可辦妥。下女近愈不[illegible]興。與大家商定。俟搬家後即去之也。次弟來信云甚咄咄怪事。閱之失笑。又與下女又無關係。何必不肯去之乎。法政講義懷臬大致不要。又看次弟見面。渠不提。亦可不提也。刑法一冊。並非寄次弟親者。隨便可以送人。住濟講義亦是隨便寄去者。蘇人十三大幫望。則亦可謂之過舉矣。今則不然也。且 岳母愛女之心。並無限制。即身隔兩三年離開。還是一樣惦記。相依愈久。相離愈難。將來更不知累 岳母如何難過。 妹能終身在家事奉父母乎。此其難一也。北京則可去。日本則不可去。日本欽差則可去。日本留學則不可去。然則為 妹之夫者不亦難乎。倘使久十分潦倒。終身不得志。則妹必不可與我同受患難矣。想到此等處。令人心冷如冰。此其難二也。更有一說。或 岳母身邊少人服事。則猶之可也。然書吏夫人以次。均未有回到姚家。爲鄭查家去者。且 岳母欲 妹在家。並不欲 妹做事。不過欲放在眼前。豈知女兒終不能永遠放在眼前乎。此其難三也。又有一說。或 妹在母家。在 妹心中有非常之願意。故 岳母體諒妹心。使得多日在家。亦為愛女之意。然久實知 妹極以為苦。故前次來信屢有欲至山東云云也。蓋 妹非樂居母家。不過仰體父母愛女之意。不欲重傷慈懷耳。此其難四也。又有一說。或我欲妹同出。而實於 妹則有不願。因託於父母以為保護。此亦有理可言也。然 妹果不願乎。我果強 妹乎。 妹果以不出為如願乎。我則不知之矣。此其難五也。久想以上思來。設不我思是舉二字。

緑國之說，又是所聞，自嚴為未行也。以上各語，乞若次弟為要。
一者官近讀何書，寫字多少，便望示悉。二三四時，菊亦下半年如不能升入
四五年級，大致下半年即不令其到處應矣。因現教之程度太淺也。
此信不覺寫得尤長，夜深矣，不再及。紙 妹閱後應可略知我心矣。
來示亦望以近來情形相告，使我如面談。盼甚盼甚。此函致須
盈得遠如

兄 鈞儒 白 二十日夜

大姊閱

我此信務望細細讀之，如与我當面談天也。

沈钧儒致张象徵的信

一九〇七年六月三十日

孟婵如晤：

顷接初八、十四日两次手书，阅后使我脑筋昏乱，有不可一日迟复者，兹将我此刻心中困苦之状，详以告妹，能谅之乎？至盼至盼。岳父前，无论如何，妹必要将此意为我说明，否则无以对我也。妹长住母家，弟妹之间，必不能全其终始，若此次我已多言，而妹默然，人家必有批评，务必趁此一言，以表白自己之意，至要至要！此次之事，妹如不发一言，我将发狂矣。

一、日本之行，不但因有种种利益，始作此想，实与我妹早已互相约定，他人自不知，妹则必未尝一刻忘之，此以我之心推妹之心，可想而得者也。且前两月妹来信，屡言家中不可久居，又言家中龃龉之情，又言欲到山东，又屡催我向岳父禀明偕出之意。我既望妹来，又知妹在家之难，且知妹虽深愿同出，而以岳母相爱之甚，必不便自己说明，故兄遂不顾岳父慈意何如，直言相恳。所以然者，以为非如此则妹不能从旁解说，趁此表明自己意思也。但使妹果将自己意思说明，则岳母虽爱女，或则知此事并非兄一人蛮做，肯顺女儿之意，亦未可知。至岳父本无可无不可，此次虽似深有怒兄之意。然兄则深知并非岳父本心也，岳父不过欲保全岳母爱女之心。至妹之心意如何，则岳父毫无所觉。故前寄兄谕，有云婿欲其何之，小女断无不从，此即其有德处等语。观此即可知岳父之于妹心，初无所觉也。兄此次屡屡渎陈，异常冒犯。以平日所奉为第一知己之人，如岳父者，横冲直撞，几忘卑幼之分，思之殊觉痛心。使非为吾妹，我决不能为此事也。今我妹来信，乃云“此事止好作罢，实在无法”，又云“妹如以自己定要出来意思禀明，尤恐大人动气，深伤慈怀”“如勿言自意欲随出，又实弗愿听两大人怪兄说兄等语”细看来书之意，知我妹实在未尝向两大人有一句言语可知矣。妹不敢说明己意，亦自有为难地步，但苦累我矣，无异上妹之当也。妹云言之深伤慈怀，白养女儿，固是不错，但女子既嫁，原无长侍膝前之理。使家家如此，则人人无妇矣。且欲保全此层，必北京亦不去，方为万妥，否则仍不免有离开之日也。况更有一层，岳父母之爱我两人可谓至矣。乃因此事而兄则得罪岳父，妹则以念我之切，因而疑我，甚且怨我，此等冤苦，不可谓非得之两大人之恩赐也。来信满纸愁怨，令人阅之长叹。兄亦何忍再来怪妹，但愿天下为父母者，千万少爱儿女，以至不生体谅之心。再愿天下为儿女勿要太好，深得父母之爱，累将父母牵心吊肚，勿能割离。呜呼男子岂能无出门之日，既为夫妇，同出同游，又非不正之行为，乃父母以相爱之心，几至变成相苦之意，真可一叹，从何说起耶！此事经费能否足用，本尚难知。岳父来谕，并无原谅教导之语，一味埋怨责备，甚且嘲笑之。以素来相爱相知之尊长，忽然如此，妹想我岂能不怨恨耶。妹来信亦全不以此事为我抱屈，亦绝不从旁为我说一语，以证明自己之意，反有责我之言，兄真可谓动辄得咎矣。妹果不乐，兄亦何有乐处，此真我近日来最闷之一事也。

一、兄暑假不能归来，已早言之，岂忘家而不思耶？岳父言令菊归省，俾不忘故国之思。兄以为小孩子讲不到此种话头，止可云俾不忘母耳。然人非禽兽草木，无论何如，终不能忘家，此实天然生性。自己不能作主，家中人虑其忘家不思，不知客游海外，其苦趣正不愿令家中人知之耳。兹姑再言之如下：（一）冬间必归，故此刻势不能归；（一）归苏并到山东，经费实在不兴；（一）日语荒疏，实亦于自己大有妨碍。以上三者，皆在必不得已之数，非不思归也。次弟自是次弟，我何能比之，何况他人，更自不同矣。冬间父亲葬事，兄志在必办，已与大哥及三四弟函商数次，大家决意同心，必能如愿。否则真不能为人也，必在中国十一月十二月之间也。

一、菊在学校，进境甚迟。以岁数而论，不能再入小学。因日本小学内，游玩之时太多也。近觉其心不能静，故拟放在身边，稍加管束。此亦为不令归来之故。托友人带归，实不放心，此亦一原由也。又日来经济奇窘，菊官盘川（缠），实亦无着。又此孩不知我何以异常爱之，放在身边，稍慰客中寂寞，又明年决计携之同回，故不愿其此刻归去。以上数层，皆系实情，望妹细细为我一思，非不顾妹之爱念也。兄日来为此事，万分踌躇，殊觉发闷已极。菊不归别无妨害，惟必累妹思念，为之奈何！

一、兄日来手头之窘，真是达于极点，一举一动，都不自由，几乎出门不敢坐电车，短衫裤子破了，亦不能买。此间朋友借钱已在百外，真不得了。此事不能不怨十一叔，现已过端节，十一叔日来应少（稍）从容，昨已发禀请求矣。

一、妹之念我，我岂不知。但此次万不能归之情形，前去信已屡言及，吾妹当能相谅。前去信多怨怒之言，即因念妹之极，深盼妹来，所以至此，实在却无相怪之意，非好以笔墨为口舌也。经费不顾，得罪最爱我之岳父不顾，究竟何乐为此，乃末了吾妹亦来说我疏极，似乎全不谅人苦心者，我岂能不怨不怒乎？虽然我之怨怒不过一时，而我之闷闷则无一日不如此矣。妹念我至于如此之切，而又恐伤岳母之意，不敢明言，此实妹之孝思。但此种地方，真令人为难也。女子既嫁，但能相夫教子，即所以报父母之恩，不必以得事膝前为尽职，此实为无可如何之事。盖女子一嫁之后，即为他家之人，当以事翁姑为尽职，相夫教子为尽职。一人之身，不能做两家之事。故己之父母，不得不让兄弟尽其孝思，而为女儿者，虽不归宁服事，亦不为有罪。苏俗过夏多接回母家，此实不通，既为媳妇，无论何时，皆有伺候翁姑之职，岂一年止有春秋冬三时当在夫家乎？且使家家女儿皆以得事父母为孝，则人家何处更有媳妇乎？再推言之，查家四表妹听父母之言而回家，亦得谓其能仰体亲心乎？故此次事，兄不自顾力量则有之，岳父谓为过举，兄实不明白。盖妹此刻如在母亲身边，母亲又极爱妹，因而兄欲接妹出来，一切不顾，则可谓之过举矣。又或因接妹同出之故，再须在日本多留一二年，不顾母亲之盼望，则亦可谓之过举矣。今则不然也。且岳母爱女之心，并无限制，即再隔两三年离开，还是一样惦记，相依愈久，相离愈难，将来更不知累岳母如何难过。妹能终身在家事奉父母乎？此其难一也。北京则可去，日本则不可去，日本钦差则可去，日本留学则不可去，然则为妹之夫者不亦难乎？倘使兄十分潦倒，终身不得志，则妹必不可与我同受患难矣。想到此等处，令人心冷如冰，此其难二也。更有一说，或岳母身边少人服事，则犹之可也。然书弟夫人以次，均未有回到姚家高邮查家去者，且岳母欲妹在家，并不欲妹做事，不过欲放在眼前，岂知女儿终不能永远放在眼前乎？此其难三也。又有一说，或妹在母家，在妹心中有非常之愿意，故岳母体谅妹心，使得多日在家，亦为爱女之意。然兄实知妹极以为苦，故前次来信屡有欲至山东云云也。盖妹非乐居母家，不过仰体父母爱女之意，不欲重伤慈怀耳，此其难四也。又有一说，或我欲妹同出，而实于妹则有不愿，因托于父母以为保护，此亦有理可言也。然妹果不愿乎？我果强妹乎？妹果以不出为如愿乎？我则不知之矣，此其难五也。兄照以上想来，故不能认“过举”二字。至于好异，则无俟我言，妹亦明白矣。总之妹在岳父母处，长年相依，此自出于两大人爱女及体谅兄之意，并非小辈应该如此。故女子既嫁，犹以此住居饮食之事，上累亲心，于妹深觉不安。而兄每接来信，自引为过举者也。不意同出之事，尚不知果能做到与否，而稍一启口，反生藤葛，此实兄所思之困闷不堪者也。

一、菊不在学堂时，有一最困难事，即我有事他出，或到学堂，则渠一人在寓，更无他人管之，渠亦静极闷极。小孩究竟不像大人，能自己用功也。

一、妹此次至四弟处住几日，四弟过端节如何情形。兄恳十一叔代寄五十元到否？四弟近在外边如何情形？便望示知一二为盼。

一、次弟宜劝其略早来此。汉学既无根柢，现在所学法政，如何可以再加潦草。若真少有所得，此三年离家之苦，不更白尝此味道乎？此次来示无甚事，不更作复，乞代致意。兄日来以天热路远，学堂钟点赖去甚多。房子即前说者以（已）被他人留去，不能如愿，另有他处，十日内或可办成。下女近愈不兴，与大家商定，俟搬家后即去之也。次弟来信云是咄咄怪事，阅之失笑。兄与下女又无关系，何必不肯去之乎？法政讲义怀皋大致不要。兄看次弟见面，渠不提，亦可不提也。刑法一册，并非寄次弟观者，随便可以送人。经济讲义亦是随便寄去者。苏人十三大帮归国之说，兄无所闻。自严尚未行也。以上各语，乞告次弟为要。

一、杏官近读何书？写字如何？便望示悉一二为盼。菊官下半年如不能升入四五年级，大致下半年即不令其到庆应矣。因现教之程度太浅也。

此信不觉写已冗长，夜深矣，不再及。然妹阅后应可略知我心矣，来示亦望以近来情形相告，使我如面谈，盼甚盼甚！

此泐敬颂孟婵近好。

兄钧儒顿首　二十日夜　十九号

我此信务望细细观之。如与我当面谈天也。

四中寄之。總立弟寫隨便不肯並切也。家書寄
在岳父處書房樓上。妥當已抵。兄問之甚感。即
兄冬間赫家。毋款又為在山東。亦既如住在（倘毋親赫來亦另租屋今番）
岳父處。雖有熟人家。亦不能住。否則使他人看之奇（の弟之住屋家是否算租屋仍）
怪也。日來此間天氣甚熱。非著赤膊不可。夜間蚊子（自用一。男候否未代望穩及）
尤多。不能寫字看書。兩脚釘得要命。不知蘇州如
何。甚以為念。
妹勿以我為有相怨之心。因而自己懊惱。我因不忍
妹也。山東時有信來。毋親已論不說大嫂。真是
無可奈何。恭以大哥兩次來信寄
妹閱之。蔚弟如來蘇。望告以可我信云。礦石有回信
已寄山東。吉庭姊夫五月至今寄福着兩函。三弟收到
否。渠甚以為念也。各語。四中來信內到山東盤川。望
告以可美最好洋行塘沽輪船。禮拜三自上海開。房艙
一舖十二元。自青島亦有大東。二等七元二角。青島
客棧以悅來為最。運送連住宿一夜約一元六七角。我
無事不更作信。亦甚以作信為苦也。燈下草草。即頌
盒好近好。去冬用心　　兄鈞儒手　菊兒隨侍
岳母大人為我請安
初四函到。想已寄到。

鄉

十八日二十號

盖好如握。前接初一日
手示。未即復。想必努吾
妹盼念矣。罪甚甚。久自此月初起。時覺形寒。屢服建
麯而愈。十六日午後竟大熱。昨日早起。熱退而左腿[illegible]
腳處忽然腫脹。坐卧時尚不覺得。起立則痛不可忍。
一時不免膽小。你恐像腳氣病。因至病院去看。據
醫生言不要緊。敷藥而返。今日痛較減。惟行走尚
不便。想再三日内必可愈也。病時更思吾
妹。倘能使吾
妹在我側。則我雖一身皆痛。心猶樂也。
來示云 岳母愛我兩人。又云何日皆發慈悲之念。又以為
既是真愛。何以無慈悲之念。既無慈悲之念。則非
妹不能仰體 岳母之愛。又實胡塗不曉得矣。且
妹是已嫁之女。不須父母之命。豈猶必候父母之允許。
然後可從我行耶。思之徒然嘆息而已。此中不知何日可
來。久不是的次和。你那速得看小照也。實我二三十元。
殊可不必。我近已手頭較裕矣。且我生性不能手邊多
錢。喜用心中適意之錢。在此亦復如是。吾
妹固最能知我脾氣者也。今日張彦雲忽來此。譚
及加譽實祖母此次曾往嘉善。大病幾危。困苦萬
狀。現已回禾云云。我聞之心中甚為難過。然也實錢

沈钧儒致张象徵的信

一九〇七年七月二十七日

孟婵如握：

前接初一日手示，未即复，想必劳吾妹盼念矣，罪甚罪甚！兄自此月初起，时觉形寒，屡服建曲而愈，十六日午后竟大热，昨日早起，热退而左腿扎脚处，忽然肿胀，坐卧时尚不觉得，起立则痛不可忍，一时不免胆小，深恐成脚气病，因至病院去看，据医生言不要紧，敷药而返。今日痛较减，惟行走尚不便，想两三日内必可愈也。病时更思吾妹，倘能使吾妹在我侧，则我虽一身皆痛，心犹乐也。来示云岳父母爱我两人，又云何日肯发慈悲之念。兄以为既是真爱，何以无慈悲之念？既无慈悲之念，则非妹不能仰体岳父母之爱，兄实胡涂不晓得矣。且妹是已嫁之女，不须父母之命，岂犹必俟父母之允许，然后可从我行耶？思之徒然叹息而已。次弟不知何日可来，兄不是盼次弟，深盼速得看小照也。寄我二三十元，殊可不必，我近已手头较裕矣，且我生性不能手边多钱，喜用心中适意之钱，在此亦复如是。吾妹固最能知我脾气者也。今日张彦云忽来此，谈及加（嘉）兴寄祖母此次曾往嘉善，大病几危，困苦万状，现已回禾云云。我闻之心中甚为难过，颇想寄钱，妹倘酌寄一二十元，即如寄我一般矣。信去但云作为病后调理之费，勿必更说他语为要。此信望嘱四弟写之，恐立弟写随便不肯恳切也。家堂寄在岳父处书房楼上，妥当已极。兄闻之甚感。即兄冬间归家，母亲如尚在山东，亦只好住在岳父处。倘母亲归来必另租屋，今番四弟之住顾家，是否算租屋，仍自用一男仆否？来信望提及。虽有熟人家，亦不能住，否则使他人看之奇怪也。日来此间天气甚热，非赤膊不可。夜间蚊子尤多，不能写字看书，两脚钉（叮）得要命。不知苏州如何？甚以为念。

妹勿以我为有相怨之心，因而自己懊闷，我固不怨妹也。山东时有信来，母亲无谕不说大嫂，真是无可奈何，兹以大哥两次来信寄妹阅之。蔚弟如来苏，望告以“我信云，硖石有回信，已寄山东。吉庭姊夫五月至今，寄福省两函，三弟收到否？渠甚以为念也”各语。四弟来信问到山东盘川，望告以“美最时洋行，塘沽轮船，礼拜三自上海开，房舱一铺十二元。自青岛至省火车，二等七元二角。青岛客栈，以悦来为最，运送连住宿一夜，约一元六七角”。我无事不更作信。亦甚以作信为苦也。灯下草草。即颂孟婵近好。杏官用心。

岳父母大人，为我请安。

兄钧儒顿首菊儿随叩　十八日　二十号

初四一信。想已寄到。

昨信寫好、未寄、今日早起、得
妹與菊兒信、閱悉一切、次中俟天氣稍涼再動身、尤好、
妹此信前半段文理、字字妥帖、是否係
岳父所教、倘不是、則
妹近來閱書之進境矣、信面後加紅籤、上面所寫字、是
三弟寫否、較次中真勝萬倍、蝦米尚未到、近日時
病、頗想食物、曾在近處購蝦米筍干等、竟不能
吃、得家中寄來、可謂却如我願矣、今日腳已大好、可
照常行動矣、望
妹閱之勿念也、菊兒看信後、以「心迹」二字問我、我告以此
事甚長、我無空講與你聽、菊遂不問、以後此等話千
萬勿向小兒輩言之、至要至要、以此論之、即與他人講此等話時、

字眼、重極〻〻、凡婦女尤不可隨便用之、他人見了、將成笑談、吾妹當能理會此意也、向來我樓家侭及妹侭、閲後比即燒去、菊兒頃対我云、好多勁燒、此信我要的、又漫乆之、然不能不將後面數行裁去也、菊兒近異常戀我、有兩夜我睡扁稍遲、然亦不過十點鐘、(因新近此京法部派一姓韓者號芸根來此詢査監獄、此人与十一妹極熟、我年來印結即係彼代領、故一切不能不為之幫忙、且自己本亦想參觀監獄、韓芸根要我住在他處、甚勢不能)菊兒均哭、不肯吃晚飯、同扁弄以長法、也

妹想可笑不可笑、如此之孩、直慮其忘母乎、怖〻、書此好借存及、

又 鈞儒又白 十九日

沈钧儒致张象徵的信

一九〇七年七月二十七日

昨信写好，未寄，今日早起，得妹与菊儿信，阅悉一切。次弟俟天气稍凉再动身，亦好。妹此信前半段文理，字字妥帖，是否系岳父所教，倘不是，则妹近来阅书之进境矣。信面后加红签，上面所写字，是三弟写否，较次弟真胜万倍。虾米尚未到，近日时病，颇想食物，曾在近处购虾米笋干等，竟不能吃，得家中寄来，可谓却（恰）如我愿矣。今日脚已大好，可照常行动矣，望妹闻之勿念也。菊儿看信后，以“心迹”二字问我，我告以此事甚长，我无空讲与你听，菊遂不问，以后此等语千万勿向小儿辈言之，至要至要！以兄论之，即与他人讲此等语时，小儿来前，亦宜停止，以小儿听之，实无益也。我不愿小孩住岳母处，即此等事亦有点也。且心迹二字，不可乱用，此等字眼，重极重极，凡妇女尤不可随便用之，他人见了，将成笑谈，吾妹当能理会此意也。向来我接家信及妹信，阅后皆即烧去，菊儿顷对我云，好爹勬[①]烧，此信我要的，兄漫允之，然不能不将后面数行裁去也。菊儿近异常恋我，有两夜我归寓稍迟，然亦不过十点钟，因新近北京法部派一姓韩者号芸根来此，调查监狱，此人与十一叔极熟，我年来印结即系彼代领，故一切不能不为之帮忙，且自己本亦想参观监狱，韩芸根[②]要我住在他处，其势不能菊儿均哭，不肯吃晚饭，同寓弄得无法。吾妹想可笑不可笑，如此之孩，尚虑其忘母乎。

草草书此，余俟再及。

兄钧儒又顿首　十九日

【注解】

①勬：苏州一带方言，勿要、不要之意，发音为勿、要两字的快速连读。

②韩芸根：清政府法部官员，时被派往日本考察。

妹。想可許我也。吾妹近来肝陽等皆好些否。雖不發時。石決明等亦宜常吃為要。阿菊去開。此自無法。萬勿以此愁悶。男孩子但望其有長進。勿但願其常在身邊。阿菊到校後。萬勿寄飲食物去。此為至要。不知每禮拜日出来否。如每次歸蘇。未免太費。如何辦法。甚盼告我也。前聞次乾来試驗否。何年度与我。之實甚盼次乾来一行。其實岳父亦必許可。甚為次乾惜之也。餘俟再及。敬頌

近祉　菊衣均此

父　鈞儒手泐　二月初一日

孟嬋如晤。前寄數信。想皆到。之種痘已愈。惟瘢痕未平復。故尚不能沈浴等。日來正在看講義。預備試驗。大約中國二月底必可考畢。三月初必可歸國。惟聞京中催考甚急。屆時恐不及回南。即與此間同年諸友一同徑行北上。然後由北再南歸也。菊想已到學。章程及各試驗如何。進去。些費外尚有若干用款。均望一一詳示。再菊已進校。望寄信告知菊。中國二月二十日後。勿寄日本信。恐集或自有信與之也。吾妹珠子知已賣去。合英洋二百元。惟之因欲還丁夔生款。此間極力

沈钧儒致张象徵的信

一九〇八年三月四日

孟婵如晤：

前寄数信，想皆到。兄种痘已愈，惟瘢痕尚未平复，故尚不能洗浴等等。日来正在看讲义，预备试验，大约中国二月底必可考毕，三月初必可归国，惟闻京中催考甚急，届时恐不及回南，即与此间同年诸友一同径行北上，然后由北再南归也。菊想已到学，章程及如何试验，如何进去，学费外尚有若干用款，均望一一详示。再菊已进校，望寄信告知菊，中国二月二十日后勿寄日本信，恐渠或自有信与兄也。吾妹珠子知已卖去，合英洋二百元，惟兄因欲还丁夔生款，此间极力张罗，止有三百，因函告十一叔，将珠款暂时移用，俟归来另买路股还妹，想可许我也。吾妹近来肝阳等能好些否？虽不发时，石决明等亦宜常吃为要。阿菊走开，此自无法，万勿以此愁闷。男孩子但望其有长进，勿但愿其常在身边。阿菊到校后，万勿寄饮食物去，此为至要！不知每礼拜日出来否？如每次归苏，未免太费，如何办法，甚盼告我也。前问次乾[①]来试验否，何无复与我？兄实甚盼次乾来一行，其实岳父亦必许可，甚为次乾惜之也。余俟再及。敬颂近祉。菊杏均好。

兄钧儒手泐　二月初一日

【注解】

①次乾：妻孟婵之弟。

為蝶兒照。昨日晚得
手示。似係三十日所寫也。頭昏耳鳴
何以如此之甚。千萬早睡早起。勿多
煩惱。勿思念我與菊官。菊官在滬
必甚好。讀書看進步。無信與
妹。或因學堂規矩甚嚴。無暇寫信。
亦未可知。初到亦必拘謹。勿思之過切。
轉令阿菊不安也。之更安健。幸
勿相念。吾
妹以久遠出及阿菊離開為不幸。其

姊生平有一大毛病自家肚裏
轉念頭最不好也待圖仍
妹教之。亦是氣性。此事不來亦好。
但在家不知里用功否。能善事
父母否。便中
示知一二爲盼。兄動身終在三月
初十邊也。能候再及。即問
近好。老官好。兄鈞手泐 十日
岳父母大人前請安
求筆切此

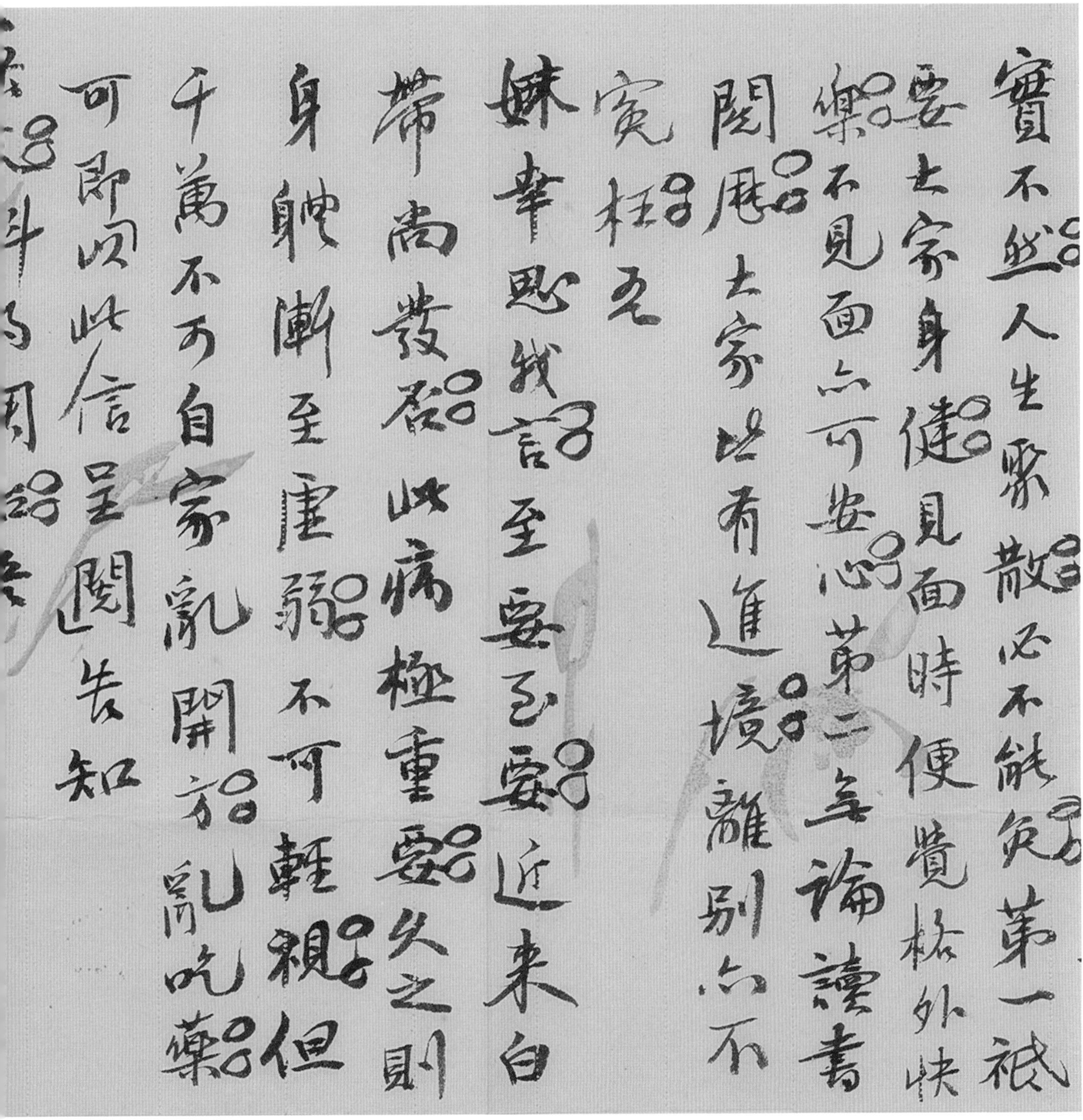

實不然。人生聚散。必不能免。第一祇要大家身健。見面時便覺格外快樂。不見面亦可安心。第二年論讀書閱歷。大家均有進境。離別亦不冤枉。矣

妹幸恕我言。至要至要。近来白帶尚發否。此病極重要。久之則身體漸至虛弱。不可輕視。但千萬不可自家亂開方。亂問吃藥。可即以此信呈閱告知

沈钧儒致张象徵的信

一九〇八年三月十一日

孟婵如晤：

昨晚得手示，似系三十日所寄也。头昏耳鸣，何以如此之甚，千万早睡早起，勿多烦恼，勿思念我与菊官。菊官在沪必甚好，读书有进步，无信与妹，或因学堂规矩甚严，无暇写信，亦未可知。初到亦必拘谨，勿思之过切，转令阿菊不安也。兄更安健，幸勿相念。吾妹以兄远出及阿菊离开为不幸，其实不然，人生聚散，必不能免，第一只要大家身健，见面时便觉格外快乐，不见面亦可安心。第二无论读书阅历，大家皆有进境，离别亦不冤枉。吾妹幸思我言，至要至要！近来白带尚发否？此病极重要，久之则身体渐至虚弱，不可轻视，但千万不可自家乱开方，乱吃药。可即以此信呈阅告知岳父，斟酌调治。吾妹生平有一大毛病，自家肚里转念头，最不好也。待圆仍妹教之，亦是无法。次弟不来亦好，但在家不知果用功否？能善事父母否？便中示知一二为盼。兄动身终在三月初十边也，余俟再及。即问近好。杏官好。

兄钧手泐　十一日

岳父母大人前请安，弟辈均此。

我今書之寡，達札極點，故寄汝學費不能以期，且汝札學費外另有用款亦不能照數寄去。識以汝前信寫來有大內之六十三元係汝婦所墊，則補為復還，必自不妨，或回家後由我給還亦無不可。（汝婦肯以錢給汝用，可見汝婦並無心眼，汝苟能將父款寡迫情形向之說明，汝婦無不明白，必不責汝，汝自糊圖耳。且我家寡狀何可瞞汝婦，合志告之。）所以寄汝了卅元者，特先以應急，即汝零用，俟我手頭稍裕，自即可隨時給寄。數年來情形一直以此，汝自無不知也。特還汝婦之款，可稍從緩。一層前論忘未寫明，由我以為我或能忽耳。我之病不能出門，並為汝款亦寫信我人，直至萬不得已，始行直接去信。繼思不及文後霞去。蓋未嘗一日忘汝，並未嘗一日忘此事。不時時在念汝，不知我於諸手中家貧，汝再汝為何情？我相寡何事不允？此次匯款不能照數，且又過期，我方的的與汝母言之，以為使汝為難，心中實為攢也。然心雖如此，卒不能多寄。速還寄者，亦以見汝父遭丁厄運，頓頓可憐之情形。蓋我亦方以不能如數為恨，而不望汝知之諒之也。若怪父慈父則汝誤矣。金錢家為臨躍之物，汝父素不貴惜。汝父札朋友安南人且時時加以周濟，豈以其家貧之兒而忽生吝惜之心。不過時運不濟，手頭拮据之極，無法可以應我愛兒之求耳。他日苟能稍裕，必能如量以寄。今我愛兒滿足，惟有一言，則我之愛汝無為深

切要平尋常，決非金錢所能來，且決非金錢所能增減。此處汝之一念實有
全在在藝之概。我亦不自知其何以如此，且何必如此徒自累耳。往之閱汝來信千
里外為之忽憂忽喜，汝豈知之耶？汝近來言語簡單，寫信總切亦不及從前，汝不
自覺耶？我你懼天之奪我愛兒也。汝務念之。我今日閱汝信，害氣的異常。我朋
友多負債亦多，使人之來信皆入汝之氣，則我氣死矣。現在且不論此，大伯父處
款何日能到，殊無把握，汝到校務以北京匯款濡滯之故，先向校聲明，倘有為難，則照
正月鄉法，請假幾日，一面向同學借錢，候款到即速上課，至要至要。汝能有他法自
更好。以汝父偶亦窘之之故，累汝精之委曲，年老亦無法也。汝毋你望至嬌，嘗汝婦來
京，我亦不以此，祇以無錢之故。往之不能及顧，七十之本不敷用，故我前諭有屆時再定
款之語。汝來信不謂嬌極甘寶，只要使男掛足在此中，御用若干，請之一筆，我無不允，何必性急至此。現在我又細想至嬌，汝婦未必願意住南，汝母生
育亦非初次，無人在側，儘自不妨。我只一時無錢事，借錢不到，此行亦作罷論可也。我今
日例未出門，寓中切切。此諭菊兒 九月十六日 父字

根八弟

沈钧儒致沈谦的信

一九一七年八月二十七日

我今番之窘，达于极点，故寄汝学费，不能如期，且汝于学费外另有用款，亦不能照数寄去。诚以汝前信写来百元内之六十三元，系汝妇所垫，则稍为缓还，必自不妨，或回京后由我给还，亦无不可。汝妇肯以钱给汝用，可见汝妇并无心眼，汝苟能将父亲窘迫情形，向之说明，汝妇无不明白，必不责汝，汝自糊图（涂）耳，且我家窘状，何可瞒汝妇，应悉告之。所以寄汝百卅元者，特先以应急，即汝零用，俟我手头稍裕，自即可随时检寄。数年来情形一直如此，汝自无不知也。特还汝妇之款可稍从缓一层，前谕忘未写明，汝或以为我真疏忽乎？我足疾不能出门，然为汝款亦写信找人，直至万不得已，始行函恳大伯，继恐不及。又发电去，盖未尝一日忘汝，并未曾一日忘此事，不啻时时在念。汝不知我于诸子中最爱汝乎？汝有所请，我虽窘，何事不允？此次汇款不能照数，且又过期，我方时时与汝母言之，以为使汝为难，心中实为郁郁。然心虽如此，卒不能多寄速寄者，正以见汝父适丁厄运颠顿可怜之情形。盖我亦方以不能如愿为恨，初不望汝知之谅之也，若怪父怨父则汝误矣。金钱最为龌龊之物，汝父素不爱惜。汝父于朋友安南人，且时时加以周济，岂以其最爱之儿，而忽生吝惜之心？不过时运不济，手头缺乏，无法可以应我爱儿之求耳。他日苟能稍裕，必能如量以予，令我爱儿满足。惟有一言，则我之爱汝，实为深切，异乎寻常，决非金钱所能表示，且决非金钱所能增减。此爱汝之一念，实有念兹在兹之概，我亦不自知其何以如此，且何必如此，徒自累耳。往往阅汝来信，千里外为之忽忧忽喜，汝岂知之耶。汝近来言语简单，写信恳切亦不如从前，汝不自觉耶？我深惧天之夺我爱儿也，汝务念之。我今日阅汝信，实气得异常。我朋友多，负债亦多，使人人来信皆如汝口气，则我气死矣。现在且不论此，大伯父处款，何日能到，殊无把握。汝到校，务以北京汇款濡滞之故，先向声明，倘有为难，则照正月办法，请假几日，一面向同学借钞，俟款到即速上课，至要至要。汝能有他法自更好。以汝父偶尔窘乏之故，累汝稍稍委曲辛苦，亦无法也。汝母深望五婶暨汝妇来京，我亦如此，只以无钱之故，种种不能如愿。七十元本不够用，故我前谕有“届时再寄款”之语。汝来信可谓戆极，其实只要说男拟先在此中挪用若干，轻轻一笔，我无不允，何必喉（猴）急如此，现在我又细想，五婶汝妇本皆愿意住南，汝母生育，亦非初次，无人在侧，尽自不妨。我如一时无事，借钱不到，北行即作罢论可也。我今日仍未出门。寓中均好。此谕菊儿

九月十六日　父字　根八号

昨得汝书，不免生气，因后寄一谕寄西，依依多宵来，枕上思之，四月（四行至一张均好，汝二人合影不及前寄来者方为有趣。打牌一张情趣亦好。外婆日照一张汝妇神气甚好，惜眼里太偏）

汝母此番附汝返西，船上住房内，汝等不便，我亦深被此境，又在目前，何（在前上外婆一人打念珠一张亦好，摆佛内。惟一钟不甚合式，因与佛无意义也。杏弟嫌汝发太时髦）

便责汝。至此汝写信太俚俗，以致不能惬目，亦有他也。学费不能即支用，汝

归钱，道多切切，于心亦是情理中事，讲汝之错，汝又过矣。昨起续十八等

讨钞至黄山谷诗百书，不及一页而我日归来，两能心情甚阅至劬，我心怆

不觉为之黯然。汝父近来老矣，须发渐有白茎，对于汝辈爱之切，於

往日壮锐之气不觉暗中消灭殆尽，可惜也。汝母欲谓我曰此种生气甚是

无聊，何苦接汝信又要懊恼。汝知之又要向我舍得，甚是何苦来也。我亦暗思

汝之弟已有四人，自家亦一個無（不讲快活便是）之气来，亦已此不过来信，殺甚闲，不觉

为之一笑。因为写此信，以解汝此段，菊儿闻之，汝妇亦甚好，廨药而已

寄在途中，我那知何时付寄，携汝信后至亦，是亦寄此山中，西子行场

年来故常有此，特一操便止，虚亦也。今归寄，年来不知念也，方为爱一則即告

我昨余翻信，却是不错，汝是不及此。从中即九月十七日父字 根九（有点气也）

杏弟近两色明阔，下发身体亦佳，壮校中功课渐好，下两星期均不挂回来。此书情形可为外祖母岳母知之，将笑我父也

沈钧儒致沈谦的信

一九一七年九月十六日

照片多张均好，汝二人合影不及前寄来长方者有趣。打牌一张清楚之至。与外婆同照一张汝妇神气甚好，惜眼黑太偏在角上。外婆一人持念珠一张亦好，摆饰内惟一钟不甚合式，因与佛无意义也。杏弟嫌汝发太时髦。

昨得汝书不免生气，因复寄一谕写至两纸之多。宵来枕上思之，四月偕汝母北上时，汝送至船上，坐床内泪落如绠，我亦挥泪被面，此境如在目前。何便责汝至此，汝写信语太俚俗，以致不能悦目，非有他也。学费不能即交，用汝妇钱过多，切切于心，亦是情理中事，非汝之错，汝父过矣。顷起读十八家诗钞，至黄山谷诗，“百书不如一见面，几日归来两慰心”，情真语至，触我心怀，不觉为之黯然。汝父近真老矣，鬓髭渐有白茎，对于汝辈爱意亦切于往日，壮锐之气不觉暗中消减，殊可惧也。汝母顷谓我曰，此种生气真是无聊，阿菊接汝信又要懊糟，汝知之，又要勿舍得，真是何苦来也。我亦暗思，汝兄弟已有四人，再添上一个，不讲快活，便是生起气来，亦已忙不过来，尽够热闹，不觉为之一笑。因特寄此信，以慰汝。此致菊儿阅之，汝妇并问好。癣药想已寄在途中，我脚丫仍时作痒，据张冷僧[①]先生云，渠亦曾患此，中西各药均无大效，只有此药一擦便止痒，六七日后无不永愈也。大伯处款一到即告我。昨谕办法却是不错，汝是否如此从事耶。此番情形，勿为外祖母岳母知之，将笑我父子有呆气也。杏弟近面色明润可爱，身体亦结壮，校中功课渐忙，下两星期均不拟回来。

九月十七日　父字　根九

【注解】

①张冷僧：即张宗祥（1882—1965），谱名思曾，字阆声，晚号冷僧，浙江海宁硖石人。清光绪二十八年中举人。善书画。中华人民共和国成立后，历任浙江图书馆馆长、省文史馆副馆长、西泠印社社长，并任浙江省人大代表、政协常委、中国国民党革命委员会浙江省委常委等。

沈钧儒致沈谦的信

一九一七年十月二日

菊儿知悉：

徐福行后，又寄根十二根十三两信并电一件，想均送到。昨得汝二十二早来禀，得悉一一。汝妇何以体次多病，四肢难过，胸腹不舒，究系何故？章用之如何说法？何不禀我知之。左大腿酸痛，又是何因？我及汝母异常记念！我意终是血气不能舒畅，亦问过章用之否？汝母昨阅来禀，主张决计叫汝妇不来，我意不然，海轮闻亦涨价，且风浪必大，不如改走汉口，江轮既稳，京汉车亦快，以时间论，究较海轮远航减少辛苦不少。惟伴送之人，我意蔚叔朴舅之外，叔范兄如何？倘有谋事之意，似亦可作北行也。汝则匆匆而来，因学课关系，又不能不匆匆而去，不但辛苦，并且旷课，我与汝母均不谓然。倘不能不亲自送来，则北上决行作罢，不必犹豫，且俟年底再说可也。至疑不疑。汝与汝妇均可放心，固可勿庸忧虑也。且学堂等事，汝既反对英文，我亦不知汝果赞成何国言语，并太息作罢不复提矣。我为汝等谋幸福太急太切，天下事又安能尽如我意耶！我已大健。此问偕好！

十月十三　父字　根十四号

汝蓟知道我爱汝、谅汝，并爱汝妇、谅汝妇，无丝毫芥蒂也。谦一、谦二、谦三每相处来，家书中亦说之矣。惟我心中确有喜汝之处，在明告汝：第一，汝性情向来活泼，最喜说笑，人亦正直朴爽，故年来在沪十一婆之之嬉等大家爱汝，均说汝好，我亦如之。故悦之家，我如汝思，即境遇亦如不差，父母俱存，又弟无故，妻室又贤，家庭之乐，要即之乐，闺房之乐，三者具备，乃天之待汝亦不可谓不厚矣。而自汝历正月以来，无趣、钱、感、家、我等辞保简家不必，从前遂甚。家书中任谓偏想及事等有趣，又之因此志亦大减，竟不专所载，老人仅二、谦二每亦忧之。此痛之之，究竟如何感，亦如此即一人，敢曾在沪亦既数年，我与汝母能适在此京时之通信何甚当，而汝于家庭之乐亦不能得。近来以汝年龄、家学问之乐，我于此事所希望于汝者极远，即汝将来种之幸福者，亦自必见于此时在

参議院用牋

業問上立定基礎方有希望否則遠離父母究為何事正所謂虐之業
現在亦不能算不圓滿果能夫倡婦隨一心向學興趣更增即使與汝
二人粗衣食足祇要力能辦到我亦願意否則常常抑鬱並不是愛學問
究為何來我不但責汝且以汝為庸人無希望負我之愛汝婦不能知汝
之愛我又安能諒之而無之責任卻失之迷惑使其長進是為第一事
第二事當然為第二事也汝可長此多愛不知專心學問汝之過即汝婦
之過此我之不能不責汝者一也第二我病後時候汝母帶同在身我每閱汝來
信但以念念二字了之即此來中有個隔亦從未有一信問起我的病可以來接我的
可以安頓侍奉汝母返來聊以極健身強體壯而無危險否則汝之悔又
有前期耶此我之不能不責汝者二也以上二層希汝宣佈能聞重要須與
你老婦我與汝母畢竟不能胡閙正此道以是怪汝者也現在汝婦有身
決計暫停此上宜遵我囑毋庸急急並宜為汝婦議定處處周勞以為我與汝
母莫有責之氣之之意飲食起居千萬小心以待來親抱孫之望詳細

我二人寔時刻馳念也。汝則自己須知保重，一心一意尋學問樂處。天坍地塌亦有開。汝婦並宜時時與汝求學，勸汝勿胡思亂想，上課後務必同功(照相等皆之甚易，既含力不抛開，千万勿治之於此照片，皆精你信萬信於此等事矣)會熟會。姪今日多化一分，即將來便宜一分，汝婦能與汝即與自己向學年異。因夫婦之間你們家的盛切甚樂(今日之)，可以益之。即將來之事業無幸福(去信寄存皆因此來年灣灣所引起，汝等說明，我回去也)亦實其之，分別不開也。我看口說汝二人十分細心，能之。此時不住意，再二三十年，追悔不迭矣。現在程舅舅京事已成，必亦即陪其婦北來，汝等更不放心。款既用去，前後送去四十元，即作罷論。想程舅母婦必有能復法也。汝家書中信云不敢告你父親，此言何來？我前汝已今日寔最厚汝，汝亦從未有一事一紙瞞我，何今忽有此言？即直說，何必不吃。此等事只有汝婦同在一處，我要汝婦的汝要心矣。寫至此，不覺已有三紙，我亦寫與人代簡筆一二。我祇要汝快樂，别無他意，汝不快樂，我即不免種種疑心，怪東怪西起來矣。此問汝二人安好。二十日父字 初十七燈

外祖母 岳母前請安

今日寄去胎產金丹十二粒來，和收到否

參議院用箋

沈钧儒致沈谦的信

一九一七年十月十三日

阿菊知悉：

我爱汝、谅汝并爱汝妇，谅汝妇无丝毫疑心也。谦一号二号禀均收悉，寄杏弟信亦览之矣。惟我心中确有责汝之处，兹特告汝。第一，汝性情向来活泼，最喜说笑，人亦正直朴爽。故年来在沪，十一婆婆三婶等大家爱汝，均说汝好，我亦为之欣悦无穷。我为汝思，即境遇亦为不差，父母俱存，兄弟无故，妻室又贤，家庭之乐，学问之乐，闺房之乐，三者身兼备之。天之待汝，亦不可谓不厚矣。乃自阴历正月以来，兴趣锐减，寄我禀辞语简单，如云无暇，则暑假中有何事耶？不如从前远甚。寄杏弟信谓遍想各事无有趣者，又云因此志亦大减，竟如百余岁老人，谦二号禀亦屡云悲痛悲痛，究竟何所感而如此耶！一人就学在沪，亦既（即）数年，我与汝母虽远在北京，时时通信，何异当面谈天，家庭之乐，亦可算得过去。以汝年龄，宜专心求学问之乐，我于此事所希望于汝者极远。即汝将来种种幸福名誉，亦自必先于此时，在学问上立定基础，方有希望。否则远离父母，究为何事？至于闺房之乐，现在亦不能算不圆满。果能夫倡妇随，一心医学，兴趣更增，即使为汝二人租屋住申，只要力能办到，我亦愿意。今则常常抑郁，并不是忧学问，竟为何来？我不但责汝，且以汝为庸人，无希望，负我之爱。汝妇不能解汝之忧，我又安能谅之？内助之责任，解夫之迷惑，促其长进，是为第一事。善事翁姑，尚为第二事也。汝而长此多忧，不知专心学问，汝之过即汝妇之过。此我之不能不责汝者一也。第二，我病许多时候，汝母怀孕在身，我每阅汝来信，但以念念二字了之，即北来中有阻隔，亦从未有一语问起几时可以来接，几时可以寄款。所幸汝母近来体次极健，分娩必无危险，否则汝之悔艾有穷期耶？此我之不能不责汝者二也。以上二层，前者实事，颇关重要，后者系空论。我与汝母毕竟不能胡图（糊涂）至此，遂以是怪汝等也。现在汝妇有身，决计暂缓北上，宜遵我嘱，毋庸急急。并宜嘱汝妇放心，勿以为我与汝母真有责之疑之之意，饮食起居，千万小心。以后来禀，务望详及，我二人实时刻驰念也。汝则自己须知保重，一心一意，寻学问乐处，天坍地塌均可勿问。汝妇并宜时时助汝求学，劝汝勿胡思乱想。上课后务必用功，愈熟愈好。今日多记一分，即将来便宜一分。照相等学之甚易，既会即可抛开，千万勿沾沾于此，医学精深亿万倍于此等事矣。汝妇能助汝，即与自己向学无异，因夫妇之关系，最为密切，今日之苦乐，可以共之，即将来之事业名誉幸福，亦实共之，分划不开也。我苦口说汝二人，千万细心听之，去信噜嗦，皆因汝来禀噜嗦所引起，汝等能明白我固无他也。此时不注意，再二三十年，追悔不迭矣。现在朴曾舅京事已成，必可即陪五婶北来，汝等更可放心。款既用去，前谕送去四十元，即作罢论，想朴舅五婶必尚能设法也。汝寄杏弟信云不敢告诉父亲，此言何来。我管汝至今日，实最爱汝，汝亦从未有一事一语瞒我，何今忽有此言耶？豆乳何以不吃？此等事既有汝妇同在一处，我要汝妇为汝费心矣。写至此不觉已有三纸，我要写他人信矣。简单一言，我只要汝快乐，别无他意，汝不快乐，我即不免种种疑心，怪东怪西起来矣。此问汝二人安好！外祖母岳母前请安。今日寄出胎产金丹十二粒，未知能即到否？

二十日　父字　根十七号

谦七侄手书接到汝来信所谓胸腹痛是否係中暑痛注
十菊前年我过时之面告谓汝症亦为虚
蓮石云是痧々一転服藥既投丸藥亦必有效千万小心至嘱々
媳婦既能亦可請教注蓮石为大意为作蓋至要々汝母扎胸
夜十二點四十分分娩一女甚健壯啼聲洪大神氣極爲安大小平
安足以慰汝二人小名或用又菊或叫为乏好否由二人为吾孫々決之明
汝母说是傳々们孫名字
明之矯去有一保姆女仆待候級汝母闻之甚欲迎護媳婦回来
来时带来可也 吾祖母前与我二人請安 蔚姝處均須去請
安且我家蔚姝々信看时教家汝行为详亦可参观也吾弟昨日
於家中为年
回家過汝母特令汝外回探望安々攘我書桌抽屉電表錶亦
来又取衣書弟云本定期日仍擬回来也此間汝二人似好許織夫
生帶物在也叫 十一月十二日卯前歷九月二十一日 文字
外祖母 岳母前均此請安 初五罗公々七十生辰必須往拜壽 叔二十伯

参議院用箋

沈钧儒致沈谦的信[1]

一九一七年十一月二日

谦七号禀已接到，小菊闰弟我近时时留意，望汝放心为要。汝来信所谓胸腹痛，是否系小腹痛，汪莲石[2]云是疝之一类，服药既投丸药亦必有效，千万小心，至嘱至嘱！媳妇腿酸，亦可请教汪莲石，勿大意勿怕羞，至要至要！汝母于昨夜十二点四十分分娩一女，甚结壮，啼声洪大，神气极可爱，大小平安，足以慰汝二人。小名或用又菊[3]或叫如意，好否？汝母说是像丫头名字。汝二人为小妹妹决之为盼。五婶云有一海盐女仆能烧饭，汝母闻之甚欢迎，望媳妇留意，来时带来最妙。岳祖母前为我二人请安。蔚叔处暇须去请安，且我寄蔚叔之信于家中各事，有时较寄汝信为详，亦可索视也。杏弟昨日回家，适汝母将分娩，外国稳婆占据我书桌，故连电光表亦未及取视。杏弟云本星期日仍拟回来也。此问汝二人偕好！许缄夫（甫）[4]先生带物想已到。

十一月十二日即旧历九月二十八日　父字　根二十号

外祖母岳母前均此请安。初五四公公七十生辰，必须往拜寿。

【注解】

①此信原件上有沈谱加的注：我出生当日父写给大哥的信。谱志于1984年。

②汪莲石：歙县名医，为近代伤寒名家。著有《伤寒论汇注精华》等。

③又菊：沈谱（1917—2013），沈钧儒女儿，字筱婵，小名又菊或幼菊，并曾以如意唤之。

④许缄夫（甫）：名许炳（1897—1965），字缄甫、埏甫，别号潜夫，法名圆煦。浙江德清人。清末留学日本，学习纺织，曾任浙江咨议局议员，后任教省立工业专门学校。中华人民共和国成立后，任浙江省政协委员，上海佛教协会理事等。

菊儿先生谦八来字已到汝二人近日为何肥瘦腹痛等
恙能渐全否循化之正姓纪本当为为是朱崇臣为来
只到程嫣生日送烟麵最妥大伯父来信云伯母以
汝也於十一号登舟南行永嘉坊合宜为吾汝母
日来甚好孔娟已用成工钱月四元小娃娃取名谱小名文菊
亦以成意嘆嘆极佳壮可爱一笑以邕的履等病足能
使二人也内阁作新职已定赠寄横卷青是好碍信言却
甚大中需已铁路云向云此事寿余受累不可惜也仔母
因此而汝信懹悦好十一月十八日父字校二十一号
外祖母太岳母岳母尊前一一为我言之请安

参议院用笺

沈钧儒致沈谦的信

一九一七年十一月十二日

菊儿知悉：

谦八来禀已到。汝二人近日如何，腿酸腹痛等恙能渐愈否，惦记之至！叔范事当为留意。朱群臣尚未见到。朴婶生日送烛面最妥。大伯父来信云，伯母以次已于十一号登舟开行。永义坊屋已定局否？汝母日来甚好，乳媪已用成，工钱月四元。小妹妹取名谱，小名又菊，亦以如意唤之，极结壮可爱，一无口齿皮肤等病，足慰汝二人也。内阁总辞职，已定暂留，秩序当无妨碍，谣言却甚大。中票已跌至六角零，此事实最受累而可怕也。余再及。此问汝伉俪偕好！

十一月十八日　父字　根二十一号

外祖母太岳母岳母尊前，一一为我二人请安问好。

河菊陵之。昨日收六月廿八日来禀。欣悉一一。吾弟意思。我亦但极为此。自可件件赞成也。欧美戒早婚之说。其立论有二点。一在经济上。一在生理上。其在生理上者。往往引印度及吾国粤省风俗为证。十五六岁为娶即衰弱等。诚不免早婚之讥矣。其在经济上者。以男子能自立为立论根据。其故以欧美与吾国家庭组织不同。其父不愿（非子不愿早婚，乃父不肯为其子早婚，）因子女增加担负耳。我意凡事俱要平心静气。细细研究。早婚于生理上确有非宜。惟过二十已不为早。若经济上。难可深论。西洋风俗如此。已成一种习惯。（戒早婚之议，係在男子一方面而言，若女子则且持不嫁主义矣。其冀得自由，不受他人之牵制同也。）而无妇女营作自适。亦多不易供奉。故实际男子已达自立年龄。而经济仍不充裕。往往有终身不能娶妇者。盖所谓自立者。经济自立也。手论他人。经济几时可得自立。实属茫无把握。我意吾国婚嫁。可深思其理。于社会进步。得益不少。即随时随处注意勤俭。勿以婚嫁故、妨碍生活。亦勿以生活故、废滞婚嫁。斯为得之。至学问全在自己。汝安温功课。儻不自用自功。他事勿问可也。人生不过三十年有为。即过二十岁後。再十岁而三十。再十岁而四十。再十岁而五十。此三十年内。年力精壮。可以树立经济。可以发挥学问。可以恢宏事业。即再加十岁而六十。亦不過四十年，如此多矣。而鼓琴瑟，長子孫，亦即在此時期以內。若二十歲以前，六十歲以後，非所任也。吾論中土聖賢、暨西洋政治學問諸先哲，其經濟，其學問，其事業之成功，得力於內助者甚多，紀載不少其例。若如汝輩所論，豈獨早婚不可，即三十四十，求學做事，立腳社會，全在此際，較之二十左右學生時代，尤為重要，（畢業後尤當勤求學問，豈能時時不忘情自得耶）自更不宜婚事。而人生一要妻，即不免於經濟學業大有妨礙矣。豈通論耶。總之，閨房靜好，自有程度，若因燕昵之私，莫如此虞時失學，業可以何患遲。特早婚可哀，即遲婚亦何益補於事也。我今畧到如此，照汝等思想，亦將悔與汝母結婚乎。竊以此不甚害，大笑矣。好看偉男子相，以參閱，極好相責。接簋到京，必贖（工程一切在內共十七元已議定）之。房子打通西首浴室，即作間以為不宜，只好作罷，改擬將上房左右兩間均拆出一格，使房間寬展，不多，新東西，東廂加以整理，似亦不勉強敷用。汝房間愛做在裏間或外間，看圖法定告我為要。（與汝母設好婦細細商定）錯自在，此間汝母管，汝父東北婦，於男都如。王媽放心，汝等須照汝母管東之力，令汝母安氣也。五月二十五日 父字

壽字十一佛
保與寄汝母
信令笑

招貼男處二元，已不敷，查自須法
寄去一百，當可够用。

沈钧儒致沈谦的信

一九一八年五月二十五日

阿菊览之：

顷得汝六月廿八日来禀，欣悉一一。杏弟意思，我亦但愿如此。自可件件赞成也，欧美戒早婚之说，其立论有二点，一在经济上，一在生理上。其在生理上者，往往引印度及吾国粤省风俗为证，十五六岁如双印表妹等，诚不免早婚之讥矣。其在经济上者，以男子能自立为立论根据。其故以欧美与吾国家庭组织不同，其父不愿因子女增加担负耳非子不愿早婚，乃父不肯为其子早婚。我意凡事终要平心静气，细细研究，早婚于生理上确有非宜，惟过二十已不为早，若经济上，难可深论，西洋风俗如此，已成一种习惯，戒早婚之议系在男子一方面而言，若女子则且持不嫁主义矣，其冀得自由，不受他人之牵制，同也。而其妇女奢侈自适，亦多不易供养。故实际男子已达自立年龄，而经济仍不充裕，往往有终身不能娶妇者。盖所谓自立者，经济自立也，无论何人，经济几时可得自立，实属茫无把握。我意吾国婚嫁，可深思其理，于社会进步，裨益不少，即随时随处注意勤俭，勿以婚嫁故，妨碍生活，亦勿以生活故，废滞婚嫁，斯为得之。至学问全在自己，汝要温功课，尽可自用自功，他事勿问可也。人生不过三十年有为，即过二十岁后，再十岁而三十，再十岁而四十，再十岁而五十，此三十年内，年力精壮，可以树立经济，可以发挥学问，可以恢宏事业，即再加十岁而六十，亦不过四十年，为至多矣。而鼓琴瑟，长子孙，亦即在此时期以内，若二十岁以前，六十岁以后，非所任也。无论中土圣贤暨西洋政治学问诸先哲，其经济、其学问、其事业之成功，得力于内助者甚多，纪（记）载不少其例。若如汝辈所论，岂独早婚不可，即三十四十，求学做事，立脚社会，全在此际，较之二十左右学生时代，尤为重要，毕业后尤当勤求学问，岂彼时便可荒嬉自得耶？自更不宜婚事。而人生一娶妻，即不免于经济学业，大有妨碍矣，岂通论耶？总之闺房静好，自有程度，若因燕昵之私，真必至废时失学，莫可如何。是匪（非）特早婚可哀，即迟婚亦仍无补于事也。我今累到如此，照汝等思想，亦将悔与汝母结婚乎？写至此，不觉哈哈大笑。美孙①有伟男子相，阿爹闻之，极为欢喜，摇篮到京必购予之。房子打通西首邻屋，邵伯闻以为不宜，只好作罢，现拟将上房左右两间，均拆出一椽，工程一切在内共十七元已讲定。使房间宽展，可多放东西。东厢加以整理，似亦可勉强够用。汝房间爱做在里间或外间，看图与母亲媳妇细细商定，决定告我为要。余再及。此问汝母暨汝兄弟媳妇孙男都好。王妈放刁，汝等须助汝母管束之，勿令汝母受气也。

五月二十五日　父字

韫舅处二百，必不敷，当再设法寄去一百，当可够用。喜字十一号系与寄汝母信合算。

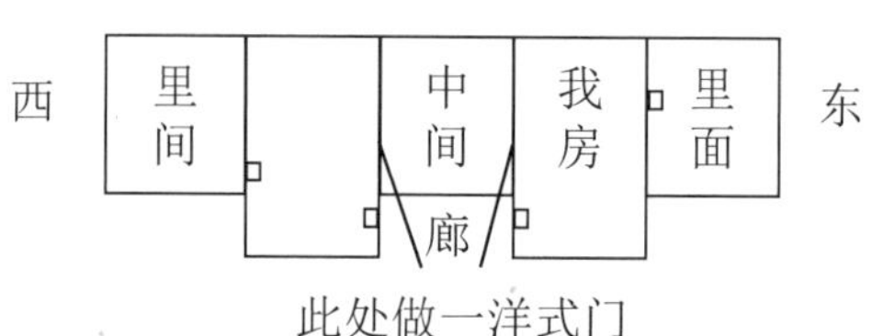

【注解】

①美孙：沈钧儒长孙，沈谦之子，沈人镳（1917—1924），乳名美官。

小菊小菊。好爹此信。是寫給你與閏弟兩人的。看時要你讀給閏弟聽。讀勿出。勿認識字。可問母親五嬸娘。好爹惦記你兩人。你兩人想亦必惦記好爹。好爹要你們聽母親五嬸娘大哥哥嫂嫂先生的話。倘不聽話。被母親大哥哥說了。好爹曉得。要勿捨得。就是你兩人忘記好爹了。好爹又要你們兩人走路小心。勿跌交。吃東西嚼得爛。別相東西要放得清清楚楚。勿烏擠百糟。衣服脫下要疊好。閏弟是你弟弟。你要時時照呼他。勿叫他心裏苦得要哭出來。兩人大家都不要碰碰就哭。就鬧。好爹是喜歡你的閏弟。閏弟鬧了你。好爹要不高興。但是你要曉得好爹亦喜歡閏弟的。你鬧了閏弟。好爹亦是要不高興。小妹妹大家要喜歡他。勿叫他哭。推坐車要小心。勿叫他跌交。你兩人要處處留心。聽見母親五嬸娘叫人。要接嘴叫。聽見美官哭。要告訴母親嫂嫂。看見小妹妹大小便。房內無人。亦要告訴母親嫂嫂。先生房內沖茶倒面水。亦要留意。書房中他們不來打掃。告訴大哥哥。看見大門不關。就關好。或是叫董福。此皆是你兩人大家要用心的。好爹處。二哥哥處。你要隨便寫幾句信。不通也不要緊。別字也不要緊。好教好爹與二哥二哥看了。喜歡快活。見了信。與你兩人見面攙手一樣的。小菊生日。好爹不在家。沒得吃麵。好爹不忘記。要回來補吃。小菊幫好爹記住了。好爹見面。還要說小菊恭喜恭喜也。拳是不是閏弟不打了。地理最要記熟。算學也要熟。你與閏弟空時。可向母親要一尺。將房間闊闊多少。窗面大小。桌椅高低。量來玩。要準。或將房子桌椅等物。畫出圖來。作為玩耍。亦是好的。好爹現住在青年會三層樓上。窗外對著珠江。小輪船帆船來來往往不少。天井內有花台。有樹木。有假山。有小魚池。房子裏有演說廳。有運動場。有游泳場。甚為有趣。可惜小菊閏不同在一處。禮拜六常有音樂影戲。好爹到了此等時候。心中眼中總想著你兄弟兩人。如何如何。閏弟夜間總要小心。勿踢被頭。臨睡勿飲茶湯。出汗尤易受凍。千萬小心。樓梯上下。大家勿奔。小心跌交。月台處多水易滑。亦要小心。到大伯伯三姊姊處去。說話清清楚楚。規規矩矩。勿太吵。水果勿多吃。勿久放在抽屜內。如有腐爛之處。即棄去勿吃。至要。此諭小菊閏兒 父字

沈钧儒致沈议、沈谅的信

一九一八年九月

小菊小菊，好爹此信，是写给你与闰弟两人的，看时要你讲给闰弟听，讲勿出，勿认识字，可问母亲、五婶娘。好爹惦记你两人，你两人想亦必惦记好爹，好爹要你们听母亲、五婶娘、大哥哥、嫂嫂、先生的话，倘不听话，被母亲、大哥哥说了，好爹晓得，要勿舍得。就是你两人忘记好爹了，好爹又要你们两人走路小心，勿跌交（跤），吃东西嚼得烂，别相[①]东西要放得清清楚楚，勿乌挤百糟，衣服脱下要叠好。闰弟是你弟弟，你要时时照（招）呼他，勿叫他心里苦得要哭出来，两人大家都不要碰碰就哭、就闹。好爹是喜欢你的，闰弟闹了你，好爹要不高兴，但是你要晓得好爹亦喜欢闰弟的，你闹了闰弟，好爹亦是要不高兴。小妹妹大家要喜欢他（她），勿叫他（她）哭，推坐车要小心，勿叫他（她）跌交（跤）。你两人要处处留心，听见母亲、五婶娘叫人，要接嘴叫，听见美官哭，要告诉母亲、嫂嫂，看见小妹妹大小便，房内无人，亦要告诉母亲、嫂嫂。先生房内冲茶倒面水，亦要留意。书房中他们不来打扫，告诉大哥哥。看见大门不关，就关好，或是叫董福。此皆是你两人大家要用心的。好爹处，二哥哥处，你要随便写几句信，不通也不要紧，别字也不要紧，好教好爹与二哥哥看了喜欢快活，见了信，与你两人见面搀手一样的。小菊生日，好爹不在家，没得吃面，好爹不忘记，要回来补吃，小菊帮好爹记住了。好爹见面，还要说小菊恭喜恭喜也。拳是不是闰弟不打了，地理最要记熟，算学也要熟。你与闰弟空时，可向母亲要一尺，将房间开阔多少，窗面大小，桌椅高低，量来玩，要准，或将房子桌椅等物，画出图来，作为玩耍，亦是好的。好爹现住在青年会三层楼上，窗外对着珠江，小轮船帆船来来往往不少，天井内有花台，有树木，有假山，有小鱼池，房子里有演说厅，有运动场，有游泳场，甚为有趣，可惜小菊闰不同在一处。礼拜六常有音乐影戏，好爹到了此等时候，心中眼中终想着你兄弟两人，如何如何，闰弟夜间终要小心，勿踢被头，临睡勿饮茶汤，出尿尤易受冻，千万小心。楼梯上下，大家勿奔，小心跌交（跤），月台处多水易滑，亦要小心。到大伯伯、三叔叔处去，说话清清楚楚，规规矩矩，勿太吵。水果勿多吃，勿久放在抽屉内，如有腐烂之处，即弃去勿吃，至要！此谕小菊、闰儿。

父字

【注解】

①别相：苏州一带方言，玩之意。别相东西，即玩具。

夫人。今天七點半鐘矣。剛剛吃好晚飯。出了一個恭。打開鋪蓋。預備睡
覺。恰因四五點鐘的時候。盤膝坐在榻上。打了一個大瞌睡。神氣非常
清醒。又特別官艙共總六間。却有四五間多是女客。五點過後。剛出吳淞
口。他們已說是有風。所以吃一點飯。一個一個多已睡了。男客亦不見出來。吃飯只
有六個人。艙中只有茶房兩人。連我三人。清靜寂寞。却不免想起家中
來了。昨天在東洋車內與小菊說。寫信譬如談天。他寫信到廣東。譬
如是伸了一隻長嘴巴到廣東。我現在要想伸長嘴巴到家中各人的
耳朵邊來了。但可惜話雖如此說。我嘴巴雖伸得長。家中人仍是
聽不見。要看見這信。最快須八日後也。今日氣恨的是開船不是十點鐘。早
知道。何必急忙忙跳起來。儘可在大家面前多談幾句天。還可抱
又菊一回。美官亦要起來和與我親熱一番。想來真是可恨。雖有一事却
是運氣。如偉是菊官不足為買票。到了開船再買。缺了四元。票子買不

成小賬亦沒錢給。船上未遇一熟人。豈不是一無辦法。鬧了笑話。又此一想。又幸虧他是十二點開也。我真覺得凡事一定。非人力所能為矣。現在付了船票廿二元。書舖三元九角。小賬上岸船錢都有了。可謂僥倖之至。阿菊上岸後。船是即開。艙內立刻清靜。一女子甚溫藉有禮。雖是新嫁娘。其夫則姓何。似留學生。或是商人。看其容貌言語。似甚忠厚。此女子前途亦可快樂稱意。又一小孩亦尚可愛。惟其母顧喜太過。一步不離。種種有風。即問小孩頭暈否。小孩說是不適意。其母即說困困睡罷。將其送入被中。亦不曉得鼓勵起小孩興子來。亦不曉得領他到艙外去玩玩。看看海景。好端端一個小孩。被其母弄成了一個病輭萎靡怕風膽小之人。真可惜也。我在船開後。即將網籃內之物取出。檢點一番。吃陳皮梅。吃松子糖。吃杏仁。吃麵包檳菓。又泡了一壺代代花茶。一面吃。一面看中國雕板源流考。不覺睡着了。睡了一忽。已是將近五點。即去出茶。茶房已為我另開一間進去，左邊潔淨。晚飯並無素菜，指揮全不相干。止有菜湯一碗可吃。我吃了自己茶葉蛋兩個，檳榔菜好多塊，之付十幾塊下飯兩碗。飯後按照西洋規矩，吃了一只新會（這稱呼便宜他了）橙（實是廣橘），甚得法也。寫至此剛兩頁三行，已八點鐘。舟房亦多睡了，船亦甚搖擺，我亦想睡矣。家中今日想必可早睡。又菊今日想未即搬到廂房裏。閣官想現在又可好些。此為我最希望之一事矣。閣官千萬記好爹話，勿忘記。要快活，勿許哭動氣。喫檳榔不好。葷菜不妨吃些（油膩仍可不吃）。夜間睡覺，被頭總要塞緊。只要自己心中記得牢，夢裏亦能警醒，肩膀自不會露在外邊。知寫至此，我要打八段錦矣。明後日無風，再談別話。大家珍重珍重。寫（以上十五日）

夫人身體好了。今日已是十六日。昨夜家中九大家早睡。妹千萬勿念我。善自保養。夜睡蓋衣被勿太多，重了壓得筋骨亦不舒服。腳後卻必須蓋暖重壓，使翻身時可勿牽動。至要至要。小孩尤勿可使睡在腳邊。大人

3

小孩假如受凍。實在不舒服也。我昨晚睡得甚好。我睡的地方。上邊有窗撐起。阿菊回家。必說是防有冷氣吹入。夜間防要受凍。大家不免擔心。小菊必又要想到萬一小猢猻跳進來。好爹豈不要嚇一跳。我亦如此想。不料臨睡時抬頭一看。窗已閉了甚好。並有油布套套上。妥當之至。故睡得格外安心。今早七點過鮎魚山。茶房說是浙江溫台交界。我八點始起來。海平如長江一般。有四五分鐘我如不動。詢之茶房。云因船上機器不知在何處一律係上、鬆了螺旋釘。正在修理。頃刻即照常進行。如此大輪船。一螺旋釘可使不動。何況人身不是鐵做。此船要小另武島信。豈可使身上有一處稍有毛病乎。大家真要當心也。我從臉後。叫茶房烘了兩塊麪包。做了一杯咖啡。想起杏兒說話。又囑抹些牛油。不料十點即吃午飯。勉強吃了一碗。走到船頂上踱了許久。看海鷗飛翔。往來練習呼吸。刻已十二點十五分矣。我寫至此。意欲稍歇。滿艙睡靜。茶

廿

房亦倦俱睡去。止看到劉姓家一婢女。此婢全還小。名叫麒麟。被分房間出。
一人走来走去。壮健活潑。甚為可憐。此婢全種的生瘡不好了。此婢性情為
厚。做事为好。雖不十分伶俐。却不笑懶惰下賤之品。汝須念世間無爺娘的人最為可憐。無緣無故勿加責罵。
廿妈妈空時。倩能教導人令識些字。亦是造福於他。以上十二點寫 今日吃飯与昨日
同一吃法。惟豆付干已沒。不过已給了茶家。是見船上了暖。飯後又到頂上
太陽未埋海中。色如臙脂。鷗鳥數翼。繞檣而飛。最佳者一極小漁舟。載之
浮沉花花之海波也。其膽未必特較常人為大。蓋其習慣已成矣。我下半日
細看昨日買来之種報紙。看得極細。又看《天台山遊記》一本。忽然想到
美宫必須令其練習早睡。此事須告大嫂留意。姜媽去後。为不改变累
否。五弟婦梳頭如何辦法。上海去梳頭。我甚不贊成。粗做已有两個。三房应
可兼做。最好用一梳頭兼針線。並像鈍有事之人。萬不可用。惡要。我
動身後。妹应可不到厨房燒飯。聞忠病好後。妹須往城内圍南里嘗福

5

里三處叩謝為要。四弟婦亦須往看之。耳聾脾氣不好。種々吃虧。玉官身弱可憐。四弟婦前欲我幫款。我近年太窘。久未補助。問心實甚愧不已。望妹為我切實道歉。只要我有一些較確定之事。手頭稍寬。決無推倭也。阿孫阿弟々。阿菊阿姊皆不許加以訶責。但亦不能不管。須善言教導。阿孫性躁急。吃飯太快。須矯僂之。早晨起來。速披衣都要叫後全。未免太懶。須令自己練習。紐子亦必須自己扣。結々好。在樓上追逐。不獨聲氣太鬧。萬一頭角碰在樓腳上。必致流血破相。望妹禁止小菊鬧鬼。勿可以鬼。空來看々童話。講々童話。或練習算數。要別相。弄吸鐵石頭做鏡。搭木頭皆可。又菊、無論何人勿惹甚鬧。亦不可教以先人等事。千萬々々。阿菊言語以後終要婉轉。不可粗硬如鐵。御下人尤要謙讓。彼雖已愚。亦有心思。當面不敢抵抗。背後必然咒罵。要思何苦來也。大媳亦須用心幫助母親。妹耳不便。非有人相助作主不可。但待下人終不可涉於苛刻。看小說最無用處。偶

6

家书

並消遣。自無不可。決不可終日看之。現在時世進步。人人都說男女要平等。凡為女子。不可自棄。男子所能為之事。女子同此耳目。同此手足。亦應仿效仿效。要明學習。且女子亦自有女子所應為之事。事須自己覺悟也。妹年已長。且家事瑣屑。無從說起。從前我曾以『算術須知』、『天文須知』、『重學須知』等書已授妹。冀略知各種科學道理。今則不欲以此相責矣。若大媳正在青年。五弟婦終日多暇。從不求智識。亦當想一利用時間之法。五弟婦倘能早起好學。振作精神。自可為吾家婦女模範。大媳二媳均可得益。又菊將來亦有師資。不知五弟婦有此意興志願否也。倘竟看破一切。則佛學正可研究。五弟婦如有意。我亦極願指導也。經閱茶房包門老先生今年七十歲。我殊如笑。我自視如二十三十歲人。方想進求學問。廣事遊歷。何敢以老自畫耶。（畫音劃，截止也）吾兄有無信來。近身軀好否。心中快樂否。我時念念也。寫至此。又已八點三刻。我將鋪被頭舒腳睡覺。早晨十二天錦來做。方擬補練。忽又想到同濟教員

7

柏德博羅二人。（尚有二人仍在洪）已在華界獲住。頃裁報見之。不知是否河南先生。日來校內情形如何。念之念之。伴車明日再寫矣。以上十六日寫

今日早起大雨。過九點朗晴。天氣較昨日益暖。細閱岳父付稿。詳加校正。另紙札錄得二紙。尚有數事研究未悉。都因作寫二姊信。將所記二紙附去。請教。想二姊必能一一想出。詳細告我也。午後三時霧起。五時後益濃。舟行極遲。幾與不動。汽管不能放汽。頂板上兩旁舢板。皆解繩鬆理。以備萬一之虞。七時半始見星月。八時霧散。當舟行穩時。官艙內乃極熱鬧。三號內之小兒與其母。在我榻前桌上。玩一美國洋鐵製（自云係美國寄來者）之火車模型。軌道橋梁皆備。火車棧格雲梯。極為精緻。六號之某官、及其妾、又一女僕、一男僕。陳姓所用兩女僕一婢。茶房二人。皆來圍繞細看。新郎亦時來相助接軌。惟因新娘竟日頭暈。臥不能起。則又須時刻回至

門 門
榻牀
1號 4號
桅杆 2號 5號
桌
3號 6號
榻牀

官艙圖

8

艙加陪坐密談耳。我於此時，因女客紛擾榻前，乃不能不避至艙面散步看海。直至七點半，渠等始各散歸本位。茲特再以艙內洪客情形為妹等言之。一孀之新娘頗可愛，身段玲瓏，舉止大方。早起坐我榻前凳子上，約六七分鐘，看我寫字。我亦視以為我之愛女也。陳姓小兒之母，愛子太過。「阿囡乖心」「勿跑遠」「外边有风，勿去」「你喑看阿要跌交」「阿囡……阿囡」等語，不絕耳邊，未免可厭。又其子侮弄婢女，不領其痛，乃母見之，竟不加制止。母教如此，斷送一個好孩兒矣。某官殆一毫無知識之人。其妾必係買自胡同者。終日未聞其發一程度稍高之言。可鄙之至。陳姓之母，似亦必為人妾，非正太太。與某官日間惟在看書。本子極小，藍紙封面，當是坊刻俚俗小說耳。四孀之中西夫婦，孫姪子唱小曲，亦不正氣。寫至此已十點半。霧又大作，放汽不止。可怖可怖。今日茶水發鹹，不能吃，帶來之廣橘因此傾筐已盡。維冰新會橙，味卻極甜。我因大霧危險，尚須檢點緊要物件，放在手頭，以為萬一有事之備。其實庸人自擾耳，好笑好笑。只好明日再寫信矣。

以上十七日夜十點三刻寫

9

那日雾极重。船行极慢而稳。舱内人人皆起。始我还无暇可以写信。最
好者七时即醒。见朦日射窗。安益无恙。前晚忽忙一小时。早餐甫人自换。陆姓之母尤强
自觉可笑。天气甚热。因换去裈。惜未预为在广州衣服无可更换。
提其小儿戴帽出舱外则必令其披领巾 其爱之适以教之也可恨之 在八时雾退。闻今日未明即可抵港。总起
岸时。舱内必甚纷扰。须仍早起。因即睡觉。趺坐一小时。闻女宾人鹤议以为
仙佛。并又述其所闻见。某诞可慊极矣。某官为广东伴私候领。所换如为
封纳之妾。家中已先有三妾。中国山寺家庭。真非一棒打散不可。茶房
言至港有一家纳妾三十余。室置大床。床内装电灯。如临戏场。就中有
似甚羡慕者。茶房并云此家不开一大会。遂又东肆笑不歇。以上所写为十八日事
日七时到上港矣。停一日。明早方开行。即拟上岸寄此信。内附致二妹信已 共十张
封。即寄。又英致代封一个。从我款寄到时。未入四儿。述一百。三佛代收
转寄为要。俟到广再详。
於行千万。家急欲闻知。倘见所书。已否好全也。敬颂
夫人 慈鉴 儿媳女安好 五妹均此 庆兄均意 二月十九日衡手泐

沈钧儒致张象徵的信

一九一九年二月十九日

夫人如面：

顷七点半钟矣，刚刚吃好晚饭，出了一个恭，打开铺盖，预备睡觉，恰因四五点钟的时候，盘膝坐在炕上打了一个大磕（瞌）睡，神气非常清醒。又特别官舱共总六间，却有五间多是女客。五点过后，刚出吴淞口，他们已说是有风，略吃一点饭，一个个多已睡了，男客亦不见出来。吃饭止有六个人，舱中止有茶房两人，连我三人，清静宽舒，却不免想起家中来了。顷在东洋车内，与小菊说写信譬如谈天，汝写信到广东，譬如是伸了一只长嘴巴到广东。我现在要想伸长嘴巴到家中各人的耳朵边来了，但可惜话虽如此说，我嘴巴虽伸得长，家中人终是听不见，要看见这信至快亦须八日后也。今日最恨的是开船不是十点钟。早知道何必急忙忙跳起来，尽可在大家面前多谈几句天，还可抱又菊一回，美官亦可起来，与我亲热一番，想来直是可恨。惟有一事却是运气好，倘是菊官不先为买票，到了开船再买，缺了四元，票子买不成，小帐亦没钱给，船上未遇一熟人，岂不是一无办法，闹了笑话。如此一想，又幸亏他是十二点开也，我真是觉得凡事一定，非人力所能为矣。现在付了船票廿二元，尚余三元九角，小账上岸船钱都有了，可谓侥幸之至。阿菊上岸后，船是即开，舱内立刻清静。一女子甚蕴藉有致，确是新嫁娘，其夫刘姓，似留学生，或是商人，看其容貌言语，似甚忠厚，此女子前途应可快乐称意。又一小孩亦尚可爱，惟其母欢喜太过，一步不离，稍稍有风即问小孩头晕否，小孩说是不适意，其母即说囡囡睡罢，将其送入被中。亦不晓得鼓励起小孩兴子来，亦不晓得领他到舱外去玩玩，看看海景。好端端一个活泼小孩被其母弄成了一个疲软萎靡怕风胆小之人，真可惜也！我在船开后即将网篮内各物取出，检点一番，吃陈皮梅，吃松子糖，吃杏仁，吃面包榨菜，又泡了一壶代代（玳玳）花茶，一面吃，一面看《中国雕板源流考》，不觉睡着了。睡了一忽，已是将近五点，即去出恭，茶房为我另开一间进去。尚称洁净，晚饭并无素菜，招呼全不相干，止有菜汤一碗可吃，我吃了自己茶叶蛋两个，榨菜好多块，豆付（腐）干半块，下饭两碗，饭后按照西洋规矩，吃了一只新会橙这称呼便宜他（它）了，实是广橘，甚得法①也。写至此则到二张三行，已八点钟，茶房亦多睡了，船亦甚摇摆，我亦想睡矣。家中今日想必可早睡。又菊今日想未即搬到厢房里，闰官想现在又可好些，此为我最祷祝盼望之一事矣。闰官千万听好爹话，勿忘记，要快活勿许哭，动气懊恼最不好，荤菜不妨吃些，油腻仍可不吃，夜间睡觉，被头终要塞紧，只要自己心中记得牢，梦里亦能警醒，肩膀自不会露在外边矣。写至此，我要打八段锦矣，明后日无风，再谈别话，大家珍重珍重。

以上十五日写

夫人再会了：

今日已是十六日，昨夜家中想大家早睡。妹千万勿念我，善自保养。夜睡盖衣被勿太多，重了压得筋骨亦不舒服，脚后却必须盖暖重压，使翻身时可勿牵动，至要至要！小孩尤勿可使睡在脚边，大人小孩俱各受冻，实在不舒服也。我昨晚睡得甚好，我睡的地方，上边有窗撑起，阿菊回家，必说是防有冷气吹入，夜间防要受冻，大家不免担心。小菊必又要想到万一小猢狲跳进来，好爹岂不要吓一跳。我亦如此想，不料临睡时抬头一看，窗已关得甚好，并有油布套套上，妥当之至，故睡得格外安心。今早七点过鲇鱼山，茶房说是浙江温台交界。我八点始起来，海平如长江一般，有四五分钟几如不动，询之茶房，云因船上机器不知在何处一链条上，松了螺旋钉，正在修理，顷刻即照常进行。如此大轮船，一螺旋钉可使不动，何况人身不是铁做，比船要小几万倍，岂可使身上有一处稍有毛病乎，大家真要当心也。我洗脸后，叫茶房烘了两块面包，做了一杯咖啡，想起杏儿说话，又嘱抹些牛油。不料十点即吃午饭，勉强吃了一碗，走到船顶上踱了许久，看海鸥飞翔，往来练习呼吸，刻已十二点十五分矣。我写至此意欲稍歇。满舱睡静，茶房亦倦，俱睡去，止有刘姓家一婢女，比双全还小，名叫麒麟，被各房关出，一人走来走去，壮健活泼，甚为可怜。双全种的牛痘如何了？此婢性情尚厚，做事尚好，虽不十分伶俐，却不算懒惰下贱之品，阿菊无缘无故勿加责骂，须念世间无爷娘[2]的人最为可怜，少奶奶空时，倘能教导令识些字，亦是造福于他（她）。

以上十二点写

今日晚饭，与昨日同一吃法，惟豆付（腐）干已滑，不得已给了茶房，足见船上之暖。饭后又到顶上，太阳半埋海中，色如胭脂，鸥鸟数翼，绕樯而飞，最怪者一极小渔舟，载三人，浮沉茫茫之海波内，其胆未必特较常人为大，盖其习惯已成矣。我下半日细看昨日买来三种报纸，看得极细，又看《天台小止观》半本，忽然想到美官必须令其练习早睡，此事须告大媳留意，姜妈去后，尚不致受累否？五弟妇梳头如何办法，上海走梳头，我甚不赞成，粗做已有两个，三房应可兼做，最好用一梳头兼针线，然像煞有介事之人，万不可用，至要至要！我动身后，妹应可不到厨房烧饭，闰儿病好后，妹须往城内图南里、崇福里三处叩谢为要。四弟妇[3]亦须往看之，耳聋脾气不好，种种吃亏。玉官[4]身弱可怜，四弟妇前欲我助款，我近年太窘，久无补助，问心实惭愧不已，望妹为我切实道歉，只要我有一比较确定之事，手头稍宽，决无推诿也。阿弥弟弟，阿菊阿姊皆不许加以诃（呵）责，但亦不许不管，须善言教导。阿弥性躁急，吃饭太快，须嘱缓缓，早晨起来，连披衣都要叫双全，未免太懒，须令自己练习，纽子亦必须自己扣才好，在楼上追逐，不独声气太闹，万一额角碰在枱脚上，必致流血破相。望妹禁止小菊闰儿，勿可如是。空来看看童话，讲讲童话，或练习算数，画别相、弄吸铁石显微镜、搭木头皆可。又菊，无论何人勿惹其闹，亦不可教以凶人等事，千万千万。阿菊言语，以后终要婉转，不可其硬如铁，御下人尤要体谅，彼虽至愚，亦有心思，当面不敢抵抗，背后必然咒骂，真是何苦来也。大媳亦须用心帮助母亲，妹耳不便，非有人相助作主不可，但待下人终不可涉于苛刻。看小说最无用处，偶然消遣，自无不可，决不可终日看之。现在时世进步，人人都说男女要平等。凡为女子，不可自弃，男子所能为之事，女子同此耳目，同此手足，亦应仿效仿效，学习学习，且女子亦自有女子所应为之事，须自警觉也。妹年已长，且家事琐屑，无从说起，从前我曾以（“算术须知”“天文须知”“重学须知”等书）授妹，冀略知各种科学道理，今则不欲以此相责矣。若大媳正在青年，五弟妇终日多暇，纵不求知识，亦当想一利用时间之法。五弟妇倘能早起好学，振作精神，自可为吾家妇女模范，大媳二媳均可得益，又菊将来亦有师资，不知五弟妇有此意兴志愿否也？倘竟看破一切，则佛学正可研究，五弟妇如有意，我亦极愿指导也。顷间茶房忽问老先生今年七十几？我殊好笑，我自视如二十、三十岁人，尚想进求学问，广事游历，何敢以老自画耶？画音划，截止也。杏儿有无信来，近身体好否？心中快乐否？我时念之也！写至此，又已八点三刻，我将铺被头预备睡觉，早晨十二段锦未做，尚拟补练。忽又想到同济教员柏德、博罗二人尚有二人仍在逃，已在华界获住，顷裁报见之，不知是否阿菊先生，日来校内情形如何，念极念极。余事明日再写矣。

以上十六日写

今日早起大雨，过九点朗晴，天气较昨日益暖，细阅岳父诗稿，详加校正，另纸札录得二纸，尚有数事研究未悉者，因作寄二叔信，将所记二纸附去请教，想二叔必能一一想出，详细告我也。午后三时雾起，五时后益浓，舟行极迟，几如不动，汽管不断放气，顶板上两旁舢板，皆解绳整理，以备万一之虞，七时半始见星月，八时雾散。当舟行最稳时，官舱内乃极热闹，三号内之小儿与其母，在我榻前桌上，玩一美国洋铁制自云系美国寄来者之火车模型，轨道桥梁皆备，如车机栝灵捷，极为精致，六号之某官，及其妾、又一女仆、一男仆，陈姓所用两女仆，一婢，茶房二人，皆来围绕观看。新郎亦时来相助接轨，惟因新娘竟日头晕，卧不能起，则又须时刻回至舱内，陪坐密谈耳。我于此时，因女客纷扰榻前，乃不能不避至舱面，散步看海，直至七点半，渠等始各散归本位，兹特再以舱内诸客情形，为妹等言之。一号之新娘颇可爱，身段玲珑，举止大方，早起坐我榻前凳子上，约六七分钟，看我写字，我几视以为我之爱女也。陈姓小儿之母，爱子太过，“阿囡当心”“覅跑远”“外边有风覅去”“你音内看阿要跌交（跤）”“阿囡……阿囡”等

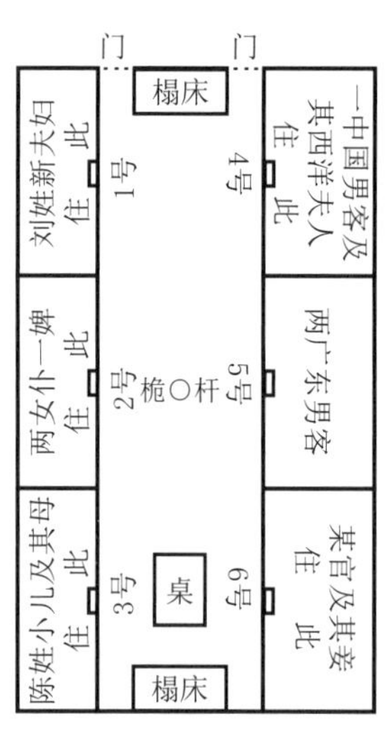

官舱图

语，不断耳边，未免可厌。又其子侮弄婢女，不顾其痛，乃母见之，竟不加制止，母教如此，断送一个好孩儿矣。某官殆一毫无知识之人，其妾必系买自胡同者，终日未闻其发一程度稍高之言，可鄙之至。陈姓之母，似亦必为人妾，非正太太，与某官日间皆在看书，本子极小，蓝纸部面，当是坊刻俚俗小说耳。四号之中西夫妇，弹弦子，唱小曲，亦不正气。写至此，已十点半，雾又大作，放汽不止，可怖可怖。今日茶水发咸不能吃，带来之广橘，因此倾筐已尽，虽非新会橙，味却极甜，我因大雾危险，尚须检点紧要物件，放在手头，以为万一有事之备，其实庸人自扰耳，好笑好笑。只好明日再写信矣。

以上十七日夜十点三刻写

昨日雾极重，船行极缓而稳，官舱内人人皆起，故我遂无暇可以写信，最妙者七时即醒，见晓日射窗，安然无恙。前晚匆忙一小时，果属庸人自扰，自觉可笑。天气甚热，因换夹裤，惜夹衫尚在广州，衣服无可更换。陈姓之母尚强捉其小儿戴帽，出舱外则必令其披领巾，真爱之适以杀之也，可恨可恨。夜八时雾退，闻今日未明即可抵港，恐起岸时，舱内必甚纷扰，须得早起，因即睡觉。趺坐一小时，闻女客窃议以为仙佛，并各述其所闻见，荒诞可怜极矣。某官为广东缉私统领，所携者为新纳之妾，家中已先有三妾，中国此等家庭，真非一捧打散不可。茶房言香港有一家纳妾三十余，室置大床，床内装电灯如游戏场，听者有似甚羡慕者，茶房忽云此家可开一大堂子，遂各轰笑而散。

以上所写为十八日事

今日七时到香港矣，停一日，明早方开行，即拟上岸寄此信，共十张，内附致二叔信一封，即寄，又奠敬信封一个，俟我款寄到时，封入四元，送一百，三号代收转寄为要，余俟到广再详。欲语千万，最急欲问者，闰儿所苦，已否好全也。敬颂夫人暨儿媳女安好。五妹均此，鹿兄致意。

二月十九日　衡手泐

【注解】

①得法：苏州一带方言，合适、舒服、对路之意。

②爷娘：苏州一带方言，即父母。

③四弟妇：恺儒的妻子。

④玉官：沈钧儒四弟恺儒的女儿，名沈谖，乳名玉官。

参议院公用笺

河菊览：接二十六日十一号、初一日十二号来函，并汝母信一纸，详悉一一。

家用如此窘迫，节用竟非不可为之长叹，不乐。既恐汝不能早

告（中信到粤须五日，来回信至快十日，迟则六七日），又恐汝不能省用也。周岁用钱太多，节盘亦可节

省以过之。且不说他端，节完之后何以过来。我处万分记念，彼通处款

无论如何已在节后，京中处款尚在节前，不知能有多少。我在外边事事

省俭，有钱即以寄家，汝等须知我钱有限，不能供数用去。要代我想

一想，并要代自己想一想。四公公处人多用少，亦可帮助汝母，亦极端节

省。汝等须细思之，勿专一相情愿为要。此次所以窘迫至是，我仔细想

过，汝汝买书为一大原因。汝不能暂时借阅，俟我有钱时再买。况书以后

出为贵，亦不嫌办，乃一下买了，遂至转挪不灵。以后必须多多盘算方

好。现在家中如何想，汝必又有详信。我从今日起十天内想来必即能有钱

寄家。我此次节归不得，无异在外作抵押品，若再进一步，即须丧尽廉

耻而为之矣。如何可？试汝云经济调查会三百元，大可取得，并以我不曾拒绝院

薪为言。原自不错，但其中亦有分别，国务院事未来粤时即有之，若现在

參議院公用箋

特意去向經濟調查會報名，則更說不去，且說新所以不許去者，亦為家人之故。我的意思，我不學自更要，誠如汝言也。汝乃謂父親既已吃人打了一拳，不 [illegible] 好再捱貳拳，須知老骨頭禁不起也。昨知上海罷市，北京學生一千餘名，時局如此，恐有大亂，大家千萬要有警備，飲食衣服，均要省儉，此理汝全不知道，非叫挨些苦頭不可。媳婦首飾押完，即係為汝買書，共費幾何可告我知，汝勿必放在心中，我自當取還之也。此種事不可開端，有了此種經驗，更應知如何省之為要矣。但有此經驗，從此振作，努力學，不羨世俗體面，知道自立，則為有志之士。若有此經驗，從此起了貪心，或便心存意懶，學問也不高興什麼錢，都可學得，則登峰造極，可作曹章第二，汝甚慎之。吾弟有令來否，清華罷課否，渠不得出校，如渠南下，吾弟婦只好仍寓北京，我經濟上擔不起，一也；既係假意，不甚投同來，恐吾弟又多囉唣，二也。望汝與母親再詳細研究之，至要至要。時局如此，我月內或須回來，或為不能回來，諸不能定，望汝母與汝等大家放心，勿念我。家用務必節省，世亂錢荒，收入已減，勿信汝父有騙銅錢的本事也。前途如何，不可不慮。愛汝甚，不覺言長，汝細閱之，至要至要。餘再及，此問汝母親以次安好。

五月初九日 父字 第十三號

沈钧儒致沈谦的信

一九一九年六月六日

阿菊览之：

接二十六日十一号初一日十二号来禀，并汝母信一纸，详悉一一。家用如此窘迫，节用竟非八十元不可，为之长叹不乐，既怒汝不能早告，申信到粤须五日，迟则六七日，来回信至快十一日，又怒汝不能省用也，周岁用钱太多，节盘亦可节省。以（已）过之事，且不说他，端节究竟如何过来，我实万分记念。叔通处款无论如何，已在节后，京中寄薪，当在节前，不知能有多少。我在外边事事省俭，有钱即以寄家，汝等须知我钱有限，不能尽数用去，要代我想一想，并要代自己想一想。四公公处人多用少，最可羡慕，汝母亦极端节省，汝等须细思之，勿专一相（厢）情愿为要。此次所以窘迫至是，我仔细想过，汝之买书为一大原因。汝不能暂时借阅，俟我有钱时再买，况书以后出为贵，亦不吃亏，乃一下买了，遂至转掉不灵，以后必须多多盘算方好。现在家中如何，想汝必又有详信。我从今日起十天内，恐未必即能有钱寄家。我此次欲归不得，无异在外作抵押品，若再进一步，即须丧尽廉耻而为之矣，如何可哉！汝云经济调查会三百元大可取得，并以我不曾拒绝院薪为言，原自不错，但其中亦小有分别，国务院事，未来粤时即有之，若现在特意去向经济调查会报名，则更说不去，且院薪所以不辞去者，亦为家人之故。我的意思能不拿自更妥，诚如汝言也，汝勿谓父亲既已吃人打了一拳，譬喻如此，不妨再挨几拳须知老骨头禁不起也。昨知上海罢市，北京拿学生一千余名，时局如此恐有大乱，大家千万要有整（准）备，饮食衣服，均要省俭，此理汝全不知道，非叫汝吃些苦头不可。媳妇首饰押完，即系为汝买书，共押数几何，可告我知，汝勿必放在心中，我自当取还之也。此种事不可开端，有了此种经验，更应知节省之为要矣，但有此经验，从此振作，省钱，力学，不爱世俗体面，知道自立，则为有志之士。若有此经验，从此起了贪心，或便心灰意懒，学问也不高兴，什么钱都可拿得，则登峰造极，可作曹章第二，汝其慎之。杏弟有信来否？清华罢课而渠不得出校，如渠南下，杏弟妇只好仍寓北京。我经济上担不起，一也；既伉俪意不甚投，同来恐杏弟又多啰嗦，二也。望汝与母亲再详细研究之，至要至要！时局如此，我月内或即回来，或尚不能回来，皆不能定，望汝母与汝等大家放心，勿念我。家用务必节省，世乱钱荒，现象已成，勿信汝父有骗铜钱的本事也。前途如何，不可不虑，爱汝甚，不觉言长，汝细阅之，至要至嘱。余再及。此问汝母亲以次安好！

五月初九日　父字　第十三号

菊香同覽。今日十七日也。早起得香諾五日自西城報所發
信。又自校中寄鐵字弟三號信。知十六日即昨日趁回德國
專車南歸。此我不在家也。汝行切有理。諾五行中得勸
我勿以金錢問題而傷感情。閱之不覺大笑。文子之弟有話
供情說。彼此相愛之極。不當略有隱瞞。汝等放膽說來。我不生
氣。難道我說家如汝等就會怒我怪我耶。只忘其本也。
苟如是。亦豈所謂父子兄弟之感情矣。吾信我弟決身是
寧騰之說。汝知我者。我立志如此也。弟不蔬食念念悔過注病者也。念念服善終吾生而已。如明後日有友人
過滬。當託帶去上海錢票百元之。又藤箱一只。內硯台、布、牛奶二斗、綢再只。
環、小鍋、扇、超小瓶硯、管毋石花。又陳雜通古錢拓本件。
此尚合宜抑如。於下寄此白之數紗。此心也與汝等相愛是
文字 二月十六號信

沈钧儒致沈谦、沈诚的信

一九一九年六月十四日

菊杏同览：

今日十七日也，早起得杏端五日自西城根所发信，又自校中发诚字第三号禀，知十六日即昨日趁回沪团专车南归，恨我不在家也。汝信均有理，端五信中谓劝我勿以金钱问题而伤感情，阅之不觉大笑。父子兄弟有话尽情说，彼此相爱之极，不当略有隐瞒，汝等放胆说来，我不生气，难道我说几句，汝等就会怨我怪我耶？必无其事也。苟如是，亦无所谓父子兄弟之感情矣。杏谓我布衣终身，是牢骚之语，非知我者，布衣蔬食，念念悔过，念念服善，终吾生而已我立志如此也。闰病当已好，明后日有友人返沪，当托带去上海钞票百元，又藤箱一只，内砚台、夏布、牛奶式耳环、小镯、扇、超小饭碗、画册、石花，又陈叔通①古钱拓本各件。余再及，此问合家均好。灯下写此，匆匆数行，此心已与汝等相见矣。

六月十四日　父字　十六号信

【注解】

①陈叔通：（1876—1966），名敬第，浙江杭州人。中国政治活动家，爱国民主人士。曾担任全国人民代表大会常务委员会副委员长、中国人民政治协商会议全国委员会副主席等职。

菊兒知悉：自陽曆五月三十日寄朕七姊信後，今日已九月三十日矣，四個月矣。中間曾有一次也沒寄，不曾不到，姊亦不記何日所寄矣。此長時期未寄一字，必當使你念。每見杏弟及大娘必問集等有寄信否，想必有以慰你也。我此數個月專為浙江省憲事，在校時多，往往每日自午前九時起開會至午後六時止，散會後又往往有起草等事，常至夜一時尚執筆寫字，幸不受勞。省會議中有省議會選出者，縣議會選出者，教育會、商會、農會、律師公會選出者，亦有卅人以上，又同縣之人共全省七十五縣，每縣均有至廿二人以上，以區域人數論可謂普遍。經費是沒有，因為省長是反對的，督軍錢我們不願意要，僅僅由一兩個人向大家商借到數千元，勉強支持會議，精神卻極好。我此四個月家用大多是阮荀伯老伯幫助，可感之至。現在憲法已於九月九日宣布，并又議決了附屬法十五種，即於陽曆九月二十二日開會，我被舉在執行委員候補第七，此事我們都不願意被舉在內，推再三商量仍不能免。目前情形甚為不明瞭，省長是反對，許多反對人，大概都是由省長暗中運動，而未加興

打倒亦是他的命令他们有势力又有金钱我们如何敌得过他但是有宪是全国
一种思潮潮流注乘此时机抢先议决宪法在此时间上实已占了重要（而且影
响极大的一种地位无论何人是不能来推翻的不过实行迟早须待时机耳
我现在最急者是解决个人经济问题拟即在上海南京方面图事一着尚不可知
嘉兴毕竟住不惯已在上海觅屋一定即拟回家中自母亲以次均好大姐甚健矣
宜法深非常小妹亦壮极均甚可爱君弟协和不取宗训现拟至北大南京二处补考备
取不到或择妥自修或进赞王度均尚未定近来马克跌至每两九十几个恨无钱去
买自明日起拟拼命借钱总想买他十几万马克方如海来宁已到汉阳八月六日
第三十一号汝寄来弟信我亦阅之汝思想深为明白处事亦有条理甚为喜欢到
法莱保之后又何情形想有详禀我今日便赴上海明日至苏又拟至南京约一星期之谱
中采取德国新宪法处甚多
第四首在车中看汝信所作
桌上所置即是之拟入议场之宪法一本新闻处第二章人民权利系弱也
兹寄去看宪法三本新上前下诗四首宪法宣布日照片一张又与小菊弟在杭州照片一张望察
入阅以好俟再告此问菊儿好九月三十日文字　宪字第一号信

沈钧儒致沈谦的信

一九二一年九月三十日

菊儿知悉：

自阳历五月三十日寄联七号信后，今日已九月三十日矣，四个月矣，中间曾有一次至沪寄一信，不列号，亦不记何日所寄，如此长时期未寄一字，必劳汝盼念。每见杏弟及大媳，必嘱渠等多寄汝信，想必有以慰汝也。我此数个月，专为浙江省宪事，在杭时多。往往每日自午前九时起开会，至午后六时止，散会后又往往有起草等事，常至夜一时尚执笔写字，幸不觉劳苦。会议中有省议会选出者，县议会选出者，县教育会、商会、农会、律师公会选出者，亦有非以上各团体之人者，全省七十五县，每县均有至少二人以上，以区域人数论，可谓普遍。经费是没有，因为省长是反对的，督军钱我们不愿意拿，仅仅由一两个人向各方面借到数千元，勉强支持。会议精神却极好，我此四个月，家用大多是阮荀伯老伯帮助，可感之至。现在宪法已于九月九日宣布，并又议决了附属法十五种，即于阳历九月二十二日闭会。我被举在执行委员候补第七。此事，我们都不愿意被举在内，惟再三商量仍不能免。目前督军态度不明了，省长是反对，许多反对之事，大概都是由省长暗中运动。而来加（嘉）兴打局亦是他的命令，他们有势力，又有金钱，我们如何敌得过他。但是省宪是全国一种思潮，浙江乘此时机，抢先议决宣布，在时间与空间上实已占了重要而且影响极大的一种地位，无论何人是不能来推翻的，不过实行迟早须待时机耳。我现在最急者，是解决个人经济问题，拟即在上海南京方面图事，如何尚不可知。嘉兴毕竟住不惯，已在上海觅屋，一定即仍搬回。家中自母亲以次均好，大媳甚健，美官活泼非常，小妹亦壮硕，均甚可爱。杏弟协和不取最训，现拟至北大南京高农补考，倘办不到，或择要自修，或进梵王渡，均尚未定。近来马克跌至每两九十几个，恨无钱去买，自明日起，拟拼命借钱，终想买他十万个马克方好。汝来禀已收至阳历八月六日第三十一号，汝寄杏弟信，我亦阅之。汝思想活泼而明白，处事亦有条理，甚为喜慰。到法莱堡后，如何情形，想有详禀。我今日须赴上海，明日至苏。又拟至南京，约一星期之游。兹寄去省宪法三本中采取德国新宪法处甚多，报上剪下诗四首第四首在车中看汝信所作，宪法宣布日照片一张桌上所置，即天天携入议场之宪法一本，翻开处第二章人民权利义务也，又与小菊弟在杭州照片一张，望察入阅之，余俟再告。此问菊儿好。

九月三十日　父字　宪字第一号信

諗菊知悉。來函已接到第四十二號了。情詞悲切。我近來寄信太少，寔一號知己到。但此信係何時所寄。我信賬上竟未記出。前想所以我於九月三十又寄一封，寔一號信。有十五寄寔二號信。為有無寄寔信等。不知何信內。記不起了。十月內似為有一次未到號信。又託余揚諳帶去小紅木匣。集到柏林所寄 船寄作斯 文子郵寄甘露茶係織肥皂紙郵寄鏡絨等。想紙陸續送到。汝今番病了一次。臉都瘦了。大家記念。千万小心飲食要。晚上廿点要好好睡。不可廿病。補寄費不易。汝開來銀屜上角。須由使館具一證明書，方可算數。汝可就近請汝家來。我自有用處。馬克大跌，我無錢。寄來無可借。目內借得一款。當即匯二万馬克去。或可得三萬。未定。然已派匯出。不足與汝周世之借貸了。我所以屢信從與有。就要為此。並代我要有錢還是好了也。孫汝在外所吃所也。汝要於本年內儀備。所以須得是。我擬將汝來信首要修改。這報上為表。第四十二號內中有句 隨便請到金姐歸 想亦可以若得即是即無異不能想也等語。此信來時為大姐看見。因看了上海寄來剪報，我家汝信內措詞有過分慮。生了誤會。家庭便不快樂。故將此信寄還。望汝隨便補寫一封寄來為要。天下沒有不愛兒女的父母。況我已於汝手。但愛了就不准甚麼說一句話。則無此道理。說不說與愛不愛。毫無關係。念與讀。念出處。念是意。所以要在心也。愛不愛不在紙片上。尤不在金錢上。汝須明白此理。汝與香弟說話太生硬。大姐亦然。對我還好。對母親甚不注意。母親常與我說。在心正於注下。汝等自不覺也。從前蘇媽來。也與香弟對於母親甚無禮。前年香弟出清華。寫信與我亦極生硬。說之上看你們的出。沒有父母親的出處。畢竟蘇媽走了。好的人亦用不到。加不母親則可令變異矣。香弟則反自悔離清華矣。一時任意。實不是一個道理。即因蘭弟在外生病。不住我家住那裏。母親吃力。香弟不能幫忙。又不能勸止蘭弟胡鬧。叫我看在外你們無法。難道叫我打蘭弟不成。我們處信了蘭弟。你本信了蘭弟。且你們說家多少無法。信香說亦信你們吧。蘭弟病臥。母親吃力生氣。香弟在旁替做事。並說轉安慰母親。乃一動不動。且叫母親從起來。香弟亦常常來替我捶腿。令母親在心的地方。父母說了一句話。你們便受不住。你們說了話。不替父母想一想。到底你們有些不对也。你们兄弟不可多拌。说话要有分寸。也过了本。不必说他。年纪了了。便使藏起。此其说之。我移寄回来了笔。已令进海。你们出在家。或不出我。年内终想搬出。日来在庐山阴处人说起。然甚不容易。奈何奈何。我现仍在手中。昔日携回校每都到校要看。不要印回。只好印在汽找本处。专出己起本家。进行海上轻学校。迷路美妙随代的转。省明年暑假出去。康年明年。搬不请以节约费。十弟留本搬入同进楚生读或南洋中学。大妹再婶君如。惟大弟学问之意。美官渐壮硕病肥嫩有力。惟脾气不大好。大姊若数亦不甚好待。此有一种男性而本不易也。小孩与尸体作伴。男孩子任性。因要打要推。比较与其他小孩同胞可随便。习惯则其难甚大也。又菊夏到营养。亦且移来一处园。不料到了未中。女子作花了营养园兵石只好。全我失望之至。我近身体亦自觉衰弱。然终日未尝有一刻放纵懒惰。差可自慰。住十一公公处。文不便言。所再写即问菊儿好

洪历十一月一日 宝三写

沈钧儒致沈谦的信

一九二一年十一月一日

阿菊知悉：

来禀已接到第四十二号了，快慰之至。我近来寄信太少，宪一号知已到，但此信系何时所寄，我信账上竟未记出，奇极，所以我于九月三十又寄一封宪一号信。十月十五寄宪二号信，尚有照片宪法等，不知在何信内，记不起了，十月内似尚有一次未列号信，又托管楙玠带去小红木匣，渠到柏林所趁（乘）船名波斯。又交邮寄甘露茶、丝袜、肥皂、揩眼镜纸等，想能陆续送到。汝今番病了一次，脸都瘦了，大家记念，千万小心！饮食苦，吃得少，亦是好的，可以少病。补官费不易，汝开来履历无用，须由使馆具一证明书，方可算数。汝可就近请得寄来，我自有用处。马克大跌而我无钱，真是可惜。日内借得一款，当即汇二万马克去，或可得三万，未定。然已略迟，恐不免要向周世兄借贷了。我所以屡信说要省，就是为此，并非我要省钱，还是为了汝，恐汝在外吃亏也。汝屡次禀内议论，所见均是。我拟将汝来信节要修改，送报上发表。第四十二号内，中有“随便讲到念媳妇想亦可以若谓即是即是男在瞎想”等语。此信未便为大媳看见，因看了必至疑我寄汝信内措词有过分处，生了误会，家庭便不快乐，故将此信寄还，望汝随便补写一封寄来为要。天下没有不爱儿女的父母，况我之于汝乎？但爱了就不准责备说一句话，则无此道理。说不说与爱不爱，毫无关系。愈要说，愈是爱，愈是爱，所以要灰心也，爱不爱不在纸片上，尤不在金钱上，汝须明白此理。汝与杏弟说话皆太生硬，大媳亦然，对我还好，对母亲甚不注意，母亲常与我说，灰心至于泣下，汝等自不觉也。从前蒋妈事，汝与杏弟对于母亲甚无礼，前年杏弟出清华，写信与我亦极生硬，终之止有你们的是，没有父母亲的是处。毕竟蒋妈走了，好的人亦用不到，而母亲则至今受累矣，杏弟则反自悔离清华矣。一时任意，究不是一个道理，即如兰弟在禾生病，不住我家住那（哪）里，母亲吃力，杏弟不能帮忙，又不能劝止兰弟胡闹，叫我在外有何办法，难道叫我打兰弟不成？我何处信了兰弟，何事信了兰弟？照你们说应当如何办法？尽管说空话何必。兰弟病致母亲吃力生气，杏弟应当替做事，并婉转安慰母亲，乃一动不动，且照母亲说起来，杏弟亦常有强头拔脑[①]令母亲灰心的地方。父母说了一句话，你们便受不住，你们说了话，不替父母想一想，到底终有些不对也。终之是非不可多拌，说话要有分寸，已过之事，不必说他，无效之言，便须藏起，汝其志之。我移家回禾之举，至今追悔，倘汝在家，或可止我，年内终想搬出。日来在上海到处托人觅屋，然甚不容易，奈何奈何！我现仍无事，前日拟回杭办报，到杭察看，不兴即回，只好即在沪找事矣。杏弟已赴南京，进河海工程学校，选习英算理化四种，备明年考其他大学。鹿年明年拟不请以节经费。小菊闰弟拟今同进梵王渡或南洋中学。大媳身体尚好，惟少求学问之意。美官渐壮硕，两腿渐有力，惟脾气不大好，大媳管教亦不甚得法。此有一种学问在内，本不易也，小孩与丫头作伴，易于任性，因要打要推，比较与其他小孩同游可随便，习惯则其弊甚大也。又菊美到蒙养，亦是移禾一原因。不料到了禾中，女子师范之蒙养园，并不见好，令我失望之至。我近身体亦自觉衰弱，然终日未尝有一刻放纵懒惰，差可自慰。住十一公公处，究不便当。余再寄。即问菊儿好。

阳历十一月一日　宪三号

【注解】

①强头拔脑：苏州一带方言，倔强生硬、不听话不懂事之意。

菊杏同阅：自今日为止，楳菊信至五十一號，杏則自哥命帝後尚未得來稟也。我本與杏約多寫諭，然竟爽約，一則忙，一則終想籌到幾個錢與信一同交郵，以此遲遲。我舊曆年底二十九抵家，過年犧牲家庭幸福亦是為了經濟的緣故。此次曾赴杭州借錢未得，家中既不了，尤念汝等在外之窘。告人家討姨太太，狂賭瞎鬧，固屬荒唐，能力則深可佩服，我竟及此無用，實可歎也。現擬日內即返津寓，到此邊再去想法，因恐汝等記念，先寄此諭，并告一切。此函作為甲子年甲字第一號也。

一、杏到後與汝商量作何辦法，德國生活自高，奧亦未必便宜，如到法又須習法文，自更費事，亦一問題。于世兄想可就此分道揚鑣。一切情形無從懸揣，深盼詳細稟我知之。

一、菊博士當已考成，今年終想叫汝回國，以便減輕負擔。運費、購物非二千元不可，正在為此設法。此次赴杭向教育廳謀官費，與夏定侯之弟祉慧偕之弟二世兄（在柏林大學數學科）一同進行，已答應批准，尚未發表。呈請補費文内說汝是法蘭堡大學醫科四年級生因說畢業則於補費有障礙也不知汝已否向使館告知畢業以便調查向來遲緩汝可努力報告且催發到一期學費再說

一汝回國後打算如何辦法開醫院一時尚難著手利益以辦藥房為最多可先與德人或廠家接洽々々即將來回家後欲買些機藥品亦便利些下次來禀望將汝幾年赴德考入年級經過學校學科專門研究那一種幾年畢業及考取博士之論文已詳細開一單來看有用處也要

一菊九十一號信內有寄大姨信一紙未封肯即寄交惟所有說會前次汝寄大姨之信誤被我用剪刀剪開本非有意我甚覺抱歉因內有金鎊票大姨甚為不安我云此是菊好意汝要寄回亦是汝好意好一面寄回一面照汝意給大姨錢用原是一場喜劇夫婦通信應當封好好意叫我看是何意思菊不應該如此也我自己信太少故常々催大姨寫信與汝告知在家的状況常々催之此種情形汝當自知之愛情弥綸於腠理之內充塞於天地之間死生不

倫何況三數年之別離，決不是在紙片或口頭上看得出的，多寫幾封信就是愛，少寫幾封信就是不愛了，無此理也。

一、戴老太太年底未來滬寓，世丈母卻來幽其媳料理年務，我此次到峽都看見的，阿彌官亦看見，長了許多，仍不見活潑。老太年紀太多病，此次二嫂被送回家，恐凶多吉少。此一月內世界上死了列寧、威爾遜，我朋友亦死了杉辛齋許養頤兩個，曹根病重，大家盼他死的，親戚內亦有幾人身軀太壞，看了危險。我近身子很好，無極拳已練到第六式，七妹妹託吉代打之九節鞭已帶與之，渠擬能要一手也。吉拳劍到德後仍能練習否？

一、汝等來信以後勿兩面寫，行數勿太擠，看時容易，極可看。五月二十一寫信不知何故，大伯父母惦記不了，菊年東處均如處遞到，大家對汝皆極高興，做人應當如此，在我一舉手之勞耳。

一、汝母近習英文，替又菊穿衣時口中還在那裡念什西地，此種熱心我與媳輩皆覺弗如。小菊成績月月有進步，聞他已考進南開，此次臨考要算用功，真是可愛。我去年四十歲過生日，大伯、三姊、寅甫二伯、紹勛、老庸、金舅、慶年均來，親戚朋友送分者四五十慶者費抉活其間又為菊開了一次博士慶祝會大家甚為盡興大媳二媳均待我如極可說是與女兒無別汝母近亦心境開展天津現住之屋空氣暖佳美官一日活潑一日我家庭可以算得圓滿了

新年汝母大媳二姐小菊閣東五菊美官均有一賀柬寄我均是大人新年寫的我大快活

一汝母之手係頸骨小菊閣東美官又菊娛間之峨閣東之夜所呈美官閣東之大便乾結又小菊美此次皆病頸腫係天津流行病腫清後尚有核未清以上種種均望菊加以研究

一時局一時不易解決我頗有一面將就做個議員一面閉門讀書之意汝二人贊成否又我近最愛研究兒童問題從國閣於保護兒童事業有何設備望汝等代為調查將詳細辦法隨時記下又病從生出來了診治已後後看應注意於防病的設備或就是衛生或比衛生還要切要些閣於此點亦望隨時調查為要

此信尚不獲與錢同寄家是恨事此間欠的錢三四百兩即寄否則至遲陰曆二月廿七動身回津再看你們也此問汝二人安好二月廿日即舊曆正月十七

外附汝母手信二紙又和紙一方

甲字第一号信

沈钧儒致沈谦、沈诚的信

一九二四年二月二十一日

菊杏同览：

自今日为止，接菊信至九十一号，杏则自哥仑（伦）布后尚未得来禀也。我本与杏约多寄谕，然竟爽约。一则忙，一则终想筹到几个钱，与信一同交邮，以此迟迟。我旧历年底二十九抵，未在家过年，牺牲家庭幸福，亦是为了经济的缘故。此次曾赴杭州，借钱未得，家中既不了，尤念汝等在外之窘苦。人家讨姨太太，狂赌瞎闹，固属荒唐，能力则深可佩服，我竟如此无用，实可叹也。现拟日内即返津寓，到北边再去想法，因恐汝等记念，先寄此谕，并告一切。此函作为甲子年甲字第一号也。

一、杏到后与阿哥商量，作何办法。德国生活固高，奥亦未必便宜，如到法，又须习法文，自更费事，亦一问题。于世兄想可就此分道扬镳，一切情形无从悬揣，深盼详细禀我知之。

一、菊博士当已考成，今年终想叫汝回国，以便减轻负担，运费购物非二千元不可，正在为汝设法。此次赴杭，向教育厅谋官费，与夏定侯[①]之弟、褚慧僧[②]之弟二世兄（在柏林大学数学科）一同进行，已答应批准，尚未发表。呈请补费文内，说汝是法莱堡大学医科四年级生，因说毕业，则于补费有障碍也，不知汝已否向使馆告知毕业，公家调查，向来迟缓，汝可暂勿报告，且俟领到一期学费再说。

一、汝回国后，打算如何办法，开医院一时尚难着手，利益以办药房为最多，可先与德人或厂家接洽接洽，即将来回家后，欲买器械药品亦便利些。下次来禀望将汝“几年赴德、考入年级、经过学校、学科、专门研究那（哪）一种、几年毕业及考取博士之论文”详细开一单来，备有用处，至要。

一、菊九十一号信内，有寄大媳信一纸，未封，当即寄交，惟略有误会。前次汝寄大媳之信，误被我用剪刀剪开，本非有意，我甚觉抱歉。因内有金镑票，大媳甚为不安，我云此是菊好意，汝要寄回，亦是汝好意，故一面寄回，一面照汝意给大媳钱备用，原是一场喜剧，夫妇通信，应当封好，故意叫我看，是何意思？菊不应该如此也。我因自己信太少，故常常催大媳写信与汝。杏弟在家时，我亦常常催之，此种情形，问杏自知之。爱情弥纶于腠理之内，充塞于天地之间，死生不渝，何况三数年之别离，决不是在纸片或口头上看得出的，多写几封信就是爱，少写几封信就是不爱了，无此理也。

一、戴老太太年底未来沪寓，汝丈母却来助其嫂料理年务。我此次到峡都，看见的阿弥官，亦看见长了许多，仍不见活泼。陆老太年纪大，多病。此次二媳被追回家，恐凶多吉少。此一月内，世界上死了列宁威尔逊，我朋友亦死了杭辛斋③、许养颐④两个。曹锟⑤病重，大家盼他死的。亲戚内亦有几人身体太坏，看了危险。我近身子很好，无极拳已练到第六式。七叔之托，杏代打之九节鞭，已带与之，渠颇能耍一手也。杏拳剑到德后，仍能练习否？

一、汝等来信，以后勿两面写，行数勿太紧，看时容易。榴哥有五月无家信，不知何故，大伯父母惦记不了。菊年柬各处均为递到，大家对汝皆极高兴，做人应当如此，在我一举手之劳耳。

一、汝母近习英文，替又菊穿衣时，口中还在那里哀皮西地，此种热心，我与媳辈皆觉弗如。小菊成绩月月有进步。闰弟已考进南开，此次临考异常用功，真是可爱。我去年回家过生日，大伯三叔实甫二伯绍勤老虎金舅鹿年均来，亲戚朋友送分（份）有四五十处，尚觉快活热闹。又为菊开了一次博士庆祝会，大家甚为尽兴。大媳二媳均待我好极，可说是与女儿无别。汝母近亦心境开展。天津现住之屋，空气颇佳，美官一日活泼一日，我家庭可以算得圆满了。新年汝母大媳二媳小菊闰弟又菊美官均有一贺柬寄我，均是各人亲笔写的，我大快活。

一、汝母之耳鸣头昏，小菊闰弟美官又菊喉间之蛾，闰弟之夜尿，美官闰弟之大便干结，又小菊美此次忽病颈肿，系天津流行病，肿消后尚有核未消，以上种种，均望菊加以研究。

一、时局一时不易解决，我颇有一面将就做个议员，一面闭门读书之意，汝二人赞成否？又我近最爱研究儿童问题，德国关于保护儿童事业有何设备，望汝等代为调查，将详细办法随时记下。又病既生出来了，诊治已落后着，应注意于防病的设备，或就是卫生，或比卫生还要切实些，关于此点亦望随时调查为要。

此信尚不获与钱同寄，最是恨事。此间如得钱，三四日内即寄，否则至迟阴历二月廿七动身回津，必有所得也。此问汝二人安好。

二月廿一日即旧历正月十七日　父字

外附汝母来信二纸又报纸一方。

甲字第一号信

【注解】

①夏定侯：青田人，曾任浙江省警务处处长，军阀孙传芳攻下浙江、江苏之后当上五省联军总司令，任命夏定侯为浙江省省长。

②褚慧僧：褚辅成(1873—1948)，字慧僧，浙江嘉兴人。九三学社发起人之一，近代爱国人士。

③杭辛斋：（1869—1924），名慎修，字一苇，浙江省海宁县人。中国近代历史上有名的报人，近代易学大家，易著主要有《学易笔谈初集》《学易笔谈二集》《读易杂识》等。

④许养颐：名壬，温州瑞安人。沈钧儒在日本法政大学时的同学。

⑤曹锟：（1862—1938），字仲珊，晚号渤叟，天津人。北洋军阀，冯国璋死后为直系首领，1923年贿选总统。

菊杏同阅：接菊弟五九十四号，又自大姐行内附来博士彭德一纸；接杏禀五十六号又廿号，均经详细看过。

我寄甲黄三号信后，阴历二月汇美金两次：(一)千二十四个，十四日自京汇；(二)千个，二十日二媳寄杏，系由渠借到。由北京汇业银行直接寄美金千个，系由大姐行信借到。想必一一收到无误。三月十二

杏万里求学在海外，遇一亲同胞之阿哥，而不能和衷同气，刻苦相励，令我闻之伤心堕泪者也。菊在万里外遇一亲同胞之弟自国内来，而不能开诚相喻，共同策勉，力足以感异国之妹，而无法爱一廿余年友好之老弟，尤令我闻之伤心堕泪者也。且以经济论，本已苦极、累极、险极，同居刻苦犹可，至饿犹可勉支，分居费多，岂不更险。汝二人不自爱惜，独不顾同学从旁齿冷乎。

杏才具开展，性情温和，处处均不如菊，我尤念念不忘者。杏年来神经过鬱，不难似有病，菊应注意及此，勿令杏因此增病，须携其赴医院详细诊视，以尽兄弟二人远在外国相亲相爱之义务。菊在同学中素有领袖之誉，我犹记得菊来信尝述及在哥廷根时同学中有被德友导其作狎邪游者，菊责之，德友愧向菊谢过，我常常以此告朋辈，谓菊之正气能罩一切，为将来有望之青年也。菊能爱同学、爱德妹，千万同时推其挚爱以爱同胞之弟，此我所切

嗎切盼者也。來信屢謂菊對於我信用已失又謂我不信其言亦謂親誤我無此意絲毫也在聯珠里時偶與信鎔西慶菊必携杖邀我同往我每與汝母言及稱為澤溪謂令我出誰更邀我手菊行時為我買一褐色呢帽我年年戴之雖破極不換直至去年春臨行始為我另買之春當為能憶之也曷以此告菊乎我嗜政治甚棄走辛苦所以信少別無他故又家甚所以寄錢少又豈有他故乎。來信述德經濟情形極詳細我已備閱之且我亦早知之蓋病不在我不知德國情形而在汝兄弟不知我家景情形又不知中國國內現在經濟紊亂枯絕狀況猶以我為之甚易也從前所以要春進清華是為此所以勸想菊進一年出洋春與菊三日印官費亦是為此無如汝二人不聽我辦法致有今我手忙腳亂之今日我並不怪汝等亦並不懊悔我惟盡我力以助汝而已惟汝輩亦不可不十分明白為學譬如乘車我譬如車之汽機乘車者須知盲進不顧汽機之馬力足否則汽機力乏或已不能前進而乘車者且有墜下徒步之危險不可不知也。菊本有官費所得較信可以補到從夏季起每季六十鎊無論如何應可領到一年惟我料可領為之雖期此項官費菊歸春然停止決不能移以給春不可不知因春未入大学前照例不能补习官费也。

学问求之不尽，归国后不妨隔两三年再至德国，并至英法各处考求新法。同菊前宜先返国，汝妇近来多病，念汝甚切，我亦是常念汝，切盼汝归。且我力亦实在帮助矣。我日来到处借债，求得二三千元，寄去备汝购物买归国所要。汝阴历九月生日，终望汝在生日前归来也。

杨弟已归，彼专于电影事业甚乐（由美返国研究电影者只此一人）。据云美国每月有八十美金便可往宿留学，且住食两项已甚讲究。我因此决意想请杏转至美国留学，本来还学英文，一则可不入校，不至耗费时间，一也；杏体恐不便美国住食，衹德较宜，物价上不至太吃苦，二也；美国经济充足，学校科目日见完备，决不至远逊于德，则与求学目的并无违背，三也。我日内欲筹两即与杨弟约妥一同寄去，望杏毅然决然照我办法行之。至应学何种科学，由杏自审资力做去，只要学得好，无论何种皆可产生人物，以可寻饭吃也。杨劝杏学美术，谓係性之所近；我意土木工程、经济、银行皆甚得用，由杏自决之可也。

兹寄去前汇票副者两纸，望收入。即问菊杏安好。四月二十七日夜一时。即三月二十四日衡山宇甲四号发也。日内拟移寓入京，因有一桩痛苦之事，他日再告汝二人知之也（完）

沈钧儒致沈谦、沈诚的信

一九二四年四月二十七日

菊杏同阅：

接菊禀至九十四号，又自大媳信内附来博士影凭一纸，接杏禀至六号，又特号，均经详细看过。

我寄甲共三号信，阴历二月汇美金两次：（一）百二十四个十四日自京汇；（一）百个，二十日二媳寄杏，系由渠借到，三月十二由北京汇业银行直接寄美金百个系由大媳设法借到，想必一一收到无误。

杏万里求学在海外，遇一亲同胞之阿哥，而不能和衷同气，刻苦相励，令我闻之伤心坠泪者也。菊在万里外，遇一亲同胞之弟自国内来，而不能开诚相喻，共同策勉，力足以感异国之姝而无法爱一廿余年友好之老弟，尤令我闻之伤心坠泪者也。且以经济论，本已苦极、累极、险极，同居刻苦犹可互慰，犹可勉支，分居费多，岂不更险。汝二人不自爱惜，独不顾同学从旁齿冷乎。

杏才具开展性情活泼之处，均不如菊，我尤念之不忘者，杏年来神经过郁，确似有病，菊应注意及此，勿令杏因此增病，须携其赴医院详细诊视，以尽兄弟二人远在外国相亲相爱之义务。菊在同学中素有领袖之誉，我犹记得菊来信曾述及，在固（哥）廷根时，同学中有被德友导其作狎邪游者，菊责之，德友愧向菊谢过，我常常以此告朋辈，谓菊之正气笼罩一切，为将来有望之青年也，菊能爱同学，爱德妹，千万同时发其挚爱以爱同胞之弟，此我所切嘱切盼者也。

来信屡谓菊对于我信用已失，又谓我不信其言，可谓奇谈，我无此意丝毫也。在联珠里时，偶至张镕西处，菊必携杖护我同往，我每与汝母言及，辄为坠泪，谓今我出，谁更护我乎。菊行时为我买一褐色呢帽，我年年戴之，虽破极不换。直至去年，杏临行始为我易之，杏当尚能忆之也曷以此告菊乎。我嗜政治甚，奔走辛苦，所以信少，别无他故。又穷甚，所以寄钱少，又岂有他故乎？

杏信述德经济情形极详细，我已备阅之，且我亦早知之，盖病不在我不知德国情形，而在汝兄弟不知我穷累情形，又不知中国国内现在经济紊乱枯绝状况，犹以我筹之甚易也。从前所以弄杏进清华，是为此，所以欲想菊迟一年出洋，考得教育部官费，亦是为此。无如汝二人不听我办法，致有令我手忙脚乱之今日，我并不怪汝等，亦并不懊悔，我惟尽我力，以助汝而已。惟汝辈亦不可不十分明白，留学譬如乘车，我譬如车之汽机，乘车者倘只知盲进，不顾汽机之马力足否，则汽机力小或至不能前进，而乘车者且有坠下徒步之危险，不可不知也。

菊本省官费，昨得杭信，可以补到，从夏季起，每季六十镑，无论如何应可领到一年。惟几时可领，尚无确期。此项官费，菊归当然停止，决不能移以给杏，不可不知，因杏未入大学前，照例不能补得官费也。

学问求之不尽，归国后不妨隔两三年再至德国，并至英法各处，考求新法。菊目前宜先返国，汝妇近来多病，念汝甚切。我亦异常念汝，切盼汝归，且我力亦实在弗胜矣。我日来到处设法，必可筹得二三千元寄去，备汝购物买归国船票。汝阴历九月生日，终望汝在生日前归来也。

榴哥已归，奔走于电影事业，甚乐。由美还国研究电影者现止三人。据云，美国每月有八十美金，尽可从容留学，且住食两项已甚讲究。我因此决意想请杏改至美国留学，本来是学英文，一到即可入校，不至耗费时间，一也；杏体质不强，美国住食视德较丰，物质上不至大吃苦，二也；美国经济充足，学校科目日见完备，决不至远逊于德，则与求学目的并无违背，三也；我日内款筹到，即与榴哥绍介各信一同寄去，望杏毅然决然照我办法行之，至应学何种科学，由杏自审资力做去。只要学得好，无论何种，皆可产生人物，皆可寻饭吃也。榴劝杏学美术，谓系性之所近，我意土木工程、经济、银行皆甚得用，由杏自决之可也。

兹寄去前汇票副者两纸，望收入。即问菊杏安好。

四月二十七日夜一时即三月二十四日　衡山字　甲四号信也

日内拟移寓入京，因有一极痛苦之事，他日再告汝二人知之也。

（完）

菊者二儿同览：在北京七月十二寄来三佛信，二十四寄不到佛代附汇七十五美金，想必次可到。後来曾接菊子子一佛年、者十二十三佛年，详悉一一。我於七月三十一日自京动身，四年有议自沪往，八月四日到杭，中间又经京寓持来菊子〇二佛年（七月廿二）、者十五佛（七月廿三）、十五佛（八月五日）各年，又世二人斯多加城邮片（八月十三）。我因於九月四日托福哥汇九十美金，正为美元，岂请属托某将式者（我汇寄於指之美一先）。儿惟阅近来报纸，似为美入境有种种为难，不知经德境是如何，或较容易，或因德国现在汉驰一般比中国还要为难，亦从不定。来接到美之寄款，放心也。其实美国并不以美术著名，倒不如为学法国与奥国，又近又便宜，且因不能不习法文或德文，一般文之会一种文字亦一便宜事也。正於毕业还早一两年，先除必需，正可不必计较，止要自己身驰强健，殊不成问题也。倘是因此发生困难，者儿千万不可又与费怀恨，正要正写明，速告我，再回寄美国之钱，并按时寄钱，已往或鬼也。菊有归意，我与他母大娘皆专捉出留。我南来即设法筹钱，竟不可得，又因时局忽然打仗，一切非常紧急，幸而教育厅已汇出三个月学费，否则闹钱以後专有教员保明令停办

以下皆隐语

外国留学生更须不到矣危险之之，尔实去两星期一通，可即日实去，此再加一
你更好或请姓花，特是二年可谓去嫂云必可答应，菊须此款，千万即想
归装本有学费，自然不去学明白，回家传他留着，菊回国数月后或再
去自可，随便支领，即不再去，亦不妨托人代领数月半年也。两星期数到
纸，叙还款并备川资，自然寄他，否则款可否先还，此后或仍期家还留我
相机，我无还告我每月收条，所需我一切不能离杭，处军法不已，故以人心不
之安，家也不能不倒，上海皇地已极，他公公、姑爷即将柜出狼狈，又全家暂避租界，仅两大间
屋住人已三十七数之多，精不可言，十二之之通租界亦两会亦有三十七人，苏州嘉兴以北不住
两处人民真可了矣，我每日不开会，每日收不写一千左右的方字人，极缓慢住前仍考
虑。洪君叙即至隔壁先生是清凄之至人，好不能外外才为天所限，生京实好好大二嫂
近来待我与你母亲热出于诚，我亦感不以媳妇待之，此次避者之款不独二嫂有
首饰在内，娘娘亦相助，杏亦不可不知之也。大侄近聘数好，我处后其家可信
与菊不知已接过莫信否？她你母近聘大不如前，一心只在你何之中，我人身上你之人
来信，每年以慰你母，今你母阅之，出生我不过在心而已。我学佛久，惟看在一切众生虽
然我几比你等千万自由，我觉当帮我早日出世也。求学做人完全两事，学问要自

而已。其中做人则与家庭社会全国皆有关系，与学问同一重要，亦不可不细心体贴。菊有肆应之才，我尝与十一、二、大伯、三妹说起，汝辈弟兄之中，才具以菊为最长，处事亦以菊为最周到，于将来行医大有关系。至于医学，则研究与经验皆须与年俱进，不可勉强。在德专习固要，回国无习尤要，以中国人体质与德人迥不相同也。最好行医数年，再出外研究二三次，则必可有成名之望。恨我无钱，不能痛快出此。然又使我而能世，则汝等所遭遇将会危险，故我虽窘迫，不能不付托我身之强壮也。美术，中国近有趋重之势，不能尽竟，偶有一二传之，贵读人耳目不谦。所在一要会领之，山水且此等家能怡养性情，故我极愿青年学此，且以养性情之厚。张俪亦系乖执，性似古来美术中人也，但除厚外，此无病态的心理，然去之自然佳也。忽想起一本印度平想与俊全者生（书本暧昧书）专约送小照送全缘衣服俊全亦非常欣慰，惟你须之妻已与大姐说明，大姐极谅吾思，我因向不赞成要妾，故暂不欲问。惟男女两方之拯度保已趋过，但奈何我生平不二色，然极厚待人，不欲动以神教绳人。汝辈独身在外，能守男子节操，固是美德，尚不能时亦须自己斟酌，勿终日缘与家之训育，勿使俯仰中有愧，对夫人之处则较为妥当矣，惟惟写去不尽。三儿即问菊吉二儿安好。九月九日 父字 尚字第四号

沈钧儒致沈谦、沈诚的信

一九二四年九月九日

菊、杏二儿同览：

在北京七月十二以下皆阳历寄尚三号信，二十四日寄不列号信，附汇七十五美金，想以次可到。后来曾接菊百、百零一号禀，杏十二、十三号禀，详悉一一。我于七月三十一日自京动身，回本省议自治法，八月四日到杭，中间又从京寓转来菊百零二号禀七月二十，杏十四号七月廿三，十五号八月五日各禀，又汝二人斯多加城邮片八月十三。我因于九月四日托榴哥汇九十美金至留美监督处我亦有信，谓之美一号信，托其转交杏儿。惟阅近来报纸，似留美入境有种种为难，不知从德境到美又是如何，或较容易，或因德国现在政体之故，比中国还要为难亦说不定。未接到美之禀，不敢放心也。其实美国并不以美术著名，倒不如留学法国与奥（地利）国，又近又便宜，且因不能不习法文或德文之故，又多会一种文字，亦一便宜事也。至于毕业迟早一两年，光阴如箭，正可不必计较，止要自己身体强健，殊不成问题也。倘竟因此发生困难，杏儿千万不可又空费懊恼，至要至嘱。惟盼速告我，以便取回寄美国之钱，并按时寄钱至法或奥也。菊有归意，我与汝母大媳皆喜极出涕，我南来即设法弄钱，竟不可得。此次寄家用、寄美款、寄小菊闰弟又卯弟学费，我真力竭声嘶矣。又因时局忽欲打仗，一切非常紧急，幸而教育厅已汇出三个月学费，否则开战以后，本省教育俱明令停办，外国留学生更讲不到矣，危险危险。兹寄去雨农舅一函，可即日寄去，汝再加一信更好，或请叔范转呈亦无不可。据大媳云，必可答应。菊得此款，千万即整归装，本省学费，自然不去声明回复，尽他留著。菊回国数月，倘或再去，自可继续支领。即不再去，亦不妨托人代领数月半年也。雨农舅款到能够还款并备川资，自然最好，否则欠款可否少还些否？或约期寄还留物相抵，或飞函告我再行设法，至盼至嘱。我一时不能离杭，卢军决不至败，以人心卜之，曹家恐不能不倒，上海皇（惶）恐已极。四公公故后，即将柩出殡，现又全家暂避租界，仅两大间屋，住人至五十七数之多，糟不可言。十一公公避租界，亦两屋，亦有三十七人。苏州、嘉兴皆出分住，两处人民真不了矣。我无日不开会，每日终要写一千左右的字，幸人极强健。住荀伯老伯处，褚君谷即在隔壁，生意清淡之至，人好而短于外才，为天所限矣。京寓均好，大、二媳近来待我与汝母亲热，出于至诚，我亦几不以媳妇待之。此次汇杏之款，不独二媳有首饰在内，嫂嫂亦相助，杏亦不可不知之也。大媳近体较好，我屡次嘱其寄信与菊，不知已接过渠信否也。汝母近体大不如前，一心止在你们兄弟几人身上，汝二人来信，每无以慰汝母，令汝母阅之出泪，我不过灰心而已，我学佛久，惟看空一切最难，断爱尤难，汝等千万勿助我断爱，帮我早日出世也。求学做人完全两事，学问是自己事，做人则与家庭、社会、全国皆有关系，与学问同一重要，亦不可不细心体贴。菊有肆应之才，我尝与十一公公、大伯、三叔说起，汝辈弟兄中才具以菊为最长，处事亦以菊为最周到，于将来行医大有关系。至于医学，则研究与经验皆须与年俱进，不可勉强。在德实习固要，回国实习尤要，以中国人体质与德人迥不相同也。最好行医数年，再出外研究二三次，则必可有成名之望。恨我无钱，不能痛快助汝，然如使我而离世，则汝等所遭将愈危险，故我虽窘迫，不能不自祝我身之强壮也。美术中国近有趋重之势，而能者益宽，偶有一二，价值之贵，骇人耳目，不让顾鹤一，吴仓硕[①]之山水，且此事最能怡养性情，故我极愿杏学此，且以杏性情之厚，孤僻、高洁、乖执各种，皆似古来美术中人也。但除厚外，皆是病态的心理，能去之自尤佳也。忽想起一事，即鹿年忽与双全发生契约尚无暧昧事，送小照、送金表、衣服，双全亦非常愿意作渠之妾，已与大媳说明，大媳极端否认，我因向不赞成娶妾，故暂不顾问，惟男女两方之热度，深恐已难遏阻，奈何。我生平不二色，然极原谅人，不欲动以礼教绳人，汝辈独身在外，能守男子节操，固是美德，苟不能时，亦须自己斟酌，勿添日后无穷之纠葛，勿使俯仰中有愧对夫人之处，则较为妥当矣。草草写去，不觉三纸，即问菊杏二儿安好。

九月九日　父字　尚字第四号

【注解】

①吴仓硕：吴昌硕（1844—1927），安吉人，近代书画巨匠。

九日寫的信。因路雨君男信未寫好。他本例遲。一耽閣數日。
帖梅々。頃又從京中寄來菊子。三子。四佛弟。李十六佛弟。
甚美。噫。嫵美此。是的材料着。若我者已知。凡人常說一年不忘
日達。家書。並謂又此刻須要作。菊事之言。但看道理。須細々
思之。或矣或洗。洗手不可。此々美術。本善各也。唯我此信太
遲。不知者已多以洪定。念梧々。凡求學要有三條件。（一）自己有
決心。（二）弄的自己錢度數的上。（三）要有錢來接濟他。前者出情（羽協和）華。必
要趁從。家太毛病。就是東々條件欠缺。科學研究須錢度
深々兩年也。千萬不要使他人。此本他人幫忙不得也。菊兒從前在國
來。就學了庸醫。再要習二三年。就能成功名醫。我亦看了好笑。
既學了醫。就要做身的事。自入校趣。到蒼檐々日的遊。看著沒
有一天不研究。沒有一天不要習。至研究畫。習花園々大小。到視自

已已决心离環境而定。此所以吾前者再到德國。即到德國。吾前又到德國。即須又到德國。又此方是有志氣的學醫。因此有不願為庸醫之說。如為庸言之。若明說之，彼既不已。再實習二年三年。且有了博士頭銜。供役是矣。上海北京杭州此類人物不少也。還有一層。菊太深。何已一歸即婚，姓學。再出亦易。彼婦同出亦甚好。我不阻汝也。汝母亦不阻汝也。實責不在四家。但戰爭中恐難償。如勢歸計家內也。但伴前行不再見。南門本家實不償心。以其為肯向同眾。學手因侍之心。和睦之氣。小頭拔毆。錙銖必較全是女子小人淺狹的眼光。如吾們大家亦嗟甚矣。無息。以為難再有興旺之望。何以菊者愛見亦將有此種景象。菊尚未速說四次要十之不要不肯。此等如耶。吾天性厚。吾知道來好大悔。得十之。得一个可難也。菊近信亦又小兒。我為歎息不止。悽之愴之。

九月十三日再及

沈钧儒致沈谦的信

一九二四年九月十三日

九日写好之信，因致雨农舅信未写好，他事纠缠，一耽阁（搁）数日，恨极恨极！顷又从京中寄来菊百零三、百零四号禀，杏十六号禀，赴美噜嗦如此，竟为我料着，苦我杏儿矣。凡人希望一事而不得达，最苦。然既如此则须变计，菊哥之言，深有道理，须细细思之，或奥或法，皆无不可。法之美术，本著名也，惟我此信太迟，不知杏已如何决定，念极念极。凡求学要有三种条件：（一）自己有决心；（二）并要自己程度够得上；（三）要有钱来接济他。前者出清华到协和，必要赴德，最大毛病，就是第二条件欠缺，科学程度浅、德文程度浅之两事也。千万不要尽怪他人，此事他人帮助不得也。菊儿说现在回来，就成了庸医，再实习二三年，就能成功名医。我亦看了好笑，既学了医，就是终身的事，自入校起，到盖棺之日为止，应当没有一天不研究，没有一天不实习。至研究实习范围之大小，则视自己之决心与环境而定。只要有力量，应当再到德国，即到德国，应当多到几国，即须多到几国，如此方是有志气的学医。因汝有不愿为庸医之语，故为汝言之。否则混混饭吃而已，再实习二年三年，且有了博士头衔，尽够足矣。上海、北京、杭州此类人物不少也。还有一层，菊大误。何至一归即牺牲学问，再出亦易，偕妇同出亦甚好，我不阻汝也，汝母亦不阻汝也。官费可不回复，但战争中必难续汇，故暂归计最得也。余详前信不再及。南门本家最可伤心，以其名为骨肉同居，并无团结之心，和睦之气，小头扳驳，锱铢必较，全是女子小人浅狭的眼光。故吾们大家尝叹其无出息，以为难再有兴旺之望，何以菊杏爱儿亦时有此种景象？菊向杏连说四次要十元，而杏不肯，此何故耶？杏天性厚，吾知过来必大悔。得十元易，得一阿哥难也。菊近信亦多小见，我为叹息不止，慎之慎之。

九月十三日　再及

菊儿大姐竹媳又菊贤览：昨归给片刻亦是畅然回律也。
十二时一刻（四三）来接，抵医院，中菊来也，睡着，田女在旁，菊日间甚好，
惜我去之后，看我写字如吃乳之小孩，为之出泪。华我昨夜归来也，今
日起，坐又较有力，可喜之至。昨夜看了你们帖，我与他母均来话夜。
我睡于你们床，与小菊适偕起，一切小便自然如意，极。昨夜睡前并嘱
早起后已停止睡如人二粒饼，是以先替我看。菊儿来陪之后，
可以作罢，曲写我自去如此也。归阅此，大早今有日行医之志，
有感来信，不可以已，云之是否再看山猪之思，以学深（田猪）不作且已。
以有学徒不时出来为世，自问亦说不过去。（二）此我又此健在，拔刀相
助，不必再看临阵脱逃之意。（三）我之意，追并非队在学生的事业，自己
早知（2）蒋曲候先其属于年，即在我身上亦不能发我不肯参加（的）搁场吧，
用小菊之本说话得已，以上种种说话，细思不应稍有些恨，所业为医年
远三十不应当起自己之将何如耶。菊儿自劝大姐亦要劝之，照之使其属意我应有

她姊姊要使其丝毫無憾且我不能有丝毫存心之處即不為自己兒子的本能而社會情境之人扶助一人我亦要扶之 但汝自己本身亦應有自為奮鬥能力庶有希望天下事祇有熱心與毅力二者非他人所能幫助也且須使上官知汝在學成不歸 又不能繼續官費再去自己所籌者作何辦法天下事不能仗打工之籌與留學生涯本來可較舒服然亦須不能靠費而學過去也官僚度人等雖有官家安排錢再作事 此兩種亦是華僑之惡習吾輩有意志的人均不能犯此也萬望我輩從此者才是汝活潑望汝昂頭挺胸一思之已而已矣 前日從報上剪下一段叫做結婚的危險明朗以汝可一看其事（事不同而理同）抑者理也信佛迷信試為一切快樂之障礙也此問萬好并問汝三人好 即弟為我問候 二十一日 文字

致大伯信一紙即送去

沈钧儒致沈谦夫妇、沈诚妻、沈谱的信

一九二五年三或四月二十一日

菊儿、大媳、竹媳、又菊同览：

昨归虽片刻，亦觉畅然，到津已十二时一刻，田三来接，抵医院小菊弟已睡着，母亲在等。小菊日间甚好，惟我走之后，看我留字，如吃乳之小孩为之出泪，幸我昨夜归来也。今日起坐又较有力，可喜之至。昨夜有了旅行床，我与汝母均未陪夜，我睡旅行床，与小菊近，仅起一为小便。白凤丸灵极，昨夜睡前煎服，今早起经已停止，睡好人亦较舒，足以告慰。我看菊儿来津之说可以作罢，曲处我自去交涉也。归阅汝十九早信，有“行医之心有减无增，不知何故”云云，万勿再有此种意思。（一）学成而归，且已得有学位，不拿出来应世，自问亦说不过去。（二）见我如此困难，理应拔刀相助，不应再有临阵而逃之意。（三）（1）我之窘迫，并非现在发生的事实，自己早知；（2）蒋曲慨允，甚属可幸，即在我为汝，亦不能算我不肯尽力；（3）搬场费用，小菊之事，皆非得已。以上种种，汝皆须细思，不应稍有怨恨。所业为医，年逾三十不奋起自立，将何为耶？菊须自勉。大媳亦要劝之助之，使其奋发。我应有助汝之处，决无丝毫躲懒，且我不能有丝毫灰心之处，即不为自己儿子的事，能为社会培植一人，扶助一人，我亦乐于为之。但汝自己本身，亦应有自为奋发鼓舞之力，应有希望。天下事只有热心与毅力二者，非他人所能帮助也。且假使上无父亲，汝现在学成而归，又不能继续官费再去，自己打算，应当作何办法。天下事不能尽打如意算盘，留学生涯本来可较舒服，然亦终不能尽管留学过去也。官僚爱人恭维，富家安排钱再作事，此两种亦是幸福亦是恶习。吾辈有意志的人，均不愿犯此也。菊儿我常说汝有才具，汝活泼，望汝昂头挺胸一思之，至要至嘱！前日从报上剪下一段，叫做“结婚的危险时期”汝可一看，其言似有理也。事不同而理同，“经济恐慌”诚为一切快乐之障碍也。此问菊好。并问汝三人好。卯弟为我问候。

二十一日　父字

致大伯信一纸即送去。

老人覽之：我現在寫此信，為十二日午前九時三刻，已離濟，已過烟山，航行黑水洋之時也。我住官艙（十六元）三號，上下兩鋪，中間靠窗一桌，對面尚有一鋪，我上船時止我一人，因囑茶房到滬必給（倍）酒錢，勿再搭入他客，因此頗寬條舒服，且自由而潔淨。隔壁二號蘇州人彭姓，係其老人二女一子，占兩艙，北京住石駙馬大街，其弟二小姐曾請菊兒看過病。昨日午後過烟台，伊其全家上街游玩，怪我身邊無鉛筆，不及寫一片寄家。現在則其老人兒女皆暈，不能起牀吃粥。蔣大弟弟大郎南下赴蘇，進東吳理科大學，住房艙十二號，弟弟視之，亦暈矣。其同房間侯君，學航，廿六歲，在石駙馬大街設醫院，係布民之弟，則尚不暈，與我談天也。侯君云其兄開館大而近來進項太少，欲將停而為濟醫。彭君係教育部視學員，移眷來京已十四年，現因察看前途，往濟難以維持，故將眷屬送回蘇州。其大小姐已十九歲，子僅七歲。蔣郎述一事頗有趣，即徐志摩與陸小曼於七月七日牛女嘉會之節，在北海設筵宴客，宣布訂婚，男再娶而女再嫁也。徐父對於二人婚事取放任主義，其母則堅不許，徐志摩因此特南歸，再三懇母無效。其前妻張小姐（仍住徐家，稱徐父徐母作寄爺寄娘，前生二子，殤其一，一切用度仍由徐家供給，徐母極愛之）力任疏通，始獲許可。聞

不久將結婚張小姐將於其時作新婦儐相我笑謂蔣郎家好再覓前夫王先生來
樓新郎則更為滑稽有味照既美而年紀又明程度也現在北京結婚借書帖正我屬我
你往觀不知大菊有此興否可不這裡去做當作影戲看〻間文寫過言歸正傳
夫人想念我我徒能可放心也止要看我此時在船寫字之情形可以知之矣今晚甚靜
無聲海(窗)外波動漸大我以(仍)運筆如飛且時食一二紙包之花生糖壹兩看茶小碟置糖謝
夫人為我帶物周備我們幾不更麻煩小菊搬下樓如何騰法外花身長小菊之鋪牀
怕渠腿部伸不直香姨肯即回家否倘大姨二姨能不避嫌疑真心練習家事
夫人宜自休息早睡多坐遇事指揮他們一二足矣回三日來如何情形菊兒亦事有才惟其
言時語調太硬且少遇困難即容易不高興又容易動真氣此與衛生及福分皆有關係
宜自戒之我頃誦宋朝陸放翁詩句習氣深知要掃除時〻褊急獨何歟呼僮不應自生
大待飯未來還讀書〻等飯開不出來氣得止好讀書沒有辦法自己生大此種情形自家
即已如此奴僕一級更須根本改革也然〻平果不作廢否小菊學堂後安注意交互與用
華〻輕圖安〻又菊午飯想已定貴如何辦法均在念中杏兒又有信來(否)是否五十四滿想
必大罵其糊塗我則奉勸先設法匯渠款及月底家用〻接濟也聞見近日問息看我

我已約陳仍非常掃興想有合家母也要壹去及留出有好茶什而無壹不
知如何安住惟我在船上則有壹可以泡茶去笑方便惟只無火酒爐也我回想
從前學且無奢望只要小菊教我手打琴此刻即可奏一曲以與窗外天風海水相
應和矣
夫人有此興趣原也欲看中醫書可令菊兒購雲貽六經讀之我本想在船中
作文而心仍不定竟不能成功看書則已失數每忽見徐志摩在英國所寄與張小
姐要好忽然硬欲離去曾累張小姐絕食數日現又忽然與所謂王夫人陸小姐要好
起來全是人欲全無理氣那裡講得到情字我料其與陸仍不能長久而也所謂情
者必單一而專摯且要集方兼盡非浮薄人所能言也天下惟真夫婦（尤其是老
年我如此言兒輩笑之）必要笑飲腸胃以為我與夫人（誤愛情也）與母子之間情感切至我頗
吾家人之缺少情種也中秋時雖必不及家錢張鍰西處菊兒或寄錢一份并為我
望病王幼山協和第二診檢查若何請來可不必割去面晉否香港中和華惠通方
以我不在家郵之（以上船中寫）十三日午後五時抵滬今日擬即移住極好書局內何[?]舟
常較何　夫人安好合家大吉　七時　衡山手叻於美仁里
外附某某二紙即退去

沈钧儒致张象徵的信

一九二六年九月十三日

夫人览之：

我现在写此纸，为十二日午前九时三十分正。新济已过蛇山，航行黑水洋之时也。我住官舱十六元三号，上下两铺，中间靠窗支一桌，对面尚有一铺。我上船时止我一人，因嘱茶房到沪必倍给酒钱，勿再搭入他客，因此颇宽绰舒服，且自由而洁净。隔壁二号，苏州人彭姓，偕其夫人二女一子，占两舱，北京住石驸马大街，其弟二小姐曾请菊儿看过病。昨日午后过烟台，伴其全家上街游玩，恨我身边无铅笔，不及写一片寄家。现在，则其夫人儿女皆晕，不能起床吃粥。蒋九弟之大郎南下赴苏，进东吴理科大学，住房舱十二号，视之亦晕矣。其同房间侯君，学航空，为在石驸马大街设医院侯希民之弟，则尚不晕，与我谈天也。侯君云其兄开销大，而近来进项太少，欲移津而尚踌躇。彭君系教育部视学员，移眷来京已十四年，现因察看前途经济难以维持，故将眷属送回苏州。其大小姐已十九岁，子仅七岁。蒋郎述一事颇有趣："徐志摩[①]与陆小曼[②]于七月七日牛女嘉会之节，在北海设筵宴客宣布订婚，男再娶而女再嫁也。徐父对于二人婚事，取放任主义，其母则坚不许，徐志摩因此特南归，再三恳母无效，其前妻张小姐[③]仍住徐家，称徐父徐母作寄爷寄娘，前生二子殇其一，一切用度仍由徐家供给，徐母极爱之。力任疏通，始获许可，闻不久将结婚。张小姐将于其时作新妇傧相。我笑谓蒋郎，最好再觅前夫王先生[④]来搀新郎，则更为滑稽有味，恐欧美尚无此文明程度也。如在北京结婚，倘有帖至我处，我必往观，不知大菊有此兴否，可不送礼去彼当作影戏看。"闲文写过言归正传，夫人想念我，我健强可放心也。止要看我此时在船写字之情形，可以知之矣。全舱肃静无声，窗外波动渐大，我仍运笔如飞，且时食一二纸包之花生糖。壶内有茶，小碟置糖。谢夫人为我带物周备。我行后，不免寂寞，小菊搬下楼，如何睡法？叔范身长，小菊之铁床，怕渠腿都伸不直。杏媳肯即回家否？倘大媳二媳能不避嫌怨，真心练习家事，夫人宜自休息，早睡多坐，遇事指挥他们一二足矣。田三日来如何情形？菊儿办事有才，惟发言时语调太硬，且少遇困难，即容易不高兴，又容易动真气，此与卫生及福分皆有关系，宜自戒之。我顷诵宋朝陆放翁诗"习气深知要扫除，时时褊忿独何欤。呼童不应自生火，待饭未来还读书"，等饭开不出来，气得止好读书，没有办法自己生火，此种情形自宋即已如此，奴仆一级真须根本改革也。熊熊耳朵不作痒否？小菊学画，终要注意交互与用笔之轻圆，至要至要。

又菊午饭想已定，有如何办法，均在念中。杏儿又有信来否？是否五十四号？想必大骂其计仰先。我到南，必先设法汇渠款，及月底家用之接济也。闰儿次日到息游看我，我已行。渠必非常扫兴，想有信寄母也。茶壶未及留出，有好茶叶而无壶，不知如何办法。惟我在船上，则有壶可以泡茶，大觉方便。恨尚无火酒炉也。我顷极想能音乐，且无奢望，只要小菊教我手打琴，此刻即可奏一曲，以与窗外天风海水相应和矣，夫人有此兴趣否？如欲看中医书，可令菊儿取灵胎六种观之。我本想在船中作文，而心仍不定，竟不能成功。看书则已尽数册。忽思徐志摩在英国，何等与张小姐要好，忽然硬欲离去，曾累张小姐绝食数日，现又忽然与所谓王夫人陆小姐者要好起来。全是人欲，全是孩气，那里讲得到情字。我料其与陆仍不能终局也。所谓情者，必单一而专挚，且要双方兼尽，非浮薄人所许言也。天下惟真夫妇（尤其是老年，我为此言儿媳辈见之，必要笑断肚肠根，以为我与夫人讲爱情也）与母子之间情最切至。我愿吾家人之勉为情种也。中秋转瞬，必不及寄钱。张镕西处，菊儿或亲往一行，并为我望病。王幼山协和第二次检查，如何结果，可不至剖去面骨否。店账中松华惠通，可以我不在家却之。（以上船中写）十三日午后五时抵沪，今日拟即暂住榴侄书房内。余再布。敬问夫人安好！合家大吉！

七时　衡山手泐于美仁里

外致大哥二纸，即送去。

【注解】

①徐志摩：（1897—1931），名章垿，笔名南湖、云中鹤等，浙江海宁人。现代诗人、散文家，新月派代表诗人。

②陆小曼：（1903—1965），上海名门淑媛，民国时期的才女，诗人徐志摩的妻子。

③张小姐：张幼仪（1900—1988），名嘉玢，出生于宝山县，徐志摩原配夫人。

④王先生：王庚（1895—？），早年留学美国，毕业于西点军校，回国后在陆军部任职，是徐志摩好友，陆小曼的前夫。

一

夫人如晤。返滬後曾寫兩函提達。寫書一紙提早添令加（此兩信均在美仁寄到否望查明提明函）

書寫去矣。日來連得兩示，均無要信，日期又菊九月芸子年。

小菊芸之兩年。詳悉一二。日來天氣寒甚（已蓋棉被）教我一切小心。後

日擬赴杭州，約五六日仍返滬。曾借錢二百濟勝曆十月家用。

小菊需購之物，去時均可購得，能托大嫂帶去。存款四月擬停。

十一月提早於十號寄家。聞見需錢，以手印寫十九與之，不

誤。寫玉山發信上海處。明日到大嫂處去取觀，不知能寫信息

公司否。據稱看年不可也。小菊周年要分開。岳家家姐稍候姚

二

老父處。頃去信會去。無須我作信有信。可打電話與惠妹老伯。請其電話一提。即可當純。惟渠不能請他。趁其乃蓋仲然老伯處。大弟頃去。亦可於上午往見並請見其老人。奈親所藏晨卉各件。渠必不至吝惜也。可往去可向我請安。家中大人與嫂嫂勞倦如此。閱信為之太息。今日南京有人來傳徐陶遺先生之言。所謂我知事久老友要做甚至無須考試。惟必須擇一相當之處。可以做事。此請先生做一個全有之花。不能很遠。且以妻狀加老友有所不敢。又有一事務樂遠近

順泰殘裂

三

者。後須即由一立法顧問機關。其中委員六七人。設主任一人。擬請先生爲主任之一。正孝濟。鈞也允就。望陸士伯三妹外有先地人母

書須待相近寧再後當來又未知是否即能定局

擬於杭州回來。即身赴寧爲可也。河菊求學十餘年。已得博士銜。且本領亦不錯。將來幸福必較我可加發信。萬勿因區區小事。目前家困。自壞身體。你何享福之日正在後邊。文明燈燭已發長光。已安話省你強壯身體方可享福。我方日夜爲汝等謀之。我日來只以時時想區區之幽菊擱淺。多以之之安閑一日汝記記中德大華房異。願汝等組織小家庭。使彼二人享福。我稍有辦法即當欲

順泰號製

四

以我二人及弟妹等累汝。我固日夜希望此事之妥改也。萬千万自寬。大媳亦當以此勸慰。所謂功難力正在此等處。來年有日夫人須勿作此遠行。及日後全家付給男，以此等語均不宜寫的。我如要歸，如何行耶。萬勿以胸襟責備如此。千万往開展一路着想。至要至要。我不願汝如此也。我日日祝汝等皆達。不汝等卻日日慮我們。每心思相反如此。千万千万不可。上月底銀錢太多。深累諸兄之望。去人為我道感謝之意。四三、馬車費，我動身時以為經付二十銀元之可，告以後捐

五

给他。搬家甚势止可缓议。亦是无法之事。天津何医。不知如何。上海竟是全数交际。此次请力山经打针且皆出钱。菊劝甚勿打。用意极好。但凡在上海医生。决不肯如此做法也。菊有些处过于呆板。错要不错的。但我有个理论。譬如学拳。书中一拳如何打法。书中二拳如何打法。是有一定。但是到了与人家打架时。则不能如此拘泥。要看人家拳头如何打来。后去应付他。非可由我何如自己打拳时打法矣。菊以为对否。又菊日来何如。中饭是陆处送吃好否。我甚念之。去年三

顺泰笺制

六
亦须仰体我意思。勿好与玩，惹小妹哭。或令渠养成一种出言不
逊态度。至要至要。卯官前令告学堂，俟毕业后想留美，我
以为自可遂作此想，但亦必有此力。我一二年内亦迟来能相助。大
概不能不先借事以待时机。事实如此摆着，亦无法也。然之
思之可虑。菊自究之，亦自放任之。吃乳外，取吃别种补助否？面
色康何如？吃否？舌底肿亚否？已消。应睡小心，踢被冻肚子。至
要至要。幼山任当锭治后，恐常可以安当。菊须告我。仲老
太太特挂送肤一心经轴一。昨日去转，都可来。苏州来安否？顺来寄表不来。梁妃
前日见我，我告之，亦不来。太不周到矣。此此即颂
近佳
儿媳女辈均好
衡字 十月四日
这德后中三缶

七

昨夜寫好今晨欲親赴郵局不大雨又值不能出門因再
寫此我此次赴寧住趙家慶級第幼孫令趙親自動身甚不可口趣
專六星帶般勸我本擬以同到性我有甚不懼其則趙家之滿也
疾又多房我睡在前間而君一女傭睡在後間此須一層[illegible]「[illegible]」心（此是別字）
裏條睡不潔淨以致睡了都有不敢呼吸樣子（帳子是濕的但我不敢朝裏睡）眼珠
要獨占一小間可以自由潔淨早晨每早自己要來洗五個銅元之
澡兩個銅元之鹽花生兩個銅元之油炸黃豆尚可口還有一事不願到
為九十五號美雲裏家家倒馬桶臭氣排窗沖入而來惟

順泰箋製

八 此为南方通商〻埠 汝说钱不敷用而实在现做之事

每月有一百四五十元之已进款 以闲业官云每月得几不了 就是利钱

多财政厅有一科长叫吴子怜 有出缺 是岳丈旧友 渠能

係替汝弄〻手 汝再写信找我 找仲仁 仲仁近要写信给吴子怜 他是钱

谈也要交与吴君接洽可矣 时局难说 今日消息 江西赣军

失败 德安为南军占领 谢鸿勋部下阵亡二旅长 谢亦受伤

绍再卿

六日父写

顺泰栈製

沈钧儒致张象徵的信

一九二六年十月六日

夫人如晤：

返沪后曾寄两函，想达。此两信均在美仁写，到否，望来信提明为盼。寄杏一纸，想早添信加封寄去矣。日来连得两示，均无发信日期，又菊九月廿七日禀，小菊廿七、廿九两禀，详悉一一。日来天气穿夹已够夜盖棉被。我一切小心，后日拟赴杭州，约五六日仍返沪，当借钱二百济阳历十月家用。小菊需购各物，大致均可购得，托大嫂带去。杏款此月拟停，十一月提早于十几里寄。闰儿需钱，得手即寄十元与之不误。马玉山折恐已作废，明日到大嫂处当取观。不知能写信至总公司否？论理应无不可也。小菊图章当为留意。岳家拳最好稍缓。姚茫父处愿去尽管去，无须我作信介绍，可打电话与尧承老伯，请其电话一提，即可前往。惟渠不能讲，恐难得益。仲恕[①]老伯处，小菊愿去，亦可于上午往见，并请见其夫人，索观所藏花卉各件，渠必不至吝惜也。如决去，可为我请安。家中夫人与大媳劳俭如此，阅信为之太（叹）息。今日南京有人来，传陈陶遗[②]先生之言，略谓“县知事各老友真要做，当然无须考试，惟必须择一相当之处，可以做事者，请先生做一个全省之模范，不能狠速，且以委状加老友，亦有所不敢。又有一事，孙馨远[③]返省后须即办一立法顾问机关，其中委员六七人，设主干两人，拟请先生为主干之一”等语，我已允就。望除大伯三叔外，勿告他人。因尚须待孙返宁后发表，又未知是否即能定局。拟杭州回来，即再赴宁一行也。阿菊求学十余年，已得博士头衔，且本领亦不错，将来幸福必较我可加几倍，万勿因区区小事，目前窘困，自坏身体。你们享福之日正在后边，光明灿烂，无穷无尽。正要预备强壮身体，方可享福。我方日夜为汝等祷祝。我日来时时想如何如何助菊搬津，如何如何要开一“汝记”中德大药房，并愿汝等组织小家庭，伉俪二人享福。我稍有办法，即勿欲以我二人及弟妹等累汝，我固日夜希望此事之实现也。菊千万自宽。大媳亦当以此劝菊。所谓内助得力，正在此等此处。来禀有“大人何勿仍北返”及“以全家付给男”此等语均不宜写的。我如真归，如何得了耶。菊何以胸襟窄得如此，千万从开展一路着想，至要至要！我不愿汝如此也。我日日祝汝等发达，而汝等却日日虑我倒霉，何心思相反如此？千万千万，不可不可！上月底缺短太多，深累叔范兄，望夫人为我道感谢之意。田三马车钱，我动身时似尚短付二十余元，可告以须稍缓给他。搬家其势止可从缓，亦是无法之事。天津行医，不知如何？上海竟是全赖交际。此次潘力山[④]愿打针且肯出钱，菊劝其勿打。用意极好。但如在上海医生，决不肯如此做法也。菊有些处过于呆板。错是不错的，但我有个譬喻，譬如学拳，第一拳如何打法，第二拳如何打法，真有一定，但是到了与人家打架时，则不能如此拘泥，要看人家拳头如何打来，才去应付他，非可由我仍照自己打拳时打法矣。菊以为对否？又菊日来何如？中饭三叔处送吃好否？我甚念之。大哥三哥须仰体我意思，勿好与玩，惹小妹哭，或令渠养成一种出言不逊态度，至要至要。卯官有信告荣哥，谓毕业后想留美。我以为勿可遽作此想，阿哥必无此力，我一二年内亦恐未能相助，大概不能不先谋事以待时机。事实如此摆着，亦无法也。熊熊思之可爱，菊勿凶之，亦勿放任之。吃乳外现吃别种补助否？面上痒如何？现能不怕风吹否？舌底肿是否已消？夜睡小心踢被冻肚子，至要至要。幼山经雷锭治后，是否可以妥当？菊须告我。仲仁老太太我拟送联一、心经轴一。昨日大殓，韫哥来，苏州来客不少，次弟竟不来。荣侄前日见我，我告之，亦不来，太不周到矣。草此即颂近佳！儿媳女辈均好。

衡字　十月四日返沪后　第三函

昨夜写好一信，今晨欲亲赴邮局，而大雨如注，不能出门，因再写此。我此次赴宁住韫哥处，饭菜均系俞小姐亲自动身，甚可口。韫哥亦异常殷勤，各事招呼周到。惟我有甚不惯者，则韫哥之满地吐痰，又客房我睡在前间，而有一女仆睡在后间，止隔一层芦“菲”（扉）此是别字，心里终嫌不洁净，以致睡了都有不敢呼吸样子。帐子是张的，但我不敢朝里睡。联珠是独占一小间，可以自由洁净。早晨无粥，每早自己买来吃，五个铜元粥，两个铜元盐花生，两个铜元油炒黄豆，尚可口。还有一事可厌，则为九、十点钟，弄堂里家家倒马桶，臭气排窗冲户而来，惟此为南方通有之病耳。次乾钱不够用，而实在现做之事，每月有一百四五十元已是难得。闻荣官云，每月所以不了，就是利钱多。财政厅有一科长叫吴子愉[⑤]有大权，是岳父旧友。渠能维持次弟之事，次弟写信找我，找仲仁仲仁还是写信给吴子愉，皆是错误，止要多与吴君接洽可矣。时局难说，今日消息“江西孙军失败”“德安为南军占领”“谢鸿勋[⑥]部下阵亡二旅长，谢亦受伤”。余再佈。

六日又写

【注解】

①仲恕：即陈汉第（1874—1949），字仲恕，号伏庐，浙江杭州人。清季翰林，辛亥革命后历任国务院秘书长，清史馆编纂，晚年寓上海。擅写花卉及枯木竹石，尤善画竹。笔墨谨严，极有法度而仍生动有致。藏印颇富，有伏庐印存。

②陈陶遗：（1870—1946），名公瑶，号道一，上海金山人。早年留学日本，时任江苏省省长。

③孙馨远：即孙传芳（1885—1935），字馨远，山东历城人。民国时期直系军阀首领之一。

④潘力山：吴虞的女婿，1922年曾主张联省自治支持联邦制。曾任上海法科大学副校长，1927年10月被国民党特务暗杀。

⑤吴子愉：财政厅官员。

⑥谢鸿勋：孙传芳部第四师师长。

菊儿览之：舅母北上附去一函并各件，自可无误。此信到，舅母
或尚未到也。近日天气渐冷，我昨已购毛线衫裤及线衣，寄之北
京，亦燥寄与舅母。欲房内生一炉，大家欲聚于此，亦一办法。汝房内
晚上亦可生炉火以省煤，膝盖全用毕，昨晚如用硬炭达存
日内何时来沪，我拟再访其一谈，决定日内生寓，我已以京寓地
告之。勤勤公司续汝可一笑，再以信封告我并寓函为要。杭州乱未
可言。汝二侄今日已沪，来下车故我亦未往车站，侄侄日内拟至杭以
稿费已属傅君士甚担保，渭与(11)杨有关系(12)文凭的事有保险也。我
只好丢到那里算那里。日来又已向人设法另寓，印寓将再佈印
汝母款以后安好。十月三十一日父字 东四函
侄失败不作颓丧语，处困苦不戕贼自己身体，终必有翻身之一日。菊儿勉之

顺泰號製

沈钧儒致沈谦的信

一九二六年十月三十一日

菊儿览之：

大伯母北上，附去一函并各件，自可无误。此信到，大伯母或尚未到也。近日天气渐冷，我昨已购毛绒衫裤及袜穿之。北京非煤不可，母亲房内生一炉，大家咸聚于此，亦一办法。汝房内，晚上亦可少生炭火，以备熊熊睡觉。金同学昨晤，知周、顾皆返苏，日内仍将来沪，我拟再访其一谈。陈定日内在宁，我已以京寓址告之。勤勤公司账，汝可一算，再以总数告我，并寄还为要。杭州乱不可言。陈公侠今日过沪，未下车，故我亦未往车站候之。日内拟至杭，政务厅已属傅吉士，其标准谓与（1）县有关系，（2）又于政事有经验也。我只好弄到那里是那里。日来又已向人设法，有得即寄。余再佈。即问汝　母亲以次安好。

十月三十一日　父字　　第四函

经失败不作颓丧语，处困苦不戕贼自己身体，终必有翻身之一日。

菊儿勉之。

夫人久眠此次十二日不作家書悵悵已極勞
夫人與家中各人盼望家信寫信來電昨已電覆想達到也
此十二日中共得家信四函內有五日十二日十一日（有兩次）四次
手示菊兒五日九日信七菊十日信然又四序七菊又菊字發一卷詳
悉一一時時欣慰前二日曾來美金寫信以無紙筆不罷我近
來頗忙一為自己借款二為三者聯合會本家人寫碑墨稿
雜事夜睡尚早耳惟分別作復如下（一）借款尚有頭借滿歷
日內如家北京三百杏兒申慶放錢寄美金三百元聞昆今日已寄與

五元（一）今后六五弟侄请去人与旦华洪定弟理（帐）撤时我之书籍作品及其它物件勿再（遗失）否则经合太甚将不得法非要责问我实系念不已如更作此弟侄之后详细计议载家书即可去信可往一也大嫂说意吾二也菊儿尚未有本可就经何处之也请将附设何处之也本月杪并望来函与我商量为要（一）线之四片好标稿了一回何以能得到许多智识妙极又菊生日我不忘记我要想买一籍玉雕刻之蛇赠之为来得也无意中得到孙中山银币二枚大的送菊小的送小菊阅览又在徐州买枚数件挂饰给小菊常州木梳四个已买

顺泰號製

来时便带京　问文菊看硬叶为来要的我之作画告硬叶种

书没有明后搬洗全同学婿了　问此次到苏州经在沪未家

生可时吃了两纸菌油茶花超见此耗去归今好好采之四人用气

夫人今送两只黄表本公已送此好由我自上海送来的安（一）十菊花

梅甚好惟枝干交互为字少变化廿度先生看工稿甚鲜盖之清劲

大香之气南京街美术研究社内容还未曾信我我南来我必费山

菊五欣鸣送家请看字看十日或一月则超诸四排时下看字

可比多看宝切要也小菊云看书在有用与详尽不在博闻竟

順素魏製

是抵要的话。学外国文亦要精一国，再兼通他国，不知对不对。德文教科书是你各自寄在极官行上之两书，我已剪下来，俟便便缉之，携影寄日报，已寄到否？川菊云娟之兼物，便当归寄。川我仍在江浙两处，谋事送往不到，一切尤必以为义务，请大家放怀为要。

苏家去三弟信、信谢南姊、泽兄信，菊儿自送去。书六十二、绣衣、文菊字，交孙一。

此信太厚，字要亚，未再寄。

依缉、真及孙们

夫人鉴：家中切切。十一月十八日。衡山拟手。此为第八通也。

顺泰衡制

沈钧儒致张象徵的信

一九二六年十一月十八日

夫人如晤：

此次十二日不作家书，怅恨已极，劳夫人与家中各人盼望，今日果得来电，顷已电复，想速到也。此十二日中，共得家信四函，内有五日、十二日、十一日有两封四次手示。菊儿五日九日信、小菊十日信、熊熊照片、小菊又菊字画一卷，详悉一一，时时欣慰。前二日曾来美仁写信，以无纸笔而罢。我近来所忙，一为自己借款，二为三省联合会事。客人喧阗，笔墨繁杂，幸夜睡尚早耳。兹分别作复如下：

（一）借款尚有头绪，阳历月内必寄北京三百，杏儿处或能寄美金三百元，闰儿今日已寄与五元。

（一）分居亦是办法，请夫人与儿辈决定办理（惟搬时我之书籍纸包及其他物件，勿可遗失）。否则饮食太苦，煤亦不买，决非妥当，我实驰念不已。如竟作此办法，亦须详细计议。戴家如何有空屋可住，一也；大嫂愿意否，二也；菊儿尚未有事可就，须住何处，三也；诊所附设何处，四也。幸勿草草，并先来函与我商量为要。

（一）熊熊照片好极，病了一回，何以能得到许多智识，妙极。又菊生日，我不忘记，我要想买一旧玉雕刻之蛇，赠之，尚未得也。无意中得到孙中山银币三枚，大者送菊，小者送小菊闰儿。又在徐州买帖数张，拟留给小菊。常州木梳四个已买来，均便带京。

（一）又菊雀斑药尚未买得。我之治血管硬药科发没有，明后拟托金同学购之。

（一）此次到苏州，仅在次弟处坐一小时，吃了两碗菌油菜花面。见次乾夫妇、金姑娘、采采四人。周家九夫人分送两元。黄尧承父分已过，止好由我自上海迳寄为妥。

（一）小菊画梅甚好，惟枝干交互处尚少变化。少鹿先生画不独龌龊，并乏清劲古秀之气。南长街美术研究社，内容恐未必佳。如能南来，我必偕小菊至顾鹤逸家，请看字画十日或一月，则超（造）诣必非时下画家可比，多看实切要也。小菊云，看书在有用与详尽，不在博闻，竟是扼要的话，学外国文恐亦是要精一国，再兼通各国，不知对不对。德文教科书是何名目，写在桂官信上之两书，我已剪下来，俟便购之。摄影学月报已寄，到否？

（一）菊需购之药物，便当购寄。

（一）我现在江浙两处谋事，竟谈不到，一切小心，决勿鲁莽，务请大家放怀为要。

兹寄去三弟信附兰侄信，汪信菊儿自送去为要，杏六十二号信，又菊字画各一纸。余再及。敬问夫人暨家中均好。

十一月十八日　衡山拜　手此为第八函也

此信太厚，字画取出，再寄。

夫人如晤。近寄各通信。想到。大哥處更可詳其近情。頃由楊姐處轉來手示。及菊小菊五月五日之書。為之欣快喜也。妹妮病漸只減輕一些。查四月廿八有信來之也。菊兒中有可父字子医畫五字。我閱之。頓的心花開到十二分。不想我的生又是快樂之家庭。朋友中的人及我。即三也。菊医是很好。學菊畫聞前來從甚有進步。倒是我的字與文章。近將賣不出錢。如何是好。或北京來合作一次試試看。省吃儉用。我尋家庭更快樂。我是求之不得的。我不相信我为看风要年福也。今番在上海。碰见福建人林晏衡。看名的看八字。著过一部书叫人鉴。渠看了我八字。云先生六十二岁后为看十年非常好运。不做狠事业。目前亦并不坏。不过看风波。不好将来顺当。我真要笑死。六十二岁后又何为我无事。现在已觉智识才力精神不够用了。如菊蒙所说。看了真有点动心。且从来后面有房子已托福姐找了。十菊自在心。看书不在多。此要是有用的书。看二十页要头痛。那至十

要续再用款日内已查清你腾二十九元　北京有一种日文远东杂志去年十月至十二月间出版

之某一册中有日本远东杂志之研究之文甚希望蕙为我觅购之为要

看些每天五页 一个月便是一百五十页一年便是一千五

百页。何况每天不止五页乎。若是每日看书。看多亦是白

费目力白费时光。此意甚浅。蕙想能知道。我现在每天

至少看五六十页书。惜乎记忆力不及从前了。但我决不敢

自弃。书可一日不可不看也。太多今番必能告妹以我

多于本身。日来在此又太多的去读。我必力求

之。望告三妹为要。若是妹能望蕙为我谢之。建轩

意。心款分期还之。你身体如何。合家如。衡启 五月十二日

前贺新年读了作编已有三四月 日来细自……冬天中了些

寒气如在蕙来必能为我看好也 我有诗数首在太妹处 望你抄写了送给庚文一看

沈钧儒致张象徵的信

一九二七年五月十六日

夫人如晤：

近寄各信，想到。大哥归更可详悉近情，路上如何辛苦，代我请安，日内当寄书。顷由榴侄处转来手示及菊小菊五月五日禀，为之欣快无已。妹腿痛渐见减轻，一也；杏四月廿八有信来，二也；菊禀中有“父字子医画”五字，我阅之顿时心花开到十二分。不想我乃有如是快乐之家庭，朋友中何人及我耶，三也。菊医是很好，小菊画闻蔚弟说甚有进步，倒是我的字与文章，恐怕卖不出钱，如何是好，或者竟来合作一次，试试看。省吃俭用，找寻家庭真快乐，我是求之不得的。我不相信我尚有如是幸福也。今番在上海，碰见福建人林学衡，有名的看八字，著过一部书叫人鉴，渠看了我八字，云先生六十二岁后，尚有十年非常好运，可做很多事业，目前亦并不坏，不过有风波，不及将来顺当。我真是要笑死，六十二岁后如何尚能办事。现在已觉智识才力精神不够用了。故菊禀所说，看了真有几分动心，且俟来后面商。房子已托榴侄找了。小菊勿灰心，看书不在多，止要是有用的书。看二十页要头痛，那末少看些。每天五页，一个月便是一百五十页，一年便是一千五百页，何况每天不止五页乎。若是无用书，看多亦是白费目力，白费时光。此意甚浅，小菊想能知道。我现在每天至少看五六十页书，惜乎记忆力不及从前了，但我决不敢自弃，书真一日不可不看也。人会老，知识是不会老的，世情淡薄，千古如此，不始今日。一个人全在自己，俯仰有以自立，希望别人对我不要淡薄便已错了，止要自待不淡薄可耳。大哥今番必能告妹以我各种事体。日来在此又大游古迹。蔚弟事我必力成之，望告三妹为要。吴复斋用款前数日内已查清，系剩二十九元。北京有一种《远东》杂志，去年阴历十月至十二月间出版之某一册中有《遗产税之研究》文两篇，望菊为我觅购之为要。茗恩叔范望菊为我谢之，霆轩致意。心薇款分期还之。余再佈。即问合家好！

衡启　五月十六日

右臂筋骨隐隐作痛已有三四月余，忙时不觉得，日来细自考察，似系冬天中了些寒气，好在菊来必能为我看好也。我有诗数首在大哥处，望令菊写了送伯唐丈一看。

上海法科大學信箋

大兒宋妲同兒前在來字註了許多字云出後遂日
不快因請母姊並筠三弟等代想隱忍及至刻乃七月十
日寫謂恨不太哭我亦恨不太哭矣只要汝善意從後不
要太任性我亦無一毫謂舍汝不放心也我所以許汝來
者因(11)汝與我離開之後非常的苦惱不如與我們在一起 又(12)
以上海不論北京以後將一天不如一天非到南方來謀職不
可(13)我以律師謀職汝以醫生謀職或有相助益彰之
汝若在東借赴南如畢業但住北總年無住此陰
不能不畢年 不畢陰將來出頭之望汝俟陰之日來接
極適於此時畫媽請假回家母親與宋汝日與女佳同操作
者極汝處王媽走掉 媳婦自宋不了幸然乘覺文
母幫忙且可安心北京大兒來南後暫時不必常回我難

年 月 日

上海法科大學信箋

遠。數汝兩人個個耕而不過，汝來南邊，我自有辦法，決不至像前林末年一年，你好接家眷也。至於我的衣裳在是寔極了，要想買雙皮鞋是買不成，今用梓接至今不達。率（汝云不帶東西到一處買一處的是有的人或在他處已住有了才的人，人無住者則買好家什從何處來？遠）者中處處各各我要像小說中遇見張飛一樣，要喊一聲大王饒命罷。但是家內甚為快樂，並不困苦，稍有慘澹憂慮，我是感謝上蒼，已經心滿意足。小菊又到寧，因隨便買一把好了，又嬌嫩，推車煩也。年請者女及妻到寧寄看身穴，雖然汝來寧從要款六層甚是，我律師事務所現決在寧，係汝事務南身作道理，代討信條則精詳審，此間汝二人好，然後乘者。汝云北方無一可靠，欽友是不錯的，此亦自己要修欽友也，會不靠真事的，汝從是不是。

文字　七月十六日

年　月　日

沈钧儒致沈谦夫妇的信

一九二八年七月十六日

大儿、采媳同览：

前在来禀注了许多字，寄出后连日不快，因请母亲并嘱三弟寄信，想览及矣。刻得七月十一日禀，谓恨不大哭，我亦恨不大哭矣。只要汝无他意，说话不要太任性，我本无一毫误会，汝可放心也。我所以欲汝来者因（1）汝与我离开之后，非常吃苦，还不如与我仍在一起；（2）又以大局而论，北京以后将一天不如一天，非到南方来奋斗不可；（3）我以律师奋斗，汝以医生奋斗，或有相得益彰之日。汝告桂弟谓，赴南似冒险，果然，但住北终无办法，此险不能不冒耳，不冒险将无出头之望，汝须志之。日来热极，适于此时查妈请假回家，母亲几乎终日与女仆同操作，苦极。汝处王妈走掉，媳妇自亦不了。幸熊龙乖觉，丈母帮助，如何安心北京。大儿来南后，暂时如何布置，我难遥断，汝两人细细斟酌。不过汝来南边，我自有办法，决不至像蔚叔，半年一年后始接家眷也。至于我的窘实在是窘极了，要想买新皮鞋，竟买不成。屋内桌椅至今不连牵[①]（汝云不带东西，到一处买一处，乃是有钱人或在他处已经有了事的人之办法，否则买新家伙谈何容易）。杏弟处寄钱，我真要像小说中遇见强徒一样，要喊一声大王饶命罢。但是家内甚为快乐，并不因此稍有噜嗦懊恼。我是感谢上苍，已经心满意足。小菊要刻字刀，随便买一把好了。五婶娘柩事，我已禀请大伯父负责到寺察看，再定办法。汝来禀说吴款六层甚是。我律师事务所现决在家，俟汝来南再作道理。信封信纸则糟蹋矣。此问汝二人好。熊龙乖吉。汝云北方无一可靠亲友是不错的，止要自己兴隆，亲友也会可靠起来的，汝说是不是。

父字　七月十六日

【注解】

①不连牵：苏州一带方言，即不像样、不完整之意。

沈鈞儒律師用箋

字第　號第　頁

闵兒如晤：自你行後，我乎無日不思。每天看報，你要與大家到倫敦，今鐘廿五日乃你新加坡行，其時英國總度已甚分明，知你一路可無問題。日來錫已安抵德國矣。此行完全使你自信心之堅決，真能達到目的矣，使我愉快萬分。本月半我日即寄你信，因來信所說之林世京大家設法王世京寄來打聽消息。二月我想我到叔生君寓所與到口使說，就閔了。我天天罵恨程天放，以病腸塞扶折，這十月中間方能啟行到倫敦以下，次當即寄去。他此行後我要請青來先生兩次均未遇，我意與文俊先生夫婦及青來觀常常款近。此次我心中確有些感動，並佩其好意。他大家倫敦大家代為接到他此行，我與大家均未問。有人對他加以非議，我尤十分瞭解他之意志並無絲毫不以為然。他說今天我實在沒有錢去住過他去年讀書的五年一年如一年，有此機緣出我意外，真是萬分痛快。我在此未經甚麼回來以前想到你們大家出去，非常感觸。有一天從上想不住的悲痛，後都沒有吃甚麼東了。我一看後來看他稱幸，週到細的獨自獨行，欣看自己自給能力為之心借一賓友，是自己不免拖泥帶水，不及他之沉著，酒醒也。他們內說自七月以來已變（你如母翻身追求，天於我則甚得於欣慰之意，多於惜別矣）為情感，破產之人，又從天下女子許多無耳，其心去尋他人，三年前亦云已變為一年情感之人。青年男子遇此挫折，自然禁受不住。你謂廿年後對之殊憾恐也。三年前寶不能為世

中華民國　年　月　日

事務所白克路大通里六號　電話三一七一二號

沈鈞儒律師用箋

字第　號　第　頁

相比起其失望情形在心理上自亦大致相同我劝三哥不要将此等事毁伤了自己精神亦不能不以此劝汝望汝深体我意也金便日来一天高一天汇款大亏门巴日本只汇已将到一元换一元地步欧洲自尤可虑汝从抵德不知多瞒马克若干可供几个月用费必须早些来信说明使我知之我虽无力量亦当竭我能也航空委员会来文说已令驻德使馆相机关照汝到后想已接洽究竟是如何情形谓谈话所得结果奉复如意所不能如意之点之一切得汝信后自能明白此后俟之十月底定卖去西向北房家中目前新好房子暂时不搬即搬三哥常有信来要我写介绍书去文学美术传备方面均有信由言又年轻程度似有增加好我意亦力劝其勿努力过度并注意睡眠等等汝又通信亦谨劝之三哥前日忽来一电嘱我汇三千元我看来是法四汇且不知何为何事经渠有信到方知之也六妹亚来汝母灵柩再加漆两次即抬往先茔做坟日期已近但彼时局且有变迁生何意外等我将葬事办好再来谢天谢地话俟下次再详附去航空委员会公文一件照片一张三哥乱丰两纸即可阅见旅外安好十月八日晚二时父字　母我明年来赴杭须待日方归故直此作此系与士哥书写也源字第一号

中華民國　年　月　日

闻汝新近[illegible]到德后[illegible]如尚未得力[illegible]期望

必须待有入学资格后方可[illegible]

你要之像附上。

父亲说[illegible]下次发薪一切小心珍卫身

1935

事務所白克路大通里六號　電話三一七一二號

沈钧儒致沈谅的信

一九三五年十一月八日

闰儿如晤：

自汝行后，几乎无日不思，每天看报终要与大哥讨论几分钟。廿五日得汝新加坡信，其时英国态度已甚分明，知汝一路可无问题，日来则已安抵德国矣。此行完全仗汝自信心之坚决，喜能达到目的，真使我愉快万分。本可早几日即寄汝信，一因来信所说之林世京，大哥说是王世京尚未打听清楚，二因我想找刘崧生君写一信与刘公使[①]致耽搁了几天，殊以为恨。程天放[②]现病肠窒扶斯，须十二月中间方能启行。刘信取得下次当即寄去也。汝行后，我曾访青来[③]先生两次，均未遇，我意与文绮先生夫妇及青来拟常常亲近。此次，我心中确有些感动，并佩其好意也。汝在哥伦布寄大哥信亦经接到。汝此行我与大哥均未闻有人对汝加以非议。我尤十分了解汝之意志，并无丝毫不以为然，汝误会矣。我实在没有钱，无法送汝出洋，读书终是早一年好一年，有此机缘，出我意外，真是万分痛快。我在汝未从真茹回来以前，想到你们大家出去非常感触。有一天晚上，忍不住的悲痛，饭都没有吃，大哥劝了我一番，后来看汝办事周到细致、独断独行，颇有自了自治能力，为之心绪一宽，反觉自己不免拖泥带水，不及汝之沉着洒脱也。所以汝动身这几天，我倒觉得欣慰之意多于惜别矣。汝信内说自七月以来已变为情感破产之人，又说天下女子虽多，实再无心去爱他人，三哥亦云已变为一无情感之人。青年男子遇此挫折自然禁受不住，所谓少年维特之烦恼是也。三哥实不能与汝相比，然其失望情形在心理上自亦大略相同，我劝三哥不要将此等事毁伤了自己精神，亦不能不以此劝汝，望汝深谅我意也。金价日来一天高一天，汇款大成问题，日本兑汇已将到一元换一元地步，欧洲自尤可虑。汝现抵德，不知尚剩马克若干可供几个月用费？必须早些来信说明，使我知之，我虽无力量亦要叫我放心也。航空委员会来文说已令驻德使馆相机办理。汝到后想已接洽，究是如何情形，滑头话耶，果真有好意耶，不能不为之悬悬，一切得汝信后自能明白，然须俟之十一月底矣，真要闷死！家中目前都好，房子暂时不拟即搬。三哥常有信来，要我寄各种书去，文学、美术、经济方面均有，信内言及耳聋程度似有增加，故我去信力劝其勿努力过度，并注意睡眠等等。汝如通信亦望劝之。二哥前日忽来一电嘱我汇三千元，我当来无法照汇，且不知系如何事，须渠有信到方知之也。小妹照常，汝母灵柩再加漆细砂一次即拟推光。做坟日期已近，但祝时局且勿遽生问题，等我将葬事办好，真是谢天谢地。余俟下次再详，附去航空委员会公文一件，照片一张，三哥乱笔两纸，即问闰儿旅外安好！

十一月八日晚二时　父字

因我明早车赴杭，须后日方归，故匆忙作此交与大哥封寄也。

源字第一号

【注解】

①刘公使：（1880—1956），即后信提及的刘崇杰，字子楷，闽县(今福州市区)人。外交家。早年于日本早稻田大学学习政治经济科。回国后，曾任福建法政学堂监督兼教务长、教育部福建学务视察员，后入外交界。时任驻德意志兼奥地利特命全权公使。

②程天放：（1899—1967），原名学愉，江西新建人，生于杭州。早年留学美国、加拿大，回国后历任江西省政府委员兼教育厅厅长、国民政府参事、中央军官团政治总教官、政治部主任、中央宣传部副部长等职。时任驻德国大使。

③青来：即诸青来（1881—？），名翔，上海市人。清末留日学生。参加过宋庆龄发起的救国入狱运动，参与发起成立了上海文化界救亡协会。

沈鈞儒律師用箋

字第　號　第　頁

閔兒見之。我自莫干山回來。即擬寫一較詳之信與汝。而自此一念。遂致迄今未作一字。其間汝有二次來信。及寄回十一月廿八日信、十二月十日晚信、一月十九日信。昨一一收到無誤。曾有大哥小妹家書給汝信。均收到也。小妹昨到南京矣。有今晚歸。我又將開始度獨居的生活。晨出晚歸。獨自登樓就榻。惟然[illegible]斷成習慣。當不至過分感覺淒涼。且近來為文化救國會事。忙得要命。然令我長期憶及家庭。人生終得有一個歸宿。或者倒是我以歸宿的時候到了。亦未可知也。汝決學航空工程。我甚贊成。不必游移。又係老作一片熱心。以後不必當對他有情緒。我所慮者。要中日戰事發生。係之商業或有影響。倒大不了。為汝計。不能不說其為財也。自安患完全好了。去年快樂身體矮小。何必悲憂懷。凡已竟凡心沒有痛之事。此不必放在心頭也。弱卻是不好的。記憶力及思考力大不可任其退步。(一)早睡(二)少作無謂思慮(三)少看與我不相干之書(四)食物注意營養及消化兩點(五)控制大便(六)淺精等病須特注意。為使點滴不漏。以上云云。汝能辦到。自有道理。我家去年去世證明文件即寄去。為知時也。十一時五十分不寫了。祝汝健康快樂。廿五年十二月八日晚[illegible]書

中華民國　年　月　日

事務所白克路大通里六號　電話三一七一二號

沈钧儒致沈谅的信

一九三六年二月八日

闰儿览之：

我自葬汝母回来，即拟写一较详之信与汝，而因此一念，遂致迄今未作一字。其间得汝各次来信，如最近十二月廿八日信、正月十日晚信、一月十九日片，皆一一收到无误，曾嘱大哥小妹寄汝信，想均到也。小妹昨到南京矣。自今晚始，我又将开始度独居的生活，晨出晚归，独自登楼就榻，惟亦渐成习惯，当不至过分感觉凄凉。且近来为文化救国会事，忙得要命，几令我无暇忆及家庭。人生终得有一个归宿，或者倒是求得归宿的顶好办法，亦未可知也。汝决学航空工程，我甚赞成，不要游移。文绮[①]老伯一片热心，以后不应当对他再怀疑。我所虑者，是中日战事发生，渠之商业或有影响，则大不了。为汝计，不能不祝其发财也。鼻患完全好了，真是快慰。身体矮小，何足懊恼，凡已竟如此，没有办法之事，皆不必放在心头也。弱却是不好，记忆力及思考力尤不可任其退步。（一）早睡；（二）少作无谓思虑；（三）少看与我不相干之书；（四）食物注意营养及消化两点；（五）统制大便；（六）泄精等病绝对注意，要使点滴不漏。以上云云，汝能办到，自有道理。兹寄去交大证明文件，即察入为要。时已十一时五十分，不写了，祝汝健康快乐。

廿五年二月八日晚　髯第一号书

【注解】

①文绮：即诸文绮（1886—1962），名人龙，原籍江苏武进县南门诸家村，出生于上海。纺织实业家、教育家、近代色织工业先驱者。

前信又說陳一女孩桂姓〻寡居已搞進不知曾告汝否

二哥要安學校已脫離家則不堪追逐故辭職而去之後追東北大學工學院又請去接任

伴經常可維生活三哥常常寫信我所慮者中日戰事一旦發通匯兌必受極阻但現在不必

考慮及此也就算了否一依靠汝欲〻如昨常常寫信與我對於宗教印基督徹底信仰我亦聽

之汝意如何

說青年常見因抗日組織者他在內又信基督則不常見據說他此次出來的暇

汝要作此組則新文化六月二十七所寄之函交大證明書我不識外國文英明內容但大哥云實習

乃本校已含容在內今以證明何以他不能用此必需此可再來一信我當持往正附信回科

學要達汝能多往九處乃它用以展覽會者子祇所以略多並可先說服福入學本來否已

年內也自是否已經入學念不可言我意如御下人〻想念城裏本矣

一切務必從大處著眼在足事中意志家庭強識又宗教徹底在有成就我極望汝也有極同時從

自有參悉心理方面我悉生理方面從其來處研究方可謀於本相決我近要放下一切向前進行不

過要做本身體外須健不可知識外境〻並看系統不可望汝來信者以也我

三哥日本文說道其甚速汝體文說如何想六日看進步文信老何隨款本如何情形有信與汝否千万

告我知〻看話有問在肚裏在中國的朋友常通信否柏林家道者三哥要見可交〻友我生平嗜

好朋友覺得與好友談話極可藉以為發泄煩悶〻也汝以為何如

父後操之非此宗汝並視汝安好　二十五年六月二十日　父字（第二沛）以後當努力文字汝信

也三行未乃不能不出內矣

沈钧儒致沈谅的信

一九三六年三月二十日

前晚又新添一女孩，桂嫂之宁馨已殇逝，不知曾告汝否？

二哥西安学校已脱离，窘到不堪，近建设厅改薪两百元，最近东北大学工学院又请去担任课程，当可勉维生活。三哥常有信。我所虑者中日战事一启，交通汇兑必受梗阻，现在不愿考虑及此也。乱笔又有一纸寄汝观之。小妹常有信，渠对于宗教即基督渐起信仰，我亦听之，汝意如何？

诸青来常见，因抗日组织有他在内，文绮老伯则不常见，拟请他吃饭尚未得暇。汝各信皆收到，刻又得二月二十七所寄之函，交大证明书，我不识外国文，莫明内容，但大哥云实习各事均已会容在内，予以证明，何以绝不能用？如必需此可再来一信，我当持往交涉。德国科学发达，汝能多往各厂各公司及展览会等参观，所得必多，并可先饱眼福。入学事是否已无问题？并是否已经入学？念不可言。我竟如乡下人之想念城里事矣。一切务必从大处看，汝在兄弟中意志最坚强，识见最澈（彻）底，应有成就，我热望汝也。有烦闷时须自省察，是心理方面或是生理方面，从其来处研究方可谋根本解决。我近真放下一切向前进行。不过要做事身体非强健不可，知识非增多并有系统不可，望汝来信有以助我。三哥日本文语进步甚速，汝德文语如何，想亦日有进步。文绮老伯汇款事如何情形，有信与汝否，千万告我知之。有话勿闷在肚里。在中国的朋友常通讯否，柏林最近有无发见可交之友，我生平嗜好朋友，觉得与好友谈话极可藉以为解除烦闷之助，汝以为何如？

饭后拨冗草此寄汝并祝汝安好。

二十五年三月二十日　父字　（第二号）

以后当努力多寄汝信，已三时半，乃不能不出门矣。

大兒覽：昨日飯後黃科長忽來關照即須移送蘇高法院，大家立刻打叠行李，汽車來（一時半）即行，約四時半抵蘇，經檢察官便訊一過，送至司前橫街江蘇高等法院看守分所（來信即寄此處）（當局）待遇甚優，汝昨午後必大快慰。今日或已與章鄒先生諸夫人來蘇，汝在途中矣。我昨行太匆匆，因將零碎衣物（內有章沈先生一函稍後）托袁先生又四段所想要印張先生寫對子及聯語刻本（在中樞所案前抽屜內）亦均帶來。又菊農已另寄信告之，去年東山菊閣東亦當寄信去，汝轉告張老伯錢西先生於月底錢到之，沈先生均望一一電告到蘇情形，將來可仍聘蕭、汪、江一平律師，亦望去一電話告知此間。

大兒如好

江蘇高等法院看守分所用箋

沈钧儒致沈谦的信

一九三六年十二月五日

大儿览之：

昨日饭后，黄科长①忽来关照，即须移送苏高法院。大家立刻打叠行李，汽车来即行（一时半），约四时半抵苏。经检察官侦讯一过，送至“吴县横街江苏高等法院看守分所”（来信即可照此写法），待遇甚优。汝昨午后必大懊恼，今日或已与章②邹③先生诸夫人来苏，现在途中矣。我昨行太匆匆，因将零碎各物内有辛汉先生一扇，检得否？托袁先生④交回，现仍想要，即褚先生嘱写对子及联语刻本（在事务所靠窗抽屉内），亦要带来。又菊处已另寄信告之。杏弟、小菊、闰弟亦当写信寄汝转寄。褚老伯、镕西先生、杜月笙⑤、钱新之⑥诸先生，均望一一电告到苏情形，将来如须辩护，须添江一平⑦律师，亦望去一电话。余再。此问大儿、媳好。

【注解】

①黄科长：上海公安局司法科科长黄华。

②章：章乃器（1897—1977），原名章埏，字金烽，青田小源村人。著名爱国民主人士。少年时投笔从戎，参加辛亥革命，后长期服务于银行界、工商界，是救国会“七君子”之一。

③邹：邹韬奋（1895—1944)，原名思润，祖籍江西余江，出生在福建永安。中国卓越的政论家、出版家，著名的新闻记者，救国会“七君子”之一。

④袁先生：袁仰安，浙江镇海人，曾任律师，后为导演。

⑤杜月笙：（1888—1951），原名月生，后改名镛，号月笙，出生于江苏川沙（今属上海市浦东新区）高桥。是近代上海青帮中最著名的人物。时任上海地方协会会长。

⑥钱新之：（1885—1958），名永铭，字新之，晚号北监先生，原籍浙江吴兴，生于上海。早年留学日本。曾担任过国民党财政部次长，交通银行董事长等职。

⑦江一平：（1898—1971），字颖君，余杭镇人。律师。在五卅运动中为爱国学生作辩护律师。抗日战争爆发后，与上海各界人士联合组织上海难民协会，募捐救济难民。1946年任“国大代表”。1949年年初，在上海审判日本战犯时，被指定为日本侵略军总司令冈村宁次的辩护律师。南京解放前夕去台湾。

大儿知悉：又信仍每逐沱停止检见想已告知汝必十分念（汝又来字千万勿提时事以后信不应说我一经检查必延迟信多检不到也）
我故特作此相慰。我仍硬一切不闻不问且出於法院特
别监□之意世事可放心也。我日来甚安好（前晚沐澡一次非常舒服），每晚十时必
睡，因时当去关也。故向来习惯饭菜亲友送来太多，常
中带来炒酱想系宋媳亲制极为可口，惟无事坐不深
恐消化阻碍，故每餐不敢太多。写字为来结多写因磨墨
麻烦。朱祀谋先生所编联语小册计共两本，找得到否如否
则可向西泠印社购之，书名似此。（此字真然写不出）撷録杏弟祗得
稍侵再去张镜西及诸慧僧老仍好甚念我钱新之杜月
笙徐采臣黄任之诸先生通电话均须代我问好并告以近
状。顷忽大雨且有雷声，上海有否？因此雷声为□□然也。此
谕大儿夫妇二儿及继继康康小康都好 十二月十六日午后五时父字

沈钧儒致沈谦的信

一九三六年十二月十六日

大儿知悉：

各位伯母返沪，停止接见，想已告知。汝如来禀，千万勿提时事，以在法不应告我，一经检查，必致连信多（都）接不到也。汝必十分念我，故特作此相慰。我深愿一切不闻不问，且出于法院特别监护之意，汝辈可放心也。我日来甚安好前晚洗澡一次，非常舒服，每晚十时必睡，到时书亦丢开，已改向来习惯。饭菜亲友送来太多，家中带来炒酱，想系采媳亲制，极为可口。惟无事坐下，深恐消化阻碍，故每食不敢太多。写字尚未能多写，因磨墨麻烦。朱祖谋①先生所编联语小册，计共两本，找得到最好，否则可向西泠印社购之，书名似叫《□（此字忽然写不出）橛录》。杏弟只得稍缓再去。张镕西及褚慧僧老伯必甚念我。钱新之、杜月笙、徐采臣、黄任之诸先生，通电话均须代我问好，并告以近状。顷忽大雨且有雷声，上海有否？写至此雷声尚殷殷然也。此问大儿夫妇、二儿及熊熊、康康、小康都好。

十二月十六日午后五时　父字

【注解】

①朱祖谋：（1857—1931）原名孝臧，字藿生，号沤尹、又号疆村、别号上疆村民，室名无著庵、思悲阁，浙江归安（今湖州）人。光绪九年进士。历官编修、侍讲学士、内阁学士、礼部侍郎、广东学政。朱氏为近代著名词人，与王鹏运、况周颐、郑文焯称为“清末四大家”。

大二儿同览：昨日寄快信到，君同时寄十二、二一来
通电话时望一同到君。昨日赵祖璧律师来苏相视，
并代表我们各位老友送我二百元。我以信济为钱为何必
望谢他，但是实在万分感激，亦望亲往一谢。赵老伯住白
克路永年里[illegible]三。我日来确甚安心静养，惟大便不见
十分通畅，也是天气寒这样的缘故。锺而先生已会君在此
问的王任先生都说如我们修得甚强矣。快乐兴奋。先生每
天必写一点文章，要写他从前二十年以来经验[illegible][illegible]等与

永仁太太通电话时亦须代为报告平安，此次匆匆过上接得信

止庵在感觉不方便，不能阅报亦是一桩闷事，我为之

信先生商量过，是否能借向法院请求也。小妹雷昕亦

写了一信，本来要在圣诞节她是要来，但又不能接见，又须告

知她白跑一趟，即廿日来医务处。二儿西去不论

须请接见，接见在此未来每一次，我写一此书，因此法院大律数

不再写了，快问合家均好

十六日父字 午刻

沈钧儒致沈谦、沈诚的信

一九三六年十二月十八日

大、二儿同览：

昨日寄快信，到否？同时寄十一公公一禀，通电话时，望一问到否。昨日，赵祖慰律师来苏相视，并代表几位老伯送我二百元，我以经济尚能应付，心领璧谢，但是实在万分感激，亦望亲往一谢。赵老伯住白克路永年里，号慰三。我日来确是安心静养，惟大便不见十分通畅，想是天气热燥的缘故。镕西先生已愈否？在此间的五位先生都很好，我们终日是谈笑快乐。韬奋先生每天要写一点文章，是写他从前二十年以来经验。汝等与各位太太通电话时，亦须代为报告平安。此次忽然接见停止，实在感觉不方便。不能阅报，亦是一桩闷事。我与五位先生商量，还是要继续向法院请求也。小妹处昨亦寄了一信，本来圣诞节她是要来，但如不能接见，又何苦要累她白跑一躺（趟）耶。汝日来医务如何？二儿西去，不论准许接见不接见，想必来苏一视我。写至此，因亟须大便，故不再写了。草草即问合家均好。

十八日　父字　午刻

菊香兒知悉、昨天母急要大便、同時又急要發瘧、以致件々傳來、不免要費你們的罣念了、現在可以告訴你們、昨天的大便總不見好、今天早起都得了一次通暢的大便、身心都感覺愉快、這幾天你們母爲不能來蘇樓見、它多耗々些慮、我要你們放心、順便替你們解釋幾句、第一是關於本案、我自信無他、不獨是我、就是鄒章王李沙五位、還不是除了抗日目的以外、全是純粹到如白紙一樣潔淨嗎、萬事只要問自己、我自己沒有了問題、還有什麼問題、根本不是一個微菌、他人用顯微鏡來照也好、用手裏鏡來照也好、反正是觀照的錯誤與自擾、過些時自然而然會明白、你們是知道父親的、應當相信我這幾句話、第二我身體好、是的確的、就是不看見我、當然也可放心、還有一層、說起就不免有些悽慨、天津的青年、天津市的學不是嫌疑了就直接送進日本憲兵營嗎、這是報上登載過、大家都知道的、同在一個國家之內、我們現在是受我們國家法律的裁判、不應當再有話說、接見不接見與他做什麼、尤其我是律師、相信法律是公平、是正直、決不至含冤曲了事、真、正道自在天壤、你們放心罷、再我要的眼鏡、書、那你們每次來我都要的、菊杏姐姐、康康、小康、祝你們平安 十九日午後四時半

他們五位都好、望告知為感

父字

沈钧儒致沈谦、沈诚的信

一九三六年十二月十九日

菊、杏儿知悉：

昨天因急要大便，同时又急要发信，以致草草结束，不免要费你们的挂念了。现在可以告诉你们，昨天的大便虽不见很好，今天早起，却得了一次通畅的大便，身心都感觉愉快。这几天你们因为不能来苏接见，定多种种愁虑，我要你们放心，顺便替你们解释几句。第一是关于本案，我自信无他，不独是我，就是邹、章、王、李、沙各位，还不是除了抗日目的以外，真是纯粹到如白纸一样洁净吗？万事只要问自己，我自己没有了问题，还有什么问题？根本不是一个微菌，他人用显微镜来照也好，用千里镜来照也好，反正是观点的错误与自扰，过几时自然而然会明白。你们是知道父亲的，应当相信我这几句话。第二我身体好，是的确的，就是不看见我，当然也可放心。还有一层，说起就不免有些愤慨。天津的青年，天津市政府不是拏到了就直接送进日本宪兵营吗？这是报上登载过，大家都知道的。同在一个国家之内，我们现在是受我们国家法律的裁判，不应当再有话说，接见不接见，争他做什么，尤其我是律师，相信法律是公平、是正直，决不至会歪曲了事实，公道自在天壤，你们放心罢。再我要购的联语书，盼你们早日寄来。我挚爱的菊、杏、采媳、熊熊、康康、小康，祝你们平安。

十九日午后四时半

他们五位都好，望告知各寓。

父字

大二三兒同覽：元旦日未得一晤，不能不為之悵然。頃閱李去人寄李先生信，知二兒已接有婚友安電，自可寬心。不知歸路是否已可通行無阻？未見來蘇，想為有問題耶？至於建設毒氣是否業已搖動，現在大可不必想他。倒是腸病，家如在滬，仔細看一看，合不合是慢性盲腸炎，亦可不防，千万勿大意為囑。三兒何日赴大阪？國家整個形勢務必研究清楚。如有急報，必須預為計劃，可避即須急避，至要至要。又菊來蘇之後，是否望日即從恩貞女士返校？我竟完全不曉得。今已四日，又菊殊無一字給我，叫我念敘，真要命也。三兒二兒家如能赴禾，到汝母墳上一看，家務切囑。日來天氣晴朗和暖，連絲棉襖都穿不住，甚為可惜。我身體極好，闔弟日來又有信來否？我明後日必作一詳信寄之。冰父所要之案卷已否親來取去？家庭新論便望寄來。李丹年子明律師之對聯，公舍已來取去否？便中亦望告我。衣附去，段楊吾一紙。餘弟及印閣合家均好，然々。想已到校。二十六年四日 衡山手諭

何日搬家，一有定期，須即函告，勿遲為盼。

汝等托次舅母處燒菜，是否有錢交去？便望告我，因我亦常有託買絲帶等事，可復笑也。

沈钧儒致沈谦、沈诚、沈议的信

一九三七年一月四日

大、二、三儿同览：

元旦日未得一晤，不能不为之怅然。顷阅李夫人寄李先生信，知二儿已接有娟友安电，自可宽心。不知归路是否已可通行无阻？未见来苏，想尚有问题耶？至于建设委员是否业已摇动，现在大可不必想他，倒是肠病最好在沪仔细看一看，会不会是慢性盲肠炎，不可不防，千万勿大意为嘱！三儿何日赴大阪？国家整个形势务必研究清楚，如有急难，必须预为计划，可避即须急避，至要至要。又菊来苏之后，是否翌日即偕恩贞女士返校，我竟完全不晓得。今已四日，又菊殊无一字给我，叫我念杀，真要命也。三儿、二儿最好能赴禾，到汝母坟上一看，最盼，切嘱！日来天气晴朗和暖，连丝棉袄都穿不住，甚为可怪。我身体极好。闰弟日来又有信来否，我明后日必作一详信寄之。冰父所要之案卷，已否亲来取去？《家庭新论》便望寄来。青岛牟子明律师之对联，公会已来取去否？便中亦望告我。兹附去致榴哥一纸。余再及。即问合家均好。熊熊想已到校。

二十六年四日　衡山手谕

何日搬家，一有定期，须即函告，勿迟为盼。汝等托次舅母处烧菜，是否有钱交去，便望告我，因我亦常有托买鸡蛋等事，可总算也。

大兒、如兒、速兒(寄)兩平快信及一片、想均到、沈鄒太太來、汝八日函已閱悉、此力疲辦事、我非常紀念、蘇州之事、儘可不來、我自來甚健、樣兒都易、故來客亦漸多、寫字做詩均暫行擱起、律師方面各事、亦已漸有頭緒、自我三日致函鏡西、托其代函季龍(張志讓)沛華(俞鍾駱)同來、五日仲申偕張俞唐三律師同來、並攜有鏡西先生函、附有意見、均甚切要、當日有幾種決定、(一)律師組由每人選任三位、但仍為一集團組織、(一)辯護意見只有一個、決定後須多律師共同簽字、庶幾言論不致有參差不一甚至抵觸等弊、(一)事務由張俞李三律師負責、(一)口頭(已有人欲其力相助)辯護在不擬、他們亦不要、但費用是有的、如抄錄(繕寫狀紙等亦要錢)案卷、印刷文件、往來車費等類、須以先由九兄之生擔二百元之、又與張律師做用、(一)辯護書(狀)由律師方面共同商議推人負責起草、我們七個人就我們自己及共同的見解起草、提供律師以參考文件、(以起訴書內證據一至十九點敘述本案與理由推乃兰縮稿送分三次写成大家看过讨论决定另又录出几份因今文字有斟酌本案又照计共二十余纸已打成性用（此会宗出）辩诉状收后送我们看过后再听正速到此后，以上入照大段决定如此，为有数年能告母知、（一）本案开庭大段住在遇正本月底下月初间（在他们方面需递委状）因看卷甚非辩护书等，因需时间、而律师方面、因标准有限尚有指中宪卷及等候我们递进辩护书等之麻烦、（一）本案（辛案）进门已定由第一庭审理、庭长为方闻、推事为斯文、朱建勋、

（一）我们的辩护律师：张镕西（中外已负声望）委任，刘崇佑（崧生）秦联奎（待时）二律师，以本来担任之友、（一）此外李国珍（砥远）汪有龄（子健）徐佐良（使钧）江一平、陈霆锐、孙祖基、俞承修、江庸（翊云）刘世芳、汪葆樑、郭（？）、李森、陈志皋（其余我均不大明白，请你会李主持）（因为政住之人律师要我们代请（章）（邹）（沈））苏州律师为陆鸿仪（棣威）、吴曾善（慈堪）刘祖望（孝纯）庄曜（仲膺）蒋（？）（丁雷）大半与我均无报酬、（一）数日来我与律师方面已通信五次、皆系字迹书写

申儿、汝可李叔、孟、望汝问昌籍轩、行件到时如何申不在须印时送至其家为妥。顷适有一照印收，诸方面只有可疏通处，此仍照药道行，一二日内陈果夫秘书长罗君须来接洽如何，佳再告，望秘之。律师方面接洽，及此间亦转讨论，我须交全表，尽量注意，汝可放怀。问明陈家伟与律师有一联合，故特为转达此情形，详细告汝，望闻后注意之。小菊家费已言由校方垫付，顺数日又通出问须有一定，又如何通信家安，望汝身为慧僧先生说明为要。律师加会一家，我今无余钱，则比较家道甚亦为一舟，铭西先生处，呢及望为请安，云我万分惦记。律师如本何那些尤为力主持，尤认其健好。届时纯生庭为我辩护也。王述楂来，日昨而托张季龙律师代为接救，如其来人，可以请律师往地电话告之。又李龙谭华仲申三先生七家中本务所两处电话，望汝设查明记出为要。又宝姐亦如接谈，钊妹不在家时，不妥而已也。又和中、蔡扫、汝已好为去。维身及印闻、大照、宝姐、均好。钰之、康之、大康安去。四月九日午后五时 父字

沈钧儒致沈谦的信

一九三七年四月九日

大儿如见：

连寄两平快信及一片，想皆到。顷邹太太来，汝八日函已阅悉。汝力疾办事，我非常记念。苏州无事，尽可不来。我日来甚健，接见较易，故来客亦渐多，写字做诗均暂行搁起。律师方面各事，亦已渐有头绪。自我三日致函镕西，托其代邀季龙（张志让）、咏华（俞钟骆）同来。五日伯申[①]偕张、俞、唐三律师同来，并携有镕西先生函，附有意见，均甚切要。当日有几种决定：（一）律师虽由每人选任三位，但仍为一集团组织。（一）辩护意见只有一个，决定后许多律师共同签字，庶发言时不致有参差不一甚至抵触等弊。（一）事务由张、俞、李三律师负责。（一）公费现在不提，已有人愿尽力相助，他们亦不要。但费用是有的，如抄录案卷购买状纸等亦要钱、印刷文件、往来车费等类。所以先由乃器先生垫二百元，交与张律师收用。（一）辩护状由律师方面共同商议推人负责起草。我们七个人就我们自己及共同的见解起草，提供律师以参考文件（就起诉书内证据一至十各点，叙述事实与理由，推乃器、韬韬、造时三兄写成，大家看过讨论决定。另又录出凡救国会文字有利于本案各点计共二十余纸，已于昨晚用快信寄出）。辩诉状草成后，送我们看过后，再誊正递到法院。以上各点，大致决定如此。尚有数事欲告汝者：（一）本案开庭大致须要迟至本月底下月初间，因在我们方面递委状、看卷、起草辩护书等，固需时间，而法院方面，同样亦有派定推事、阅卷及等候我们递进辩护书等等麻烦。（一）本案闻已定由第一庭审理，庭长“方闻”，推事“斯文”“朱建勲”。（一）我的辩护律师，除镕西、伯申外，已商定委任刘崇佑崧生[②]、秦联奎待时[③]二律师，皆本来极熟之友。（一）此外王，李国珍硕远[④]、汪有龄子健[⑤]；沙，徐佐良侠钧[⑥]；江一平[⑦]；邹，陈霆锐[⑧]、邹，孙祖基[⑨]、邹，俞承修[⑩]；江庸逸云[⑪]、刘世芳[⑫]、沙，汪葆楫[⑬]；李，郑森[⑭]、李，陈志皋因为顾[⑮]、任[⑯]二人律师，要我们代请，其余我尚不大明白，请张章、俞邹、李沈三位主持；苏州律师为陆鸿仪棣威、吴曾善慈堪、刘祖望孝纯、庄骧仲腾、薄铸公雷[⑰]，大半与我均是极熟。（一）数日来，我与律师方面已通信五次，皆系寄至大通里伯申处。汝可索观，并望汝关照稼轩，信件到时如伯申不在，须即时送至其家，勿迟为要。（一）还有一点，即政治方面，凡有可疏通之处，皆仍照旧通行。一、二日内陈果夫秘书长罗君须来，接洽如何，俟再告，望秘之。（一）律师方面接洽，及此间各种讨论，我皆负全责，尽量注意，汝可放怀。闻明晚家属与律师有一聚会，故特将各种经过情形详细告汝，望阅后注意记之。

小菊学费已商由校寄，好极。惟数目及汇出时间须有一定，又如何汇法最妥，望汝再与慧僧先生说明为要。律师公会无最新会员录，则比较最近者亦要一册。镕西先生处晤及望为请安，云我万分惦记，律师各事仍盼其尽力主持，尤祝其健好，届时能出庭为我辩护也。王述樵⑱事，日前面托张季龙律师代为援救，如其夫人来，可以张律师住址电话告之。又季龙、咏华、伯申三先生家中、事务所两处电话，望汝皆查明记出为要。又采媳亦要接头，则汝不在家时，可无问题也。又禾中祭扫，汝止好勿去。余再及。即问大儿、采媳均好。熊熊、康康、小康安吉。

四月九日午后五时　父字

【注解】

①伯申：即李肇甫。

②刘崇佑（崧生）：（1877—1942），字厚诚，号崧生，福建侯官县人。早年留学日本学习法律。

③秦联奎（待时）：上海名律师，无锡人，与刘崇佑（崧生）、镕西、伯申为沈钧儒的律师。

④李国珍（硕远）：王造时的辩护律师。

⑤汪有龄（子健）：（1879—？），浙江杭县人，毕业于日本法政大学，上海名律师，沙千里的律师。

⑥徐佐良（侠钧）：沙千里的律师。

⑦江一平：(1898—1971)，字颖君，余杭镇人。著名律师，先后担任东吴大学法学院教授、复旦大学校董、上海法政大学校董、上海律师公会常委等职。时为章乃器的辩护律师。

⑧陈霆锐：（1890—1976），江苏吴县人。东吴大学法科毕业，早年留学美国。历任东吴大学、暨南大学、群治学院、中国法政学院教授、国民政府参政员、制宪国民大会代表等职。

⑨孙祖基：毕业于东吴大学法科，曾担任上海学联委员会委员长，上海著名律师。

⑩俞承修：字志靖，常熟城区人，时为上海市律师公会执行委员、中华法学会上海分会理事，与陈霆锐、孙祖基为邹韬奋的律师。

⑪江庸（逸云）：（1878—1960），福建长汀人。早年留学日本，曾任清政府大理院推事、北洋政府京师高等审判厅厅长、司法总长及政法大学校长、朝阳大学校长等职。时在上海做律师，义务为“七君子”案辩护。

⑫刘世芳：王造时的辩护律师。

⑬汪葆楫：（1908—？），苏州人，上海著名律师，沙千里的律师。

⑭郑森：李公朴的律师。

⑮顾：即顾留馨（1908—1990），著名武术家，又单名兴，上海市人。时任救国会常务干事，受“七君子”案牵连被捕。

⑯任：即任崇高（1881—1974），字仰之，四川省泸县人。早年从事教育工作，时任救国会常务理事，受“七君子”案牵连被捕。

⑰陆鸿仪、吴曾善、刘祖望、庄骧、薄铸：皆为当时苏州的律师。

⑱王述樵：上海著名律师，沈钧儒的学生。

士兒安兒：昨日汝行後，待時季記訓先生後到來，談極詳悉。我對於出國一層，認為決非不可，即使遠遵從，且以能速首途為尤愜心願。我個人本對於司法制度有許多懷疑之處，從前曾託留學德法美國朋友代為調查，他們搜來材料，終仍於自己所追求之點，不能滿足。倘我自己親去一行，就機會論，亦為求之不得的，還有何話可說耶？昨與友人（他們亦均有多人頗意研究之目的），擬待士先生云，已由杜先生負責籌經費，我個人對於杜先生此次對於我們摯誠正誼，衷是說不完的感謝，惟此事我已認為一成不變，殷望從速進行。汝為此見吳先生去，望為切實言之。杜先生本忙，關於出國一切可否請由吳君先生專責，如護照船期等類，均是為設計起來不能諸事達之。汝或專訪吳君之先生前尤好，今日趁速接洽，份事短行程，竟弄不上，所有的有否或即辦而居為人，此乎斷無德律師語件什麼，因為要寫回信，望打電話與吳君開明告我為要。

此間汝夫婦及姪家十分均好。五月十八日 父字

汝送我之德國剪刀，我希望款便帶來。待鏞有所要。

沈钧儒致沈谦夫妇的信

一九三七年五月十八日

大儿、采媳同览：

昨日汝行后，待时、季龙诸兄先后到来，谈极详尽。我对于出国一层，认为既非如此不可，即便决心遵从，且以能速首途为尤惬心愿，我个人本对于司法制度有许多怀疑之处，从前曾托留学德、法各国朋友代为调查，他们搜来材料，终仍于自己所企求之点，不能满足，倘能自己亲去一行，就机会论，亦属求之不得的，还有何话可说耶！昨询各友，他们亦均有各人愿意研究之目的。据待士先生云，已由杜先生负责筹经费。我个人对于杜先生此次对于我们热诚正谊，真是说不尽的感谢，惟此事如已认为一成不变，颇望从速进行。汝如晤采臣先生，望为切实言之。杜先生事忙，关于出国一切，可否请由采臣先生负其专责，如护照、船期等类，均先为设计起来，不胜祷渎之至。汝或专访采臣先生一商尤好。今日热极，斜纹布短衫裤竟穿不上，竹布的有否，或即做两套如何？北平蒯晋德[①]律师号叫什么，因为要写回信，望打电话与志皋问明告我为要。此问汝夫妇及熊、康、小康均好！

五月十八日　父字

汝送我之德国长剪刀，我最喜欢，便望带来，结镊[②]有亦要。

【注解】

①蒯晋德：北平律师，曾任我国历史上第一个正式成立的冤狱赔偿组织冤狱赔偿运动委员会常任干事。

②结镊：苏州一带方言，即镊子。

(1)

大兒覽之、汝日內曾否晤待時先生及采臣先生、有無重要消息可以告我、極以為盼、須打長途電話、汝適出門、知汝將於星期日來蘇、惟我們現有幾句狠要緊的話、須汝於接信後即往訪杜月笙先生一談、事係昨日彭文應張定夫二先生來信報告、渠等於前日晤潘公展先生、潘先生意似甚好、對於撤回公訴、定夫陳述理由、渠並未表示反對、僅表示「他們出來了做了自由人、怕就不肯出洋」、兼以「救國會必將借此作大規模歡迎

（2）

運動」為慮云云、午後又有友人來、特別提及本案消息、說「南京反省院在從前曉莊師範的地方、（離和平門約二十里）那边造有新房子」、又說「到反省院可以看我們態度」云云、次又談到南京方面傳來消息、謂「江蘇對於本案態度本來還可以好些、因為中間接有陝方寄來一種什麼印刷品、所以改變辦法」云云、我們聽了真不勝憂慮、而（一）是恐如果接到任何方面發表文件、都可以歸獄到我們身上、那真是所謂欲加之罪

(3)

何患無辭了、萬一開庭消息傳出蘇滬各地來，無數旁聽者、或是在宣判、就會受了刺激、在某一方面又發表了任何文字、這都是我們所沒法阻止的、但時政府難保不又藉口說我們不好、將說定辦法有所變更、中心既是說到及肯院不過是一種做法、那末為什麼必須要有新房子的地方、並且還說要看我們態度、所以我們感覺到前途確尚有考慮必要、萬一到了宣[illegible]後的時候、一無辦法、不但我們是無異上了當、尤其是掩

(4)

累杜先生、對不起杜先生、這不是我們憑空懷疑政府、從前杜重遠的事件、明是個例子、所以我們想一星期以來所聽到的議論辦法、不無危險、假使真如所料、竟要我們多住反省院、則與其此番枉勞杜先生為我們費盡心力、依然不能取得自由、何如再暫時靜待一下、候時機成熟、再〔更〕想辦法、蓋因我等受屈事小、使杜先生為難、我等殊感不安也、倘照公展先生意思能撤回公訴、那自然最好、個人遵從政府、固不成問題、

（5）

（濤先生所處之點自不成問題杜先生一定就可以為我們擔保的）即在政府、其實亦沒有什麼掃面子、我覺得如此乃真正所以明是非、立威信、示國人以寬大有合於團結一致禦侮之本旨、杜先生能否再向楚傖先生切實要求、並約濤先生一商、我們決不是畏罪尤其不是對於政府辦法、不肯遵從、實在願意做抗日工作、願意接受政府領導、因為要做抗日工作、所以不願以救國行為而受判罪之辱、使凡有愛國者或因

(6)

此而傷心、因為要受政府領導、所以不願在我們与政府之間、有添上許多痕迹、留遗憾於將來、凡此都不是為了自己、我此種等於痛哭流涕的話語、為政府前途、為個人人格、其他皆不暇計矣、望汝与杜先生及黃任之先生細細言之、已写正要、此間合家安好

五月二十日 父字

沈钧儒致沈谦的信

一九三七年五月二十一日

大儿览之：

汝日内曾否晤待时先生及采臣先生，有无重要消息可以告我，极以为盼。顷打长途电话，汝适出门。知汝将于星期日来苏，惟我们现有几句很要紧的话，须汝于接信后即往访杜月笙先生一谈。事缘昨日彭文应①、张定夫②二先生来信报告，渠等于前日晤潘公展先生，潘先生意似甚好。对于撤回公诉，定夫陈述理由，渠并未表示反对，仅表示“他们出来了，做了自由人，怕就不肯出洋”，兼以“救国会必将借此作大规模欢迎运动”为虑云云。午后又有友人来，特别提及本案消息，说“南京反省院是在从前晓庄师范的地方（离和平门约二十里），那边造有新房子”，又说“到反省院可以看我们态度”，言次又谈到南京方面传来消息，谓“政府对于本案，态度本来还可以好些，因为中间接有陕方寄来一种什么印刷品，所以改变办法”云云，我们听了实不胜忧虑，第（一）觉得如果接到任何方面发表文件，都可以归狱到我们身上，那真是所谓欲加之罪何患无辞了。万一开庭消息传出，苏沪各地来了无数旁听者，或是一经宣判，社会受了刺激，在某一方面又发表了任何文字，这都是我们所没法阻止的。届时政府难保不又藉口说我们不好，将“说定办法”有所变更。第（二）既是说到反省院不过是一种做法，那末，为什么必须要有新房子的地方，并且还说要看我们态度。所以我们感觉到前途确尚有考虑必要，万一到了最后的时候，一无办法，不但我们是无异上了当，尤其是拖累杜先生，对不起杜先生。这不是我们凭空怀疑政府，从前杜重远的事件，明是一个例子。所以我们想一星期以来所听到的议定办法，不无危险。假使真如所料，竟要我们多住反省院，则与其此番枉劳杜先生为我们费尽心力，依然不能取得自由，何如再暂时静待一下，俟时机成熟，更想办法。盖因我等受屈事小，使杜先生为难，我等殊感不安也。倘照公展先生意思能撤回公诉，那自然最好。个人遵从政府，固不成问题（潘先生所虑各点，自不成问题，杜先生一定就可以为我们担保的），即在政府，其实亦没有什么扫面子，我觉得如此乃正所以明是非，立威信，示国人以宽大，有合于团结一致御侮之本旨。杜先生能否再向楚伧③先生切实要求，并约潘先生一商。我们决不是畏罪，尤其不是对于政府办法，不肯遵从，实在愿意做抗日工作，愿意接受政府领导。因为要做抗日工作，所以不愿以救国行为而卒受判罪之辱，使凡有爱国者或因此而伤心，因为要受政府领导，所以不愿在我们与政府之间，再添上许多痕迹，留遗憾于将来。凡此都不是为了自己，我此种等于痛哭流涕的话语，为政府前途，为个人人格，其他皆不暇计矣。望汝与杜先生及黄任之先生细细言之，至嘱至要。此问合家安好。

五月二十一日　父字

【注解】

①彭文应：（1904—1962），字爵园，江西安福县寮塘乡人，著名爱国民主人士。

②张定夫：（1894—1966），爱国民主人士，曾任复旦大学法律系主任，与沈钧儒一起发起成立大学教授救国会。

③楚伧：叶楚伧（1887—1946），名宗源，笔名小凤，江苏周庄人。为著名的南社诗人，政治活动家。

大些寫好寄來一寫家每信只以一二言日對之信中述去作何作四段。

毅陡尋因究未處耶又昨前十四函詳悉一切你以為任你二人共鍊法健

罷好每月收入較差一切自儘困難惟萬勿以此累及心胸致損六哥康健要趣

至如三三康康從緩情緒中氣甚足閑閑極以為快然然身體強固（家為手能）

我你化學不及於自應用功但亦須緊要英文必須努力然然性於大概近於文學前

所作之文圖於記似有文學天才我至今喜之故必須注意此點即從此點加以培

植可也青年人從亦不安時時須加以選擇者於多方從來而不必者也曾言胖之妹

一穴漂亮絲辭時現在男女間係係只面不可此番多的彌到汝必須再再及之

三弟已返任滬郵任編譯小妹近有胃病我甚感然係短期之故再自修求學擬

專心器科化學吉弟與代已返赴貴陽策想素絕劇育勝我極嘆為之惟微

靜文青無當醫從旅叢可有似尤好汝能研復此可為導窗一張望即寄二寸半身

相片三張來此以預備結用馬相老士山席家中握手促膝談心然片紙否放大一張

寄我茅亭去三弟處也一紙小妹洗妹也片一紙望收入我極健平年未校程石子

不少參刊者有好余棵竹葉、鳥、小石樹木、人影、皆極天然五色斑斕又觀者更多趣之

亦必須以為寄耳　阿菱也

此間四二人及然然康康好外文家三妹間弟各一紙　二月二十四日　衡字

十一二二大伯父母處去時均為我請安六如戴六哥近何不極念

中華民國　年　月　日　（第　頁）

遇之北去未究

想看老態

沈钧儒致沈谦夫妇的信

一九三九年二月二十四日

大儿、采媳同览：

二月一日寄函后，曾得一无日期之信，中述大伯所作四婆婆挽联等，因冗未复。昨又得二月十四日函，详悉一切，深以为慰。汝二人身体皆健，最好。每月收入较差，一切自增困难，惟万勿以此累及心胸，致损家庭乐趣，至要至要！康康说话清楚，中气甚足，闻之极以为快。熊熊身体强，固最为可慰，几何、化学不及格，自应用功，但亦非紧要，英文必须努力。熊熊性格大概近于文学，前所作之公园游记，似有文学天才，我至今喜之。汝必须注意此点，即从此点加以培植可也。看小说亦不要紧，惟须加以选择，有许多小说真可不必看也。曾立群之妹，一定漂亮能干，惟现在男女关系，终非见面不可。此层如何办到，汝必须筹及之。三弟已进经济部任编译。小妹近有胃病。我赞成渠离开工厂，再自修求学，拟专心农科化学。杏弟交代已了，近赴贵阳。渠想来沪割盲肠，我极以为然，惟成都如有妥当医院，旅费可省似尤好，汝欲办护照，可为准备一张，望即寄二寸半身相片三张来此，以备贴用。马相老①土山湾家中，握手促膝谈心之照片，能否放大一张寄我。兹寄去三弟画照一纸，小妹、沪妹照片一纸，望收入。我极健，半年来搜罗石子不少，象形者有好几块，竹叶、鸟、水石树木、人影、皆极天然，五色斑斓可观者更多，汝见之必亦以为可爱也。此问汝二人及熊熊、康康好。外又寄三叔、闰弟各一纸。

二月二十四日　衡字

十一公公、大伯父、母处，去时均为我请安问好。戴家近何如？极念！遏先姑父常见，很有老态。

【注解】

①马相老：即马相伯（1840—1939），原名建常，字良，江苏丹徒人（祖籍丹阳）。爱国民主人士，中国近代教育家，是震旦大学、复旦大学、辅仁大学的创始人。

政治協商會議便箋

大三四儿同览：前日寄示剑侠传到，令
日來[illegible]一并來取，快甚快甚。苏州去[illegible]片三纸以
谢家人，都都也是一个可爱的小儿，另请一纸
写述者云，近又恢复镖武术，並大为其西
洋电影有五六千幅印开一种[illegible]令我[illegible]
了高兴[illegible]些[illegible]问有此情[illegible]也物[illegible]日[illegible]
生活日[illegible]并大[illegible]不足看重金钱，但千
万不要以此损失了性[illegible]甚至夫妇之间愁
眉苦脸哉[illegible]尤其不可以[illegible]了自己应看[illegible]

[illegible]

政治協商會議便箋

作霖
大兒要格外用心看病利用新藥我們那
望你能把歷年的經驗寫點出來昧早要立
力求進步精細立意放大胸懷小品同時努力向的
一本小冊子要夫婦合作早些寫成不要過時一
定要認在先生跟侍方便侍她唐達是文作
不可放棄要利用完本領就是金錢也望你們
把我們的話說之三妹有代來也搬至杭州處
宿舍月村是否放棄三或四可以給你們一間房子耶
你們夫婦來過否你再及印可合寓好
今日行市你不見好特以附及
弟十婦代
四月廿二 衛
吉洞好

家书

沈钧儒致沈谦、沈议、沈谅的信

一九四六年四月二十二日

大、三、四儿同览：

前日寄不列号信当它是第九封想到，今日杏忽然来晤，快甚快甚。兹附去照片三纸以慰家人，都都也是一个可爱的小儿，另诗一纸寄还。杏云近又恢复练武术，并大画其西洋画，预备有五六十幅即开一画展，更令我听了高兴，想汝辈亦同有此情绪也。物价日涨，生活日难，当然大家多不免看重金钱，但千万不要以此损失了快乐，甚至夫妇兄弟之间愁眉苦脸起来，尤其不可以松懈了自己应有的工作。大儿要格外用心看病，利用新药，我终盼望你能把历年的经验写点出来。叔羊画要力求进步，精致豪放，大幅小品同时努力。闰的一本小册子要夫妇合作，早些写成不要过时，一定要现在能出版，终有价值也。庆莲英文终不可放弃，要利用它，本领就是金钱也。望你们相信我的话，祝之祝之。三叔有信来，已搬至杭弟处宿舍，月村是否放弃？三或四可以分得一间房子耶？敏行夫妇来过否？余再及，即问合寓好。杏问好。今日行市仍不见好，特以附及。

第十号信　四月廿二　衡

大三四儿同览：十九日午后木到五时抵宁，已有十余朋友到站招呼，即与同行诸人乘孙前车入城。寓所在鸡鸣寺前，背临城墙，紫金山即在左边，附近皆田圃，风景极好。余卧室在楼上，与吴衡之先生对榻。到站则反中有长江，询知小妹近情。昨与张、黄、章、梁四君分乘两车出访以府及中共诸公。今日上午谒陵，下午谈事，无会客时。前有好转，可往君劢先生。今日夜车回沪。余约四五日亦可摒挡归。贾医生屈望大儿即与商谈手续，现住屋内之人请其迁出，须付若干搬家费，亦即与其说定。三四儿先往察看房间，然后须代钱打扫装修，先为计划，俟余归即可迁入居住。又像具缺少亦须打算添置。望三四儿多费一点心思，至要至要。千里望以电话问家（八四三四〇）公司九七〇二四 五〇三五七 余之执行律师代办诸事是否已登出，又将晓村之家四六五二六，星三中午能商事如何进行。此极以为余写寄是否已有归来信息。史良与罗努生二先生昨到宁，同蔡未能同行，日内青民盟专机可来此，並即邀史大

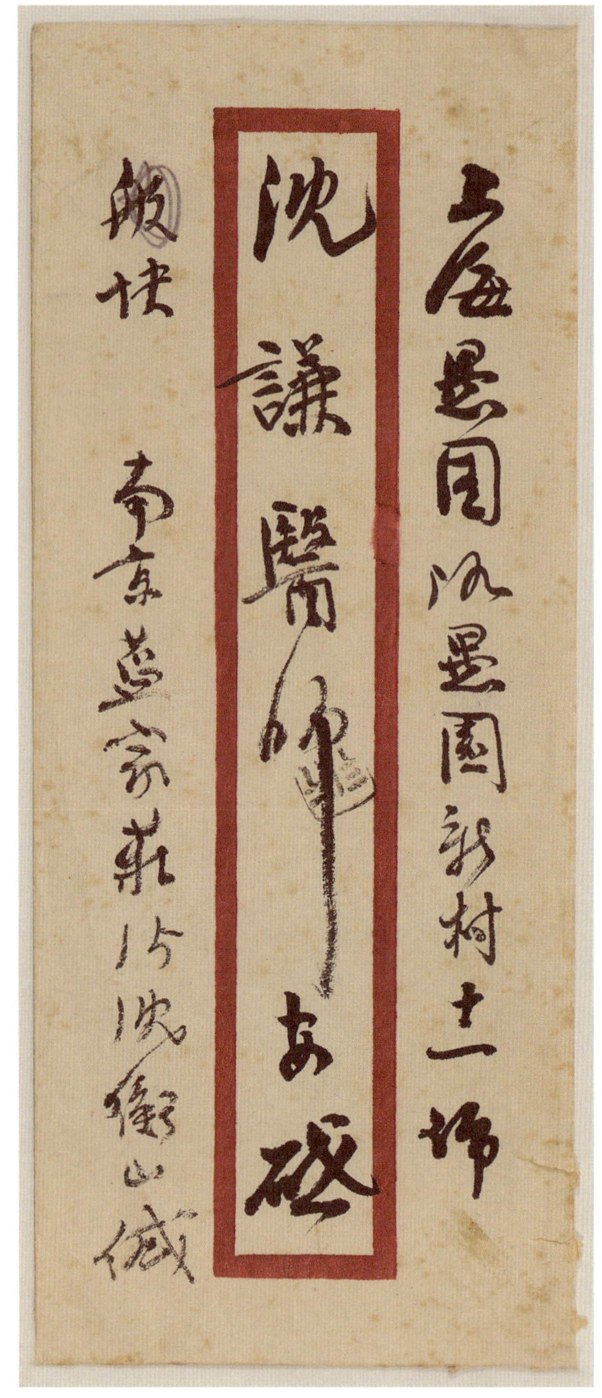

上海愚园路愚园新村十一号

沈谦　医师　安启

航快　南京蓝家庄15　沈衡山缄

沈钧儒致沈谦、沈议、沈谅的信

一九四六年五月三十日

大、三、四儿同览：

十九日午后不到五时抵宁，已有十余朋友到站招呼，即与同行诸人乘预备车入城，寓所在鸡鸣寺前，背临城墙，紫金山即在左边，附近皆田圃，风景极好。余卧室在楼上与梁漱溟先生对榻。到站朋友中有长江，询知小妹近情。昨与张、黄、章、梁①四君，分乘两车出访政府及中共诸公。今日上午谒陵，下午议事并会客，时局盼有好转可能。君劢②先生今日夜车回沪，余约四、五日亦拟暂归。曾医生屋望大儿即与商谈手续，现住在内之人请其迁出，须付若干搬家费，亦即与说定，三、四儿先往察看，房间恐尚须化（花）钱打扫装修，先为计划，俟余归即可实行入居，又家具缺少亦须打算添置，望三、四儿多费一点心思，至要至要。千里望以电话讯问，家（八四三四〇），公司九七〇二四、五〇三五七，余之执行律师职务启事是否已登出，又孙晓村兄家四六五二六，星三中午所商事如何进行，皆极以为念！榴哥是否已有归来消息？史良与罗努力③二先生昨到宁，同葆未能同行，日内有民盟专机可来，此函即恳史大家带送。余再及，即问合家安好！

五月卅晚灯下　衡山

【注解】

①张、黄、章、梁：即张君劢，黄炎培，章伯钧、梁漱溟。

②君劢：张君劢（1887—1969），名嘉森，别字士林，号立斋，别署世界室主人，真如人。早年留日学习政治经济，回国后曾任国民参政员，中国民主社会党主席等职。

③罗努力：即罗隆基（1898—1965），字努生，江西安福人。民盟创始人之一。

四兄：大连、旅、沈阳两处皆经到，营霞一电无误否？连日来得信极以为念。台信三书已托安人带交吾华，请其设法转寄，并商由上港生活书店通知港部三百元交陈[illegible]，代由刘清波转手亲交，照汝信中所说，如何应可妥当。上海解放不远，如因为德国人闭港上岸手续麻烦，仍俟可复航上海，此意并为告华附达。艾、朱德甫一种参考，惟昨日郭沫若先生之日本太太到此，她亦是由台来的，据云她亦知道艾朱德并知道文已抵港云云，不知确否。汝又寄吾华信（亦是托人带的）详询此事矣。以上各情，俟有机会当立即寄汝，她汝工作当已开始，一切顺汝顺利，高副主席多年好友，此行能甚得其因，虑汝已不在铁路宾馆住地，小妹日来病剧，在北京协和医院休息，我身体甚健，望汝勉念，为通与我熟识之人均为致候，俾得详。五月十八日 衡山

沈钧儒致沈谅的信

一九四九年五月十八日

四儿：

大连一信、沈阳两信皆收到，曾复一电无误否？连日未得信极以为念。台信三封已托妥人带交吾华，请其设法转寄，并商由香港生活书店汇划港币三百元交陈耀炽，再由刘清波转手亲交，照汝信中所说办法应可妥当。上海解放不远，如因为德国人关系，香港上岸手续麻烦似尽可径航上海。此意并嘱吾华，附达艾尔德备一种参考，惟昨日郭沫若先生之日本太太到此，她亦是由台来的，据云她亦知道艾尔德并知道艾已抵港云云，不知确否？顷又寄吾华信（亦是托人带的）详询此事矣。以上各情俟有复函当立即寄汝也。汝工作当已开始，一切祝汝顺利，高副主席①多年好友，此信恳其转交，因虑汝已不在铁路宾馆住也。小妹日来病痢，在规徵姊处休息，我身体甚健，望汝勿念，如遇与我熟识之人均为我致候。余俟再详。

五月十八日　衡山

【注解】

①高副主席：指高岗。

沚華妹手足：真是好久不能接到您們的信了，昨晚忽得五月廿六日沚華手書並附君健進進一紙，距發信日止十天，快極了，也快活極了。妹等嘗由報紙處轉來信，謂有寬寬、武武、安當付的到很安健，夜電亦經收到，多寓均平安無恙。謝天謝地，真正的謝，還是要謝共產黨與毛先生，給我們真是幸福之極了。千里已來過長江，父子尚未會面。長江亦作忙極，那是必然的事。妹千兼西明欽行事你自武時老的虹口政府時起，變了一點，驚返杭市嘗通過一次信，同妹猶婧為（手頭無礼物，可以望之為）（道賀祝快樂圓滿。同妹現有好工作，極念，深有聯合時極到，可附白函，你不便，你夜你為歡慰）之喜。姑敢君是那一界的人？康、清華工科曾為留意，到通訊處是瀋陽□東北電業管理總局電務處工程師室，他是工程師室副主任。小妹在城外造紙廠辦事，忙甚，星期都沒有出過。下信連沚華信已由電話念給她聽了。此間多親友我都

（文亦係母女尚在台南，曾匯款接濟，並已轉托杭託人攜她離台，當有希望）

去拜访过两君家，去吃过一次饭。款待行生经常来看我，姚花亦见过。孝同现在何处？现在沈局负责人似与孝同桂弟都是熟友，桂弟可去访之。袁正技术人员实在需要之至。老伯精神好，较前高兴。三妹常欠否？均为我问好。附青海若我均去访见。湘青耳聪目明，已八十二；海若则睡在床上的多，且耳聋。新年谈天殊苦，便告三妹，藏画交侍老伯带去汝叶裕莲（九龙照四片一纸）。一方，系在香港广写进东饭店房内使用之纪念品；姊单端砚一方，友人所赠，石质殊佳；亦旅途付所得文潘阳邮片一纸，康康；腰帽一顶，美军战利品；玻璃杯一只，布拉格和平大会纪念品；另袁正东北老山人参四支，颇为珍贵难得，便中代（望以两支给张菊老，年时既老年一颗补物）呈大伯父母为要。本来不再写了，身子甚好，且能汝等即候各寓均好。

六月八日父字

北京饭店 一一九室

附汉史沙画印日转致为要

沈钧儒致沈谦、沈议的信

一九四九年六月八日

汝兼、叔羊同览：

真是好久不能接到您们的信了，昨晚忽得五月廿八日汝兼手书，并附有熊熊一纸，距发信日止十天，快极了，也快活极了。叔羊曾由规徵处转来信，注有宽宽几个字，当时得到很大安慰。复电亦经收到，各寓均平安无恙，谢天谢地，真正的谢还是要谢共产党与毛先生，我们真是幸福之极了。千里已来过，长江父子尚未会面，长江工作忙极，那是必然的事。叔羊兼四明银行事，系自几时起的？虹口攻夺时，想受了一点惊恐。杭弟曾通一次信，同妹获婿为之喜慰，手头无礼物可得，望先为道贺，祝快乐圆满，同妹现有何工作？极念，渠有数信皆收到，以时局关系不便作复，深为歉然。孙君是哪一界的人？康康清华工科当为留意。闰通讯处是沈阳“东北电业管理总局电务处工程师室”，他是工程师室副主任。小妹在城外造纸厂办事，忙甚，星期都没有空。熊熊信连汝兼信已由电话念给她听了。艾尔德母女留在台南，曾汇款接济，并已积极托人援助，离台当有希望。此间各亲友我都去拜访过，雨农家去吃过一次饭，规徵、竹生经常来看我，叔范亦见过。孝同现在何处？现在沪局负责人似与孝同桂弟都是熟友，桂弟可去访之，真正技术人员实在需要之至。大伯精神好，听了高兴。三叔常见否，均为我问好。阶青[①]、海若我均去访见，阶青耳聪目明，已八十二，海若则睡在床上时多，且耳聋，谈天殊苦，便告三叔。兹恳文绮老伯带去汝兼枱毯一方九龙壁照片一纸系在哈尔滨马迭尔饭店房内使用之纪念品，叔羊端砚一方，友人所赠，石质殊佳，亦旅哈时所得，又沈阳邮片一纸，康康睡帽一顶，美军战利品玻璃杯一只，布拉格和平大会纪念品，另真正东北老山人参四支，颇为珍贵难得，望以两支于便中代呈大伯父母为要。张菊老平时吃参茸一类补物否？事冗不再写了，身子甚好，足慰汝等，即候各寓均好。

附致史、沙函，即日转致为要。

六月八日　父字　北京饭店一一九室

【注解】

①阶青：俞陛云（1867—1950），字阶青，号乐静居士，别号斐盦，浙江德清人。俞樾之孙。光绪二十四年（1898）进士，并钦点为探花，授编修。著有《蜀輶诗纪》《小竹里馆吟草》《乐静吟》等。

汝兼妹羊同览 胡子婴先生带函想达 另邮寄一信 文妹羊
字能履等必亦手读 妹羊长厚 年又不方便 办学并不容易
宗安同学亦非容易 共事之友 正们亦有小学可办 中学任学历
来不能维持 将来尤多困难 妹羊宜早奉身而退 请女同志
中为朱立波或其他友人对办学有兴趣负任能者为之 千万
须遇清华各专人知上海亦在招考 康之是否已在上海报名报考
此间考期将在八月 吉弟近有消息否 不多念之 桂弟实为技术人
员中不可多得之才 最近接收后不知应付情形 汝兼既千里可为援
及不能说服我们 意思同情与郭君桂枝来信收到 汉纯等此为我
改变遣再作实矣 闻弟有来平接其夫人之意 即为未来外孙
汉来一信 即为转送此间 大家安好

又汉送信一纸

七月五日 乡山

沈钧儒致沈谦、沈议的信

一九四九年七月五日

汝兼、叔羊同览：

胡子婴先生带函，想达。另邮寄一纸，要叔羊寄履历等，必亦无误。叔羊长厚，耳又不方便，办学并不容易。宋安同学亦非容易共事之友，正行止有小学可办，中学经费历来不能维持，将来尤多困难。叔羊宜早奉身而退，请女同志中如朱立波或其他友人对办学有兴趣有经验者为之，千万千万。顷遇清华负责人，知上海亦在招考，康康是否已在上海报名投考，此间考期将在八月。杏弟近有消息否？不无念念。桂弟实为技术人员中不可多得之才，最近接收后不知如何情形，汝兼晤千里，可为提及，不妨说是我的意思。同葆与孙君桂梧来信收到，晤彼等时为我致意，迟再作复矣。闰弟有来平接其夫人之意，却尚未来。外致汉来一纸，即为转送。此问大家安好！

又致造时一纸。

七月五日　衡山

你娘今年史太姊动身竟不及写我们信催家去敦大伯三姊信
正们信并附阿弟信两纸可谓北迫之至三姊信内忘提子联事我现在孙
多方代为人谋事除了高度技术人员以外桂弟未纯留职都出意外我
曾在千里信内提了两次桂桂好友陈宗秩来此集也为桂弟推荐到
华北钢铁公司当可有望我亦托他向铁道部提出桂弟是难得人才
如杨秀或亦可有办法正在设法中蒋泓亦是人才亦将杨秀昭亦向
史太姊提出经其为力渠已允向市当局推荐泓弟（较）向蒋侠杨秀宗尚须
历分与史太姊正面了了杨本与史太姊认识蒋泓则可由你介绍一谈也
你六月十六（第四号）七月一日（二日信又到）九日（八日写）今日无日期（第三、四号信）
各信均收到诚文信带四件十六张书老糖姐桃银图社祥识手中文
德文书籍亦毋需气质等亦均收到无误
上海此次两个多月来真有如坐铁幕保你速回来都不当有不要太吃

力行纸拟在家裡我们是替成的丝丝实习她出去想他是坐自行车现在北平自行车要走到满街交织如梭，买一个车也甚便宜。康康大概不久可以见面罢然后能偕苏苏同来我当然是高兴的我天天以听到秋歌调的"如梦如梦"歌你乐些之不过你不能来你不免寂寞些又何是好要多照看你小妹代当时看著不晓得为什么竟落下泪却是好文章感动了我她共产党代表一书你阅了快乐我还没有阅过很想找一本来看看三昧牢骚不能怪他还是要随时给以安慰你须注意现在我在北平书桌自己住金望共三弟千万不可突然要来必须与我商量定了才可举动我亦即有信家味平也同你常来在上海熟人如仲进蔡初康年也在三人所谈家常我谈祝你在家庭也不在了健康真要必须注意西服此间丰有见我每年吃多维他明丸每点上海应该便宜有便人时为我买一瓶来为盼你再写了即问合家好

八月二日 文字

沈钧儒致沈谦的信

一九四九年八月二日

汝兼：

今早史大姊动身，竟不及写几行信，仅寄去致大伯三叔信、正行信并附闰弟信两纸，可谓忙迫之至。三叔信内忘提子瞻事，我现在殊无方法为人谋事，除了高度技术人员以外，桂弟未能留职却出意外，我曾在千里信内提了两次。桂之好友张寅秩来此，渠已为桂弟推荐到华北钢铁公司，当可有望，我亦拟托他向铁道部提出，桂弟是难得人才也。榴哥或亦可有办法，正在设法中。苻阶六叔[①]亦是人才，六叔、榴哥顷亦向史大姊提出，恳其为力，渠已允向市当局推荐，汝速向符叔、榴哥索写履历，交与史大姊，至要至要。榴本与史大姊认识，苻叔则可由汝介绍一谈也。汝六月十六（第四封）、七月一日（二日晚又注）、九日（八日写）、今日无日期（苏苏[②]照片三张）各信均收到。诸文绮带照片十六张、表老[③]糖胡桃、体兰衫、裤袜、手巾、又德文书籍六册、电气熨斗等亦均收到无误。

上海此次风雨真是空前，物价高涨，汝连汽车都不坐了，不要太吃力。诊所搬在家里，我倒是赞成的。熊熊实习，她出去想仍是坐自行车。现在北平自行车发达到满街交织如梭，买一个车也甚便宜。康康大概不久可以见面。采媳倘能偕苏苏同来，我当然是高兴的，我可以听到秧歌调的“好爹爹”歌，何乐如之。不过汝不能来，汝不免寂寞了些，如何是好。采媳有给小妹信，当时看了不晓得为什么竟落下泪，却是好文章感动了我也。《（论）共产党（员）的修养》一书，汝阅了快乐，我还没有阅过，颇想找一本来看看。三叔牢骚不能怪他，还是要随时给以安慰。汝须注意，现在我在北平尚无自己住屋，望告三弟千万不可突如其来，必须与我商量定了才可发动，我亦即有信寄叔羊也。同妹常来否？上海熟人内，仲怒、葵初、鹿年已去三人，昨顾家告我，顾祖仁在台湾也不在了，健康真是必须注意。西瓜此间常有得吃，我每早吃多种维他明（命）丸两颗，上海应稍便宜，有便人时为我买一瓶来为盼。余再写了，即问合寓好。

八月二日　父字

【注解】

①苻阶六叔：即符阶六叔，沈钧儒二伯沈宣次子，名沈渊儒，号符阶。

②苏苏：沈钧儒外甥，范长江、沈谱之子。

③表老：即张澜（1872—1955），字表方，四川南充人。1941年参加发起中国民主政团同盟（1944年改为中国民主同盟），1941年10月继黄炎培之后担任中国民主政团同盟中央执行委员会主席，任民盟中央执行委员会主席、民盟第一届中央委员会主席。中华人民共和国成立初，当选为中央人民政府副主席。1955年2月9日逝世，享年83岁。

中國新法學研究院用箋

汝兼弟：昨同王明之先生提及此来旅费等等，渠即函衡生部决定汇款卅万，我言太多，渠云可请沈匡生寄报费销去，余即由史大姊经手汇去。望汝接洽后用为必要买票一切。想千里长江必可截断。长江是否即可同来，昨郑太太谈谢章运两老人南下行否，要再调。钦阁是否亦可同引归之。是否超复每说十一弟屋铺的转写：（一）明年南去可否住下；（二）箱子等太多，可否先整带来之理，迁费太大，此间亦无处可放，不及整理后续在三层楼上；（三）楼下借与可安叔友绝住，保管之

中國新法學研究院用箋

责（四）因为三房多自钱作还亦负责分担少数
房租，房兄近作何，旧亦用你的名字（五）三楼扶
梯口做一道木门锁住，以上所说你看何如，总之
必须如此你们才能轻车就道迅速出来，路上亦
不至受行李之累，定期即打一电为要，康已去
北京清华，实在北大学就，此间房子亦即为寄
至一切不能仍先在东征楼一楼前沿上姓夫提现
借住校微（窦边）定了已向学校，我甚好，即候
你们安好

十月十五 钧手泐

沈钧儒致沈谦的信

一九四九年十月十五日

汝兼：

昨晤王明[①]先生，提及北来旅费等等，渠即函卫生部，决定汇款卅万，我云太多，渠云可请沈医生实报实销，大概即由史大姊经手汇去，望汝接洽收用为要。至买票一切，想千里、长江必可帮助。长江是否即可同来？昨邹太太罗淑章送孙夫人[②]南下，约有两星期耽搁，是否亦可同行？熊熊是否暂缓再说？十一号屋务必暂留。（一）明年南去可有住处。（二）箱子等太多，万无悉数带来之理，运费太大，此间亦无处可放，不如整理后，锁在三层楼上。（三）楼下借与可靠亲友，托任保管之责。（四）因为三层留用，我们还要负责分担少数房租，户名恐怕仍旧要用你的名字。（五）三楼扶梯口，做一道木门锁住。以上所说，你看何如？我意必须如此，你们才能轻车就道，迅速前来，路上亦可不致受行李之累，定期即打一电为要。康康已无法去清华，定在北大旁听。此间房子亦即为留意，如一时不能得，先在东总挤一挤。符阶六叔夫妇，现借住规徵处也。宽宽已到学校。我甚好，即候你们安好。

十月十五日　衡手泐

【注解】

①王明：时任政务院政法委员会副主任。

②孙夫人：这里指的是宋庆龄。

1

新政治協商會議籌備會便箋

如華：廿一日家書收悉，共收兩度又左

一、你請准(院)校長青年醫生不未受過正式學校訓練之醫生繼續進修研求進步是好現象，你一方面謝絕，一方面宜予他們以鼓勵，必告成功就是。你請舒敏芸為什麼不來找你，直到現在聞你要北來了，即來相訪，未免不對，但也總是好的。你可以給他們鄭重另推一位好院長。你能得到大家的推重，我們是很高興的。病家聞你離開要求甚至下淚，這一種感情是不容易取得的，尤為你所能也。

一、此間工作大概是在東交民巷德國醫院，現在叫北平醫院名義。未知為何醫院對面有宿舍，聽說是很好的，這種種都要等你到後才能確定（現在到來必應在我住的地方暫擠一擠。王先生已在平前你等也不應拒絕）

家书

新政治協商會議籌備會便箋

一、除車票外其餘盤纏大可不必卅萬數目並不算多行李運費是較大的一筆另費亦必可領當並統統算在內實報實銷就好了人家不是單純幫些錢目的是使他容易做到經濟平些來怕他因為錢不夠用或已有頂屋等麻煩耽誤了行程此種好意是可以坦白接受的

一、頂屋一層何以隻字不提行李太多到底是不方便的那麼必須寫出但如遇靠不住的朋友萬一遺失從前教訓是夠了所以我想到把屋留住而且還有燕燕在滬我明年也一定會過滬一行也

一、康康此去要務就商教先生所介紹又是健想必就可以來汝兼家與燕燕轉轉好鄭太太代人偕同行有些應酬最好寄等等可化千里也招呼渠是否亦可同行

十月廿六日衡山

沈钧儒致沈谦的信

一九四九年十月二十六日

汝兼：

廿一日寄函收悉。兹略复如左：

一、公济被推院长，青年医生及未受过正式学校训练之医生，愿开进修班求进步，是好现象。汝一方面谢绝，一方面宜予他们以鼓励，助其成功。就是公济，解放以前为什么不来找汝，直到现在闻汝要北来了，却来相访，未免不对，但也终是好的，汝可以劝他们郑重另推一位好院长。汝能得到大家的推重，我闻之是很高兴的。病家闻汝离开，发呆甚至下泪，这一种感情是不容易取得的，尤为汝欣慰也。

一、此间工作，大概是在东交民巷德国医院，现在叫北平医院，名义未知如何，医院对面有宿舍，听说是很好的。这种种都要等汝到后，才能确定（现在到来，必应在我住的地方先挤一挤。王先生已在准备，汝等也不应拒绝）。

一、除车票外，其余璧还大可不必，卅万数目并不算多，行李运费是很大的一笔，另费亦必可观，当然统统算在内实报实销就好了，人家不是单纯帮助钱，目的是助汝容易成行，能够早些来，怕汝因为钱不够用，或至有顶屋等麻烦耽误了行程，此种好意是可以坦白接受的。

一、顶屋一层，何以只字不提。行李太多，到底是不方便的，那么必须寄出，但如遇靠不住的朋友，万一遗失，从前教训是够了，所以我想到把屋留住，而且还有熊熊在沪，我明年也一定会返沪一行也。

一、康康北大旁听，高教允出函介绍，顷又函催，想必就可交来。

汝兼、采与熊熊、苏苏好。邹太太诸人，能同行有照应最好。买票等等可托千里招呼，渠是否亦可以同行？

十月廿六日　衡山

如國防事業我是極端贊成報名時應註明志願我（接後面）
不曉得「其他學校」應如何註明須向本校保送委員會
訊問明白為要凡事一點不要勉強我不曉得好爹姆
媽對你此事意見如何然ゝ你有沒有徵求她的意
見你如決定仍在大連專心學習機械力求進步我也
是不反對的康ゝ問你好祝你健康檢驗身體怕
是一個重要條件罷

十二月十四日晚你的祖父

你對此事鄭重考慮是對的家庭方面所提意見
祇能供你參考你應當多向校方領導上及同學
方面懇切商討作最後決定至要ゝゝ

康々 西北之行非常愉快每到一處均有好爹王先生在一起我乎同仍在家內一樣忘卻了辛勞同行還有中央攝影局工作人員不久可有一電影片在各地劇院放映你們會看見你本月十號信我接到後因事先擱置桌上直至昨晚（十三）始拆看今日好爹來此與他商量了一番據我的意思軍事幹部訓練學校並不是專以訓練海陸空各部門士兵之用究還廣義的訓練有關軍事一切幹部的所以也有機械工程航空氣象土木工程電機化學輪機造船等系科目將來大中學生考取後程度各異不知如何安排我想分別編入各種學校學習或選送出國至蘇

沈钧儒致沈人骅的信

一九五〇年十二月十四日

康康:

西北之行非常愉快，每到一处均有好爹、王先生在一起，几乎同仍在家内一样，忘却了辛劳。同行还有中央摄影局工作人员，不久可有一电影片，在各地剧院放映，你一定会看见。你本月十号信，我接到后，因事冗搁置桌上，直至昨晚（十三）始拆看，今日好爹来此，亦与他商量了一番。据我的意思，军事干部训练学校并不是专以训练海陆空各部门士兵之用，它是广义的训练有关军事一切干部的，所以也有机械工程、航空气象、土木工程、电机化学、轮机造船等系科目，将来大中学生考取后，程度各异，不知如何安排，我想分别编入各种学校学习，或选送出国至苏联学习一定都会有的。目前土改（反封建）建设国防（反帝）是两件大事，与一般建设不同，你如决心报名参加国防事业，我是极端赞成。报名时应注明志愿。我不晓得“其他学校”应如何注明，须向本校保送委员会讯问明白为要。凡事一点不要勉强，我不晓得好爹姆妈对你此事意见如何？熊熊你有没有征求她的意见？你如决定仍在大连专心学习机械，力求进步，我也是不反对的。康康问你好，祝你健康。检验身体怕是一个重要条件罢。

十二月十四晚　你的祖父

你对此事郑重考虑是对的，家庭方面所提意见，只能供你参考，你应当多向校方领导上及同学方面恳切商讨作最后决定，至要至要。

诗稿

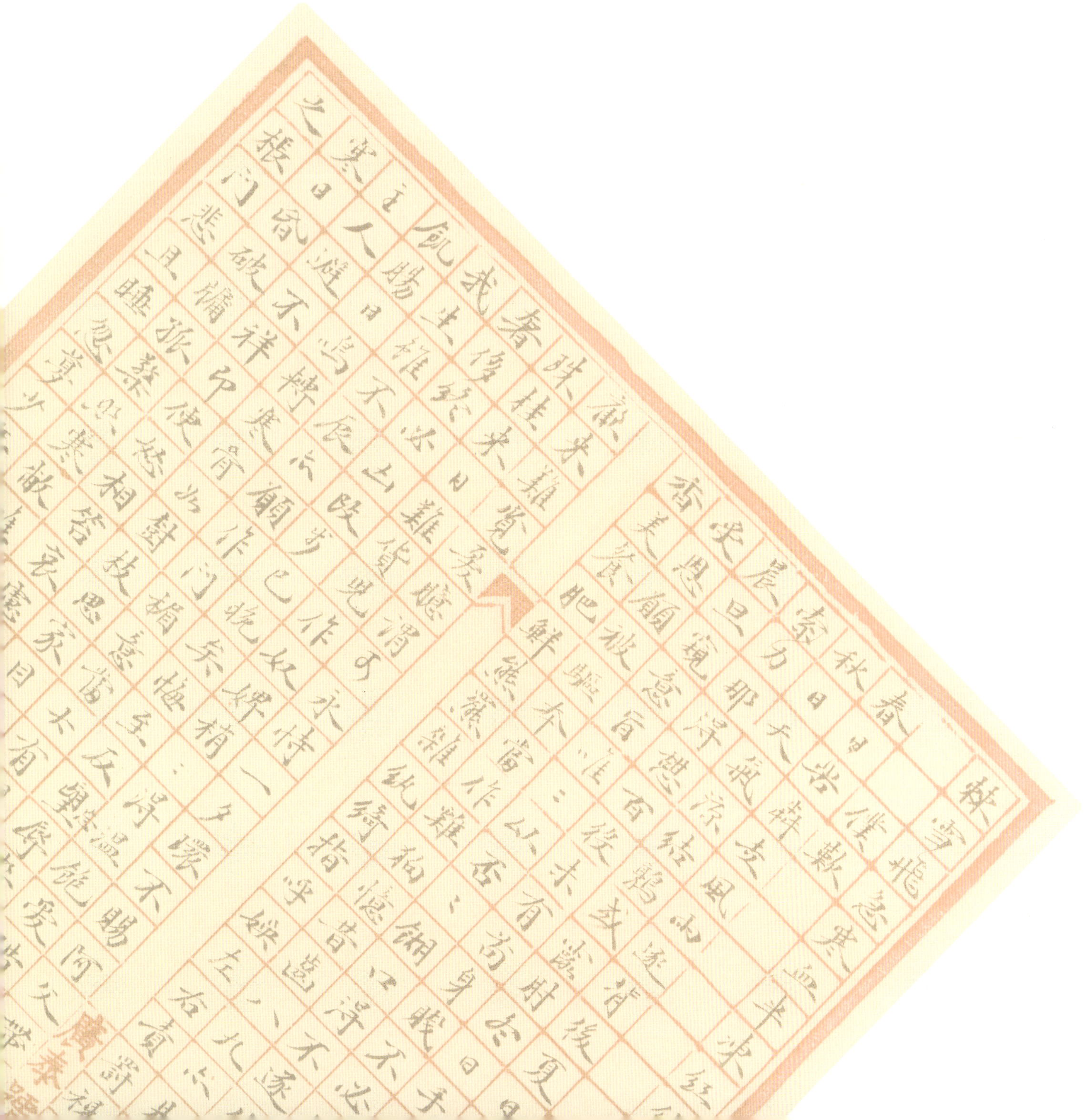

蘇州竹枝詞兩首

顧郎作獅子儂化為虎邱郎思後郎見日夜長回頭
郎应有此心不知儂家柴埭邊女兒好或恐故認錯

燕歸梁 春日病愈

淡薄梨雲夢不支病衾自知一回欹枕擁宵衣偏睡
去又多時　賣花聲過曉牆外纔喚起捲簾進憶那
庭角粉棠枝更消瘦幾分兒

迎春樂 喜晴

喜披宿雨霽初旭吮春寒也应足聽檐頭賸滴猶連
續憶夜枕驚眠促　雲半露晴天似碧玉簾倚處亞
欄幾曲欄外曉風吹偏醒一庭晴綠

廣泰號製

苏州竹枝词两首

一八九二年

（一）

愿郎作狮子，侬化为虎邱。
相思复相见，日夜长回头。

（二）

郎应有两心，不知侬家乐。
塘边女儿好，或恐故认错。

迎春乐·喜晴

一八九二年

喜披宿雨搴初旭。咒春寒、也应足。听檐头。剩滴犹连续。忆夜枕、惊眠促。

云半露、晴天似碧玉。闲倚处、亚栏几曲。栏外晓风吹遍。醒一庭晴绿。

燕归梁·春日病愈

一八九二年

淡薄梨云梦不支，病衾自知。一回歌枕拥宵衣，偏睡去、又多时。

卖花声过晴墙外，才唤起、卷帘迟。忆那庭角粉棠枝，更消瘦、几分儿。

大哥過硖道謹兄欵留甚至

故人顏色硖山明五硯巷前蔣氏巷名楊对樓有酒欲拚十日飲謹兄先有玉作平原之約劉談爭座卅年情七哥與謹兄已卅年不見快携宋箭慚瓻餽臨行損假宋王伯厚先生困学纪閬惺借殷帆尾棹行託喚帳舟遜〻不应報答犁雲仙草贈去年予至硖曾之犁雲草一盆湖蓴歸路寄双覲硖無此物命舟子買四十斤歸獻謹兄

三月滿意至光福掃外祖家並遊諸勝因病不獲因賦此自解

廣泰號製

古廒司徒石壁斑雲峯爭似隔塵寰一旬卧病魔猶戀半日看山願亦慳梅對心從前月二月吳倉石伯玉光福看梅曾歸述其勝繫松楸淚憶外家潛依然耳食詩情福旅日明郭望中還舟往三中仿　雙親

大哥过硖道谨兄款留甚至

一八九五年

故人颜色硖山明，五砚斋前[①]榻对横。
有酒欲拼十日饮[②]，剧谈争慰两年情[③]。
快携宋简惭瓻馈[④]，悭借殷帆尼棹行[⑤]。
报答翠云仙草赠[⑥]，湖蓴归路寄双罂[⑦]。

欲至光福扫墓未果

一八九五年

三月满，意至光福扫外祖冢并游诸胜，因病不获，因赋此自解。

古庙司徒石壁斑，云峰争似隔尘寰。
一旬卧病魔犹恋，半日看山愿亦悭。
梅树心从前月[⑧]系，松楸泪忆外家潸，
依然耳食夸清福，落日明朝望弟还[⑨]。

【注解】

①蒋氏斋名。
②谨兄先有函作平原之约。
③大哥与谨兄已两年不见。
④临行损假宋王伯厚先生困学纪闻。
⑤托唤归舟，迟迟不应。
⑥去年予至硖曾乞翠云草一盆。
⑦硖无此物，命舟子买四十斤归献谨兄。
⑧二月吴仓石伯至光福看梅，曾归述其胜。
⑨三弟侍双亲舟往。

棘雪飛急寒血半凍紅綃刀僧子辟婦氣猶豪

僕歎

春日苦犇去風雨逐背後夏日汗被體流離侶塵垢
秋日天氣涼結鶉衣露肘冬日手瘃重呵冰罵形經
索力耶得甚百役未有苟身賤不必惜謹勝勤多苦
晨旦窺意旨唯唯從否否鋼口得不逐作惡敢偶有
受恩顧被驅奔當作難狗憶昔齒八九亦是貴人子
香美餐肥鮮熊羆雜紈綺指呼媄左右責罰視悲喜
歡來難覺憂聽謂可永恃一夕環不賜阿父帶三褫
珠桂來日難貨兒作奴婢稍稍得溫飽愛惜非由己
奢侈終必亡敗步已晚矣悔至反望辱詈不進畀鄙
我生雖不辰亦顧作門楣意當大有望而乃以至斯
飢腸日鳴轉寒骨如對枝思家目淚落一尺垂涕淚
主人避不祥印使怒相答哀慮從中來父母遠莫知
寒日昏破牖孤築與寒敝帷顧作階上草尚有風吹
之悵門悲且睡忽夢少年時

仆叹

一八九五年

春日苦奔走，风雨逐背后。
夏日汗被体，流离侣尘垢。
秋日天气凉，结鹑或露肘。
冬日手如僵，呵冰骂衫纽。
索力那得憩，百役未有苟。
身贱不必惜，谨胜动多咎。
晨旦窥意旨，唯唯以否否。
糊口得不遂，作恶敢偶有。
受恩愿被驱，本当作鸡狗。
忆昔齿八九，亦是贵人子。
香美餐肥鲜，熊罴杂纨绮。
指呼娱左右，责罚视悲喜。
欢来难觅忧，臆谓可永恃。
一夕环不赐，阿父带三褫。
珠桂来日难，货儿作奴婢。
稍稍得温饱，爱惜非由己。
奢侈终必凶，改步已晚矣。
悔至反忘辱，誓不逃卑鄙。
我生虽不辰，亦愿作门楣。
意当大有望，而乃以至斯。
饥肠日鸣转，寒骨如树枝。
思家目泪落，一尺垂涕洟。
主人避不祥，即便怒相笞。
哀虑从中来，父母远莫知。
寒日昏破牖，孤檠照寒敝。
愿作阶上草，尚有风吹之。
枨门悲且睡，忽梦少年时。

幾回竟使　聖明惜民力諸君何以答涓埃

胡城〔塵〕陽斷鳳凰城鴨綠江頭壘氣橫頗願雄軍移塞

外竟將大事屬書生蔡公勇辦令為尉趙括空言豈

解兵不道歸來愁棄甲當時猶說亞夫營

陽樊猶戴古時天肯築降城萬里邊幾日假王嗟漢

吏百年中土辱朝鮮但憑義氣為軍實誰達忠誠到

擬少陵諸將五首

一從鼙鼓撼邊疆火急軍書日夜忙見說先機蒙政府幾聞裹革誓沙場無功半屬遼東豕能食空騰塞北驤豈是匈奴真善戰于思謳起太倉皇

中興威望重雲臺坐視鯨狂海宇摧未老馬援偏懽
秋和議泥絳本無[illegible]綱前羽數聞三至海上蓬頭望

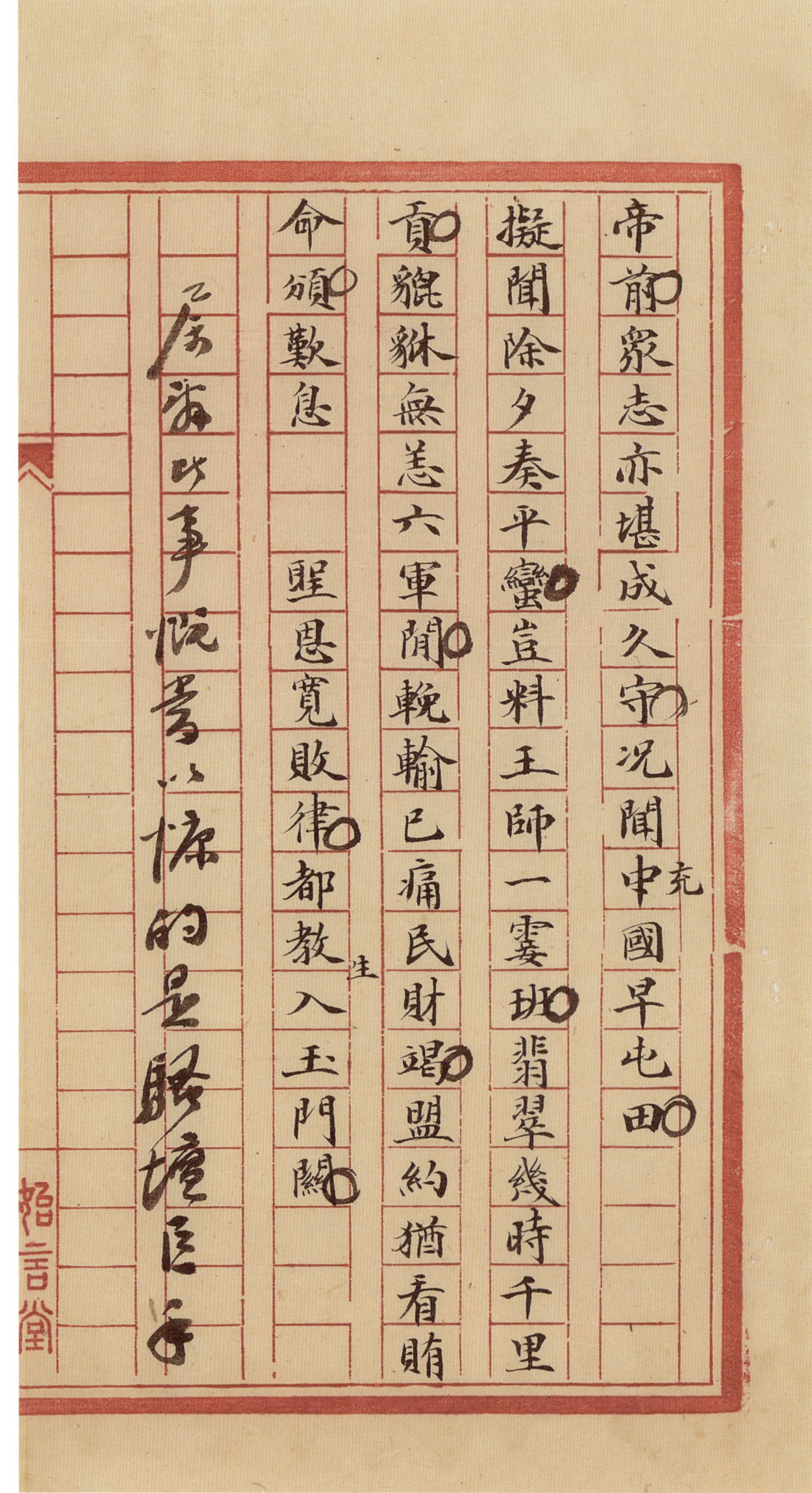
帝前衆志亦堪成久守況聞中國早屯田
擬聞除夕奏平蠻豈料王師一霎班翡翠幾時千里
貢貔貅無恙六軍閒輓輸已痛民財竭盟約猶看賄
命頒歎息　聖恩寬敗律都教入玉門關
乙庵論此事悅書以惊的是騷壇巨手

貽言堂

拟少陵诸将五首

一八九五年

一从鼙鼓撼边疆，火急军书日夜忙。
见说先机蒙政府，几闻裹革誓沙场。
无功半属辽东豕，饱食空腾塞北骧。
岂是匈奴真善战？于思讴起太仓皇。

中兴威望重云台，坐视鲸狂海宇摧。
未老马援偏惧敌，和戎魏绛本无才。
关前羽檄闻三至，海上旌头望几回。
竟使圣明惜民力，诸君何以答涓埃。

胡尘隔断凤凰城，鸭绿江头墨气横。
颇愿雄军移塞外，竟将大事属书生。
蔡公勇癖今为尉，赵括空言岂解兵？
不道归来愁弃甲，当时犹说亚夫营。

阳樊犹戴古时天，肯筑降城万里边。
几日假王嗟汉吏，百年中土辱朝鲜。
但凭义气为军实，谁达忠诚到帝前？
众志亦堪成久守，况闻充国早屯田。

拟闻除夕奏平蛮，岂料王师一霎班。
翡翠几时千里贡？貔貅无恙六军闲。
挽输已痛民财竭，盟约犹看赆命颁。
叹息圣恩宽败律，都教生入玉门关。

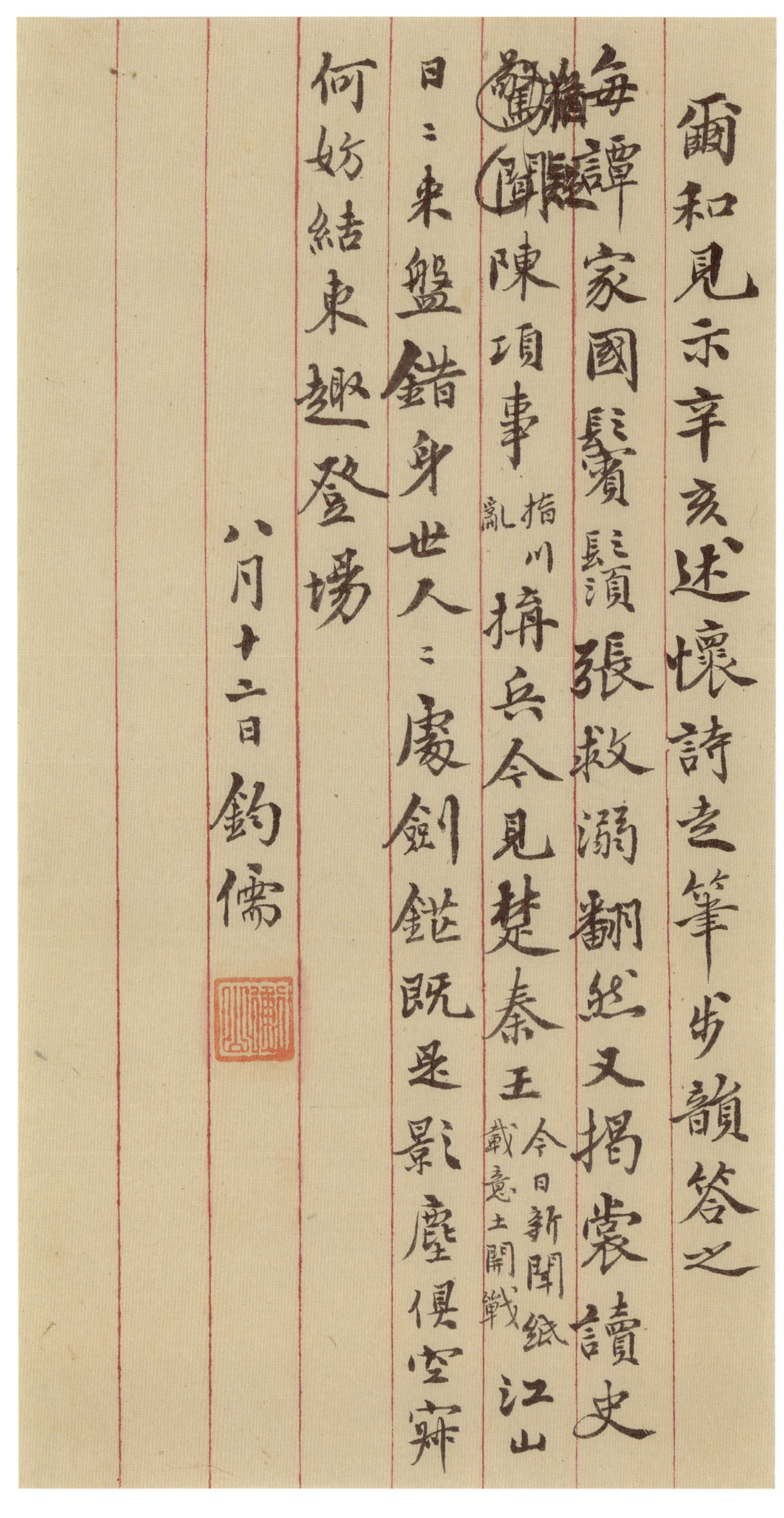

爾和見示辛亥述懷詩走筆步韻答之

每譚家國鬢須張，救溺翻然又揭裳。讀史猶厭陳項事（指川亂），擣兵今見楚秦王（今日新聞紙載意土開戰）。江山日日來盤錯，身世人人處劍鋩。既是影塵俱空寂，何妨結束趣登場。

八月十二日　鈞儒

尔和见示辛亥述怀诗走笔步韵答之

一九一一年

每谭家国鬓须张，救溺翻然又揭裳。
读史犹疑陈项事[①]，构兵今见楚秦王[②]。
江山日日来盘错，身世人人处剑铓。
既是影尘俱空寂，何妨结束趣登场。

八月十二日　钧儒

【注解】

①指川乱。

②今日新闻纸载意土开战。

丁丑八月謝職南還感賦

海上驚濤起急湍，寸心無計可求安。年々報最虛名誤，在々依人隨分難。塵世本來青眼少，宦途肯爲素餐寬。不甘驥老空嘶櫪，奚事徘徊蠛蠓官。

回首蓬曹日下時，處膏芾潤影衾知。謀生計拙成孤注，投老途窮失故枝。應有綈袍憐范州，恨無靈藥乞安期。滿腔熱血何從灑，一夢心先鐵鳥馳。

十一州重游泮水曾口占即席六絕戊寅五月客居無俚謹次元韵

髫齡几硯日相親，我亦堂前問字人。博得重闈長䣙齒，含飴已樂一家春。

憨娓秋風鎇鐰年，愧黄同踏着鞭先。觀光枉學邯鄲步，白蠟明經祇惘然。

臣州當年玉汝成，風塵湯自感浮生。齊東冀北多青眼，浪得人間小阮名。

椿庭失蔭有餘哀，猶憶隨軺關輔來。教誨提攜情似昨，一懷舊事一裴回。

芹尊重酌酒同溫，此是饑羊告朔存。百歲坊前湖一曲，應知不數老人邨。

那堪鼎沸起中原，擾攘何殊燕雀喧。骨月幸存離亂後，松楸無恙念家園。

丁丑八月　谢职南还感赋

一九二三年

海上惊涛起急湍，寸心无计可求安。
年年报最虚名误，在在依人随分难。
尘世本来青眼少，宦途肯为素餐宽。
不甘骥老空嘶枥，奚事徘徊虮虱官。

回首农曹日下时，处膏弗润影衾知。
谋生计拙成孤注，投老途穷失故枝。
应有绨袍怜范叔，恨无灵药乞安期。
满腔热血何从洒，一梦心先铁鸟驰。

十一叔《重游泮水》原韵

一九三八年

十一叔重游泮水，曾口占即席六绝。
戊寅五月，客居无俚，谨次元韵。

髫龄几砚日相亲，我亦堂前问字人。
博得重闱长輾齿，含饴足乐一家春。

惭愧秋风氍毹年，槐黄同踏着鞭先。
观光枉学邯郸步，白蜡明经只惘然。

臣叔当年玉汝成，风尘漫自感浮生。
齐东冀北多青眼，浪得人间小阮名。

椿庭失荫有余哀，犹忆随轺关辅来。
教诲提携情似昨，一怀旧事一裴回。

芹尊重酌酒同温，此是饩羊告朔存。
百岁坊前湖一曲，应知不数老人村。

那堪鼎沸起中原，扰攘何殊燕雀喧。
骨月幸存离乱后，松楸无恙念家园。

寅甫二哥共向清凉寺借僧衣攝影賦三絕句

換了袈裟共不休。趕來困到竟何求。堪慚五十成何事。一晌人間作馬牛。

自家面目自家知。披得僧衣即是誰。堅持拄杖徒色相。登場傀儡本如斯。

聚散人生可草萌。枯榮世事一棋枰。到頭粉碎空虛後。何處浮塵覓來之。

參議院用箋

实甫二哥共向清凉寺借僧衣摄影赋三绝句

一九二三年

担子双双共不休，起来困到竟何求。
堪怜五十成何事，一晌人间作马牛。

自家面目自家知，披得僧衣却是谁。
竖指拈花徒色相，登场傀儡本如斯。

聚散人生百草萌，枯荣世事一棋枰。
到头粉粹空虚后，何处浮尘觅弟兄。

天姥金庭住玉宸，太平仙侣寿莊椿。甘旨從权
人間奉，兩少依然海鶴身。（先生夫婦居上海不輕離城市）
將軍牙纛久飛騰，閥閱堅年氣奪坰，自無鯉庭
崇樹御纖時代，獨母知興。（首紀翊從武肯學先生昔令曉初就學）
從來勤儉家風蔬，除害頻付手，勅書山中更
堪語海內慈雲謹，鏈御鄉閭。（曉初兩任湘東基姻賢弟先生每愚素好）
華筵今報蟠花紅，鈴閣清雲瑞氣融。（及之）一樣萊
衣稱兩州，使君那與庶民同。

參議院用箋

癸亥十月 浯江杭書簡堂
王太夫人七十榮壽賀詩

贺张以柏王太夫人寿

一九二三年

癸亥十月张以柏封翁暨王太夫人七十双寿贺诗

天姥金庭住玉宸，太平仙侣寿庄椿。
甘旨纵极人间奉，云水依然淡荡身[①]。
将军牙纛久飞腾，闻说髫年气夺堋。
自是鲤庭崇射御，识时非独母知兴[②]。
从来勤朴爱鱼蔬，除害频传手勅书。
此事真堪跨海内。慈云叆叇遍乡闾[③]。
华筵乍敞蜡花红，铃阁清虚瑞气融。
一样莱衣被两浙，使君那与庶民同。

【注解】

①先生喜乡居，足迹不轻履城市。

②省垣刱设武备学堂，先生首令暄初就学。

③暄初两任浙东禁烟督办，先生每遣书必及之。

小樓作畫不似畫，以手捫之疑有痕。元旦落筆起突兀，峥嵘能寫怒濤翻。懸之獄壁海氣淫，晴窗閤淪失朝暾。春風翩然忽滿眼，幽梅着蕊吐奇馨。疏疏點點復斜斜，瘦幹中貯冰鐵魂。丹青狡獪擬造化，意之所注操則存。吾聞昔有流民圖，把挽現實鳴寃方。今國難日蒸迫，何不咨嗟窮其源。社會萬象供素描，一花一水安足論。

第十四句脱煩字

小樓先生二十六年元旦繪怒濤，舊曆元宵後繪梅花，先後以贈韜奮，為賦詩以廣其意，即録求敎正。五月三十一日沈鈞儒識於江蘇高院看守分所

为小楼先生之画赋诗

一九三七年

小楼先生二十六年元旦绘怒涛，旧历元宵复绘梅花，先后以赠韬奋。为赋诗以广其意，即录求教正。

小楼作画不似画，以手扪之疑有痕。
元旦落笔起突变，峥嵘能写怒涛翻。
悬之狱壁海气淫，晴窗暗淡失朝暾。
春风翩然忽满眼，幽梅着蕊吐奇馨。
疏疏点点复斜斜，瘦干中贮冰铁魂。
丹青狡狯拟造化，意之所注操则存。
吾闻昔有流民图，把握现实鸣（烦）冤。
方今国难日煎迫，何不咨嗟穷其源？
社会万象供素描，一花一水安足论。

第十四句脱烦字。

五月三十一日　沈钧儒识于

江苏高院看守分所

廉君建中以自題學士裝小影迫作徵和郵步元韻奉答

塵世浮榮未足誇，幾經猿鶴與蟲沙。海濱湯數南湖隱，弦誦聲中學士家。

平步瀛洲已卅年，何人上苑賦鶯遷。故宮銅狄分明在，禾黍離離祗可憐。

山頭落日已西銜，肆思蒓鱸一片帆。襟上酒痕衣上淚，江州司馬有青衫。

卓犖雄心氣激昂，豈徒標格貌堂堂。魯陽終遂揮戈願，拚飲黃龍三百觴。

廉君建中原韵奉答

一九三八年

廉君建中以自题学士装小影近作征和，辄步元韵奉答

尘世浮荣未足夸，几经猿鹤与虫沙。
海滨漫数南湖隐，弦诵声中学士家。

平步瀛洲已卅年，何人上苑赋莺迁。
故宫铜狄分明在，禾黍离离只可怜。

山头落日已西衔，归思莼鲈一片帆。
襟上酒痕衣上泪，江州司马有青衫。

卓荦雄心气激昂，岂徒标格貌堂堂。
鲁阳终遂挥戈愿，拼饮黄龙三百觞。

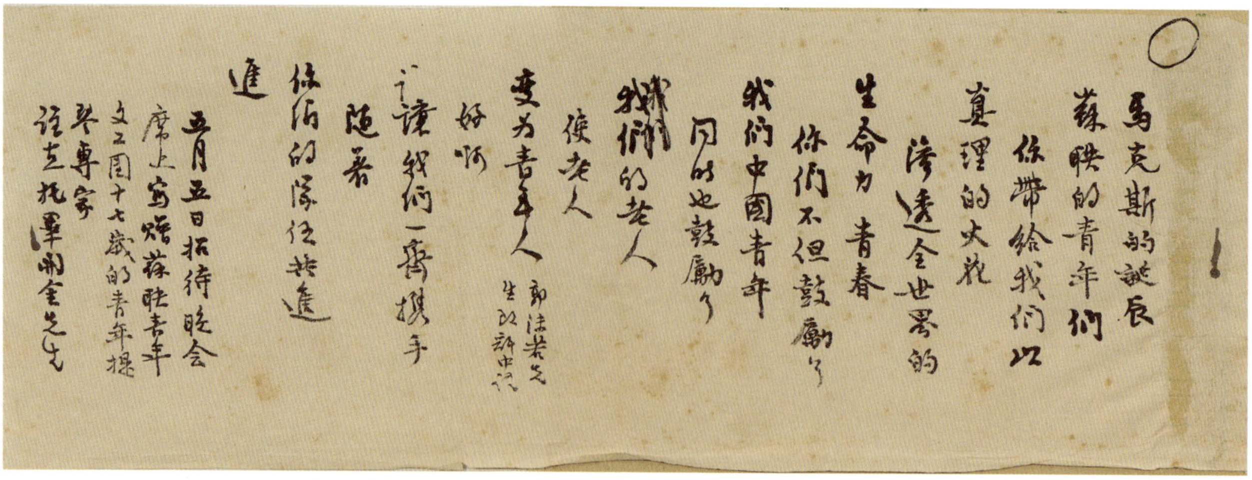
马克斯的誕辰
蘇聯的青年們
你帶給我們以
真理的火花
滲透全世界的
生命力 青春
你們不但鼓勵了
我們中國青年
同時也鼓勵了
我們的老人
使老人
变为青年人
郭沫若先生致辞中语
好啊
让我們一齊攜手
隨着
你們的隊伍共進
進
五月五日招待晚会
席上寫贈蘇聯青年
文工团十七歲的青年提
琴專家
注克托畢開金先生

马克思的诞辰

一九五一年

五月五日招待晚会，席上写赠苏联青年文工团十七岁的青年提琴专家注克托毕开金先生。

苏联的青年们，
你带给我们以真理的火花，
渗透全世界的生命力、青春。
你们不但鼓励了我们中国青年，
同时也鼓励了我们的老人。
使老人变为青年人①。
好啊！让我们一齐携手，
随着你们的队伍
共进进！

【注解】

①郭沫若先生致辞中语

日记

辛酉年（一九二一）

十七日晴 午前寫信七封 午後倉石老偕張君亞白陳君來 從林通來
云言錫書館欲鑄行青銅模 囑余寫定送來 明刻本草韵辨體五
本 精印本字彙四本 草書兩端切要一本 前余今春以該館三號
鉛字樣本 計 紅錄 共八千二百七十三字 忘非三月不能寫成 傍晚至此陽

石芝寶化照相館 大西門外拋球場口 取六祖及憨山大師丹田祖師相片 歸上供佛
曾祖徐州公忌
十八日 舊曆十一日 晴 早起 題印余所藏唐人寫經卷 末行有隆昌二字 右是
寫經僧名 余因有感 成詩 做了一首不相干的付以瑜偈 異偏之
離也 付曰 宮中四佛前。四海建寺祠。皇帝盛力崇。后座隨以靡。於兹寫
經卷。猶可想見之。搞鉢稱死罪。以散歸易黎。是非不必論。其勇直可佩。
一吾青千萬。曾氏子所為。俯仰感時事。千載動鬚眉。午後送六祖憨師丹
田師像片及寫經卷至印余處 出門買物而返 後出訪培老 送六祖等三相片
鑄夫 是日培老生辰與鑄夫偕為之 約三日內宴我 傍晚回 培老謂平生所見相觀以張文達為第一
真是兩耳支射敵人 又謂李不畏者 時有神相之名 如決薛耘老如正鶴形似

久不寫日記日日想寫日日不寫病在一懶年即想追記前
數日事積多則記難僅處一來便欲擲筆起去矣此弊
情況無收功茲決意即從本日寫起不復追憶以省藤葛
心里一定痛快痛快

辛酉十年二月十五日即舊曆正月初八日早起赴北車站送次航內
弟行遲三分鐘車已開行因至倉碩老伯杜府世丈商務書館編
譯所久處一轉歸午飯後出至壇老處值其睡未醒至名達旅館
訪陶孝然以三陶合集還之至於言與看四作文晚赴靜枕齋電
雷赴飯家有花齋東林李俊夫即李達即吹赴溫州船往就中學校長等飯後至招
商碼頭國南輪船上訪鐵錚渠罡房艙十二號詢知尚未返船余即
上岸至中華新報館與季常王頌亭談許久歸寓適十二時
十六日晴早起至真吉里取幻盦寫無作佳佳儀若思思小對花齋來談
偕赴哈同花園午餐西林即錫三作主人為幻盦餞行客約五六十人席
間西林幻盦均有演說溫欽甫識之大話西林所說似係座生某稿子其實

另書楷〻底依行皆王羲之〔?〕年不過五十字而前錄

十九日 晴 寫行書字樣 樣紙較低不就 因字體過一書偏〻

行書字樣因竹孝起然意總不能社會欲迎印書行楷字無論多仿排楷

因其字體整齊勻淨好似覺好看 行書字條則以欹側取勢為多 年

疏〻往〻粗細不一 如寫好後總不適於用 每字上下銜接處一經排印

尤易有不貫氣〻 要向來刻書行體多止用於序跋 至用於正文者大致以

字體比較難認 總不便於閱者 此亦為書籍內不用行書之一因也 至文書

稿從不見有帖體 總亦以字體欹傾難於銜接 又實際不便於閱者 文

接來三書 帖字豪宋自碑帖紙係帖體 臨摹家如印書不宜 無異於以鐵抄印書籍也

草書而誌切必不留者 考帖韻解體一書則係刻書體例 筆畫粗細

一律 字體亦為其借〻 帖毋寧借〻 行楷改掛 一以此書為宗 惟文云筆

畫體取其簡 然意不過簡〻 至則帖矣 且印書終以閱者為便 識為宜 太

簡非宜也

寫大哥書 託代傳換至四作〻處 歸 晚飯

二十日 十三日 陰 星期 朝錄角 午後講演 題為素食〻研究 赴帷共 二千

餘字（另錄） 飯畢二時 趁電車至十六鋪 過至表衣街吉安里源昇莊同

壁朱少屏（沂）家 到者為少 樓下布置古董甚多 點心 炒年糕至四末 構圖

頗佳 客有談上海秘密社會所謂拆老頭子者 中流社會亦有加入 勢力不

小 浦東一帶家多 凡小偷賭博綁票 勞動者多入此黨為青幫〻 文相 余以時晏未及請演 喚車（膠皮）車至西倉橋 四

佰文 萬 晚飯 祝徐州公 樂清公 祖考 劉家大公〻 各言 共錄九大冊 查以李

太夫人生女（祖姑母）名召男十卅〻殇係二月十三日辰時七娘〻生女一早殇十一卅初

生的小名申 又四伯〻云祖姑母與徐州公對突僅餘二子 沈陽門係大伯〻受

業師余有其所寫杜詩一本其子係揆先四伯〻僅記其聲不知果為此

揆先二字否歸家已九時 與罗伯〻借約五十元

次日赴杭為六嬸母称壽歸已十一時四十分 倦不能記以後連日又犯前病遂

至輟筆十餘日之久一懶一貪多也

十三嬸母於十三日酉刻瘧厥身故太倉女僕來云十二日夜開牌十六圈通宵未

睡次晨即瘧厥一次稍后而醒午後再厥遂以不起傷哉（舊曆正月十三日）

陳君文嵩於陽曆三月六日（正月二十七日）星期日午後移寓我家分住房飯費每月十五元另

給僕人工資一元以陽曆計算

三月大日即舊曆正月三十日晴午前十時至盟業銀行與文嵩共收四十五元午（明早偕東去人此止要來往回字）查氏（半稿收條）

後偕閻兒至余君雨卿處候藥即歸後出看雨農（贄子醫室掛而去沙鉄 立十佛集初作者誠負）慈念（五庄以佐两三叁拟小梅〻与 王姓此谈卷钓待往驗其為）歸十時矣

是月共借罗伯〻又五十元鍾夫五十元大哥蘭生曾付款三十五元六角文嵩四十五元

租僕保還去年之五床扣一元二角以後每月只須付五元二角

十四日晴午後寫信報載叨林於昨日失陷

商務書館約寫行書字樣以五個月為期酬鈔幣五百元之五月交之以（陽曆三月）十

（月十一日）為姑約之日

十一日雨竟日早起徐君博泉來談厨子索火食甚急而厨文無來家中已無一

之辯護。（德富猪一郎《大戰後之世界與日本》 本多譯本 王錚夫廣德譯）

馬克思的大著作資本論，更將共產黨宣言底意旨加以擴充。資本論所貢獻之處，仍舊作論他自認為證明資本主義掠奪之事實的工具。這種道理非常誇張，不能看作一種純粹的經濟論，不如把他看作一種惡感之抽象譯名。馬克思就是帶著這惡感去看那種用人命來榨出財富之制度。凡讀這書而加以贊賞，就在這種精神，並不在那乾枯無趣的細節，以批評的精神去研究贏餘價值，他就須涉及許多純粹經濟學上艱澀的和抽象的議論。這椿事對於社會主義實際上的真價沒有多大的關係，並且也以非本書所能包含的。據我的意見，資本論中最好的部分，就是討論經濟的事實，因為馬克思對於這些事的智識非常精博，他希望藉這些事實，力將那種堅決的和永不磨滅的惡感注入他門徒的心裏，使他們成為階級戰爭中之死士。他所搜羅的事實，是大多數享安樂生活之人所不知道的。這些事實是狠駭人聽聞的。而產生這些事實的經濟制度，一定也要認為一種駭人聽聞的制度。今將馬氏所搜羅的事實取舉數例，看了這種事實，就可以明白許多社會主義者心中所懷之痛苦。……（事實）如此的性質的事實，一頁復一頁，一章復一章，描寫定命底經論。馬克思自命這理論是由純粹推理來證明的。給熱情的勞動階級中人讀了，勢必激起憤怒；給實際与正義心沒有完全消滅的資本家讀了，也要有點無地自容的悲嘆。　羅素《到自由之路》

元嵩言早出赴銀行時，見蘇州河一帶堆棧於昨夜失火，到行知損失甚鉅，從係一項有二

百卅余萬兩 百七十余萬 前星期據安亭閘張樹屏有破虜消息

十二日 晴 午前出訪李紹之 博遠集出門時李雲復正印承庸告假五十元

渠言賠款案已明內幕 並由捕房速捕縱火暴民去婦之 歸 午飯後晚倫南昌

赴余君雨岫處為診醫室 見濃烟滿天 集毛氣刺鼻 蘇州河附近為未息也 厝

朱代表正月廿八日交給的一女 傍晚仲楷來往

立法家決明此處所謂「善」之真定義 則當知一切法律 祇宜依據

目的 (一) 養成人之生長與伸張 並對於促進此種伸張之制度 俱識確

保其正當之運行 (二) 遏阻凡足妨礙人之個人與其所隸社群之合當發展之任

何事物 換言之 法律之目的 在使人個人與人同體之合當發展 俾身於其他個

人同體正當發展上之必要外 不受何種限制 且人體太小 其危害亦太多 故不

便於立國 而立法家當極力促起國民之感情 並鼓勵之形式之協力 戴柏

森自然適德第一一〇頁注

蓋凡一與起 即有極激動之反對 儀論隨之不出 則此時兩方面之爭已

為利仰範圍 而非為利知識範圍矣 黎明革命心理

十三日 晴 星期 即舊曆二月初四日 早九時七弟來約至陳君秀三處 卡德路雅慶里の作之同事

隨罷而文同訪張晴枝 百壽 長沙人 係文達師之弟 住孟德蘭路武陵[illegible]內 今年六十 去年受十淨戒於京師保安寺 孃云以淨土法門

專誦靜坐功夫 訪丁桂樵長談 歸家 夜作文當出 洗浴

十四日 晴 午刻至北閘橋邊尋小嬌 母靈柩自太倉來船 沿浜走不通 後至新

橋挨於身乃上船一拜 赴電車至十一號處 作通碩午 接醫生處 請其往視

馆 中行[illegible]已十二时矣

十五日 晴 九时五十分赴北站 不久小孺母云极还良妣云 赴参上坟 至均益里衖口

遇秀东洪敏纶 即赴一品香访达斋 據云因金铸闻你闽盐纠合款均已

没有 此京财政竞我破产不可 公使团已向当局警告谓凡向以闽盐作

抵押之项借款须另觅换保云云 十二时事始出 午饭毕即归 挈闰至云岫处

归 又出访发予 渠意甚乐观

十六日 晴 午前访达斋 青箱归 午饭 午后申水换来 失世碟卷等件 又铸

夫来访

十七日 晴暖 午前访培老 归午饭 培老约再隔二十日去取 承写之件 仲模衣

快车赴杭 至车站送之 晤十一妹 即归家

十八日 晴暖 午后偕闰至余西岫处 晚饭 赴商馆 夜编字模字

十九日 晴暖 可穿夹 学生王家燕 钱范来 以肃有青二块见赠 因挈小菊闰

又菊同至城内 以一块呈[illegible] 又留午饭 后趁电车至余医处 闰又菊均请其修

察 即归家 旧历二月初十日 夜编字模单字

二十日 星期 晴 午前单字编定日 午后及晚间继续写字

二十一日 晴 竟日写单字 夜饭后送往妹通处 适出门未晤 即归

二十二日 微雨 访李寓 午饭 出后傍晚至印书处 等候即归 晚偕苏亲门

二十三日 微雨 午后偕闰又菊至西岫处 [illegible] 是日晤妹通 菊生 朱家甫 [illegible]

弟归已十一时 夜大雷雨

二十四日 早起雨 午后至商馆 [illegible] 行所三楼出纳科领阳历三月薪一百元归

後至十一姊處夜五弟邀飯十时後即回家
二十五日陰午刻至買士處長談夜偕小菊出洗澡
二十六日陰三时赴省教育會聽狄雷博士講演 美国勃郎大學政治社會學系主任狄雷博士近由滬江大學敦請來
華講演今日係江蘇省教育會中華職業教育社中華新教育共進社合請四月二日下午三时為係講演与今日共為二次也 秉為共和之教師口譯者
係鄭莘成順道至四仿文處腳肋痛已念十之八九夜飯後即回家
二十七日星期陰午前出剃頭並至朵雲軒補劉子卷於子午後三时赴家庭
日新會未畢即歸
二十八日晴午前至商館取印序朵雲軒買對即歸午後至十一妹處乞代寫送王一
亭雨亭竹亭三君之母趙太夫人八十壽聯「嘉會集親賓喜醴樂欽新日之」
金園盛桃李繁陰兼彩舞年年之 王母共生三子六女玖家有四代計六十餘人 余与竹亭先生同为家庭
日新會會長姑上聯云並歸家後即赴小南门内為家滬梓園孫壽康係李青福田
庵所做甚可口園内亭池花木亦甚可觀係席即回後至拉言碼頭乘綜輪船送維
穀為未上船至衛生旅館亦未遇歸家已十二时矣
二十九日晴早起訪鑄夫 擾云日本有一男子達摩倖雲其身著作甚多已十餘年有書坊欲以十万金刻其所著之書白係消夫之萬以地权公有事詢其是見答云人不過生物之一既經之生物一概平等則草木鳥獸亦應享有地权之一部若行公有主義而徒限於人非木無言不能鳴其不平鳥獸等則能知之必有以之然後始为公於本母付云之 培老云湖南李森 早晨為至倉頭安仁處 徐蘇昶 叔佑文字子臨東陽師範生 代替之赴自杭来談
耿音陶治同身 陶淵明之弟音書有傳 已託人往振監 歸午飯午後至雨岫處買葉順路書弟歸途至印泉處一轉晚寫
霞湖南自滬來见書信 接菊陵歷十二月三十日自德國國庭杯弟四次所寄今日陰
歷二月二十日也弟一弟二兩信送来到杭極之晚至雨岫處請教菊信上所寫德文
地址

三十一日晴午前繕寫行書字訂午後寫萊兒信致玉松京以余電以唐一本

四月一日陰雨即舊曆二月二十三日午前寔士來談午後玉松而爲介侯偕赴

外擺渡橋埃黃浦路神查飯店隔壁之美國書作館取得菊弟二弟四弟五人歸

信仍不見弟一佛信夜飯後往視大姐即歸

二日雨林趙宇收白元午後三時玉卿汲德內 在河南路過去北京路与四川路交叉處 往取票於爲未來玉

兩岫處取藥後趁電車至城內羅伯乙之小弟各日山嬉毋六七延僧家禮懺 申時正開

送寓用圖以三之交 金生家扎明日送往 天里即回家

羅伯文處有隸篇一書道光時（十八年）羅文永纂刻杭州許槤先篇

首二字其目次内夏承碑下注云曰世所傳者以明康曜摹本此剣金陵張

芷原復純依宋本重刻爲首是藏伐書摹本又鈐一印曰乾隆甲寅江

寧張復純庸之皋香昆摹宋拓本其字無一偽謬之字庸俗氣初唐

本遂勝金摺徐松琴少尉方震贈本

至廣州兄泉光精華六冊手鈔一過現存姊通處

查冀甫燕似姑丈家所藏呂晚村硯本蔣氏寶藝出物余多方覓之昨

仲弢弟來信附有陳鶴廷段甚弟季廷書摘云查氏現住無錫此硯前在

上海海防廳時即為朱竹石處僕人偷去已不勝可惜

三日晴星期午後偕闰兒送孟好小菊又菊赴一時五分車赴蘇闰安亦同玉大戲

園看影戲天星始歸股未出门

四日晴午前玉卿為取百元又玉寶代取翻印六祖惠山大師母同詳師為照片歐

陽石芝君謂凡來印佛象者每張加贈一張以廣流布云過萬國儲蓄會存半會

内六千八百两四佛付付四月份俄洋六元归家午饭午后偕闺觉往中华储蓄银行（顺道看丁福保送六祖四片六十一纸）
付弟二组存款甲种三四两月共六元至竹器店请定做竹书架不取又同往访印宗
培老未进去俄衡复夫不在申遂归七时到车站接孟婷大姐亦在车来未
归回家晚饭十时又往车站仍未归
五日清明节午前送佛家（先至铸夫处）（印六祖分存）与侯晴枝顺道看印宗午后访培老门簿
为未见如取回归家后挈闺至印宗处宝记（看相片）万国储蓄会（挨存学费）青由处
知孟婷已归遂回家晚过清明节拜供
仲华二姊借二百元一分利五月底还次弟借二百元分半利五月廿七日满期
戴老太太借二百元
六日（雨）午前写二妹次弟信午后达斋来谈云见卿在德收来信每月用一千马

克已叙代印宗赴六祖慧师分序共五十七张七百六十八字一个钟头写毕四时至
十一姊处又买代射白凤丸寿天里始归晚写菊胜字弟二佛代附张镜西太奇
仲楼弟兰如名代（是日汇之万由浙江兴业银行以银六百元合银四百三十三两七二购马克一万六千〇四十七八二汇至德国汉堡地方转寄国廷托总银行中人云本日恰好有船开）（汉堡华昌银行）
七日晴午前至铸夫新闸侯生处均不遇归午饭午后赴郭问作句取仲楼家
三十元又至拍高内中华储蓄银行四时至印宗处安有朱湖卿侯生式南铸夫
诸人晚饭后谈至十时始归
八日即旧历三月初四日晴早访新门路侯生处请其题内簿及所碑归饭
午后赴美国书信馆取内菊弟一佛信又至拍高内至集成药房遇见孟婷换
大姐又菊美在请黄琼仙诊治（代病）（又菊患小便疾）余挈美孙至宝记拍照一张即借

九日早作文若干七时三十五分快车 王季民 十二时五十分抵杭 杭站不车
站相候下车即至吉羊里萸初有病余即出门访孝丝寰士（清泰二湖滨 索兵清单）（叔梧）劫生偕人
均未遇晚未生（云楚生有信云又乘车去）（作后当分离粤）叔夫归见案有劫生孝丝片又出访陶萱侯
未遇晚陈埜佳逸甚佳文嵩万任职区久一笑明日出公事 归又出访萱陶（晚饭然之翘未谈）
笃生晚不遇归寓作
十日雨（星期）乘轿出在谦旗处午饭天黑归叔夫来谈十一时始去写日记即睡 昨劫生
亭作次九马一序谦旗偕之陈子式幼山不值 静山侗斋出门并足病未晤
马君一序以周子敬为善之一实屡为余言谈子知敬的往脚又以知之未尝从行
引伸余数子不敢过之谈深恨全意
偕之佗为其弟兰华谋教员 吾约转华叶

叔夫约后早九时至白衣寺传道并劝余抛弃十二段锦工夫以为人生之气须
顺自然之序而行不宜以意识令其流通转动又言色塵之心自生（有）感性初
习静坐时偶尔发作心似静止实亦作色塵作用不能即认为定
十一日雨午前晚往惠芳使侗斋静山（侗甫赴德 清未见）在笃生行内吃饭写信午后晚始归
仲贤偕之厘才访子才文叔未见晚林翘溥尔久钦来谈 十时半工士访寰士尚未归
萸初处坐甚有郑苏堪书王介甫赋杨子云诗（史官）自女嫁多闻自古喜穿凿 近今
谈道甚多喜谈儒谈佛昔以为亦穿凿也
十二日晴访寰士已起早车回沪矣九时到白衣寺晤叔夫之约晚于成廷柯劢
叔回寓午饭午后晚茶先子九字川（子材）谦旗晚早睡
十三日晴早楚翘偕之吴兰荪来谈出访数人即在彼午饭午后晚（墨君）静山沈培之郑睦

伊谷夫甫谭翔已悉仙英仙恒（朴甫叔甫均未遇）徵甫叔大　归夜饭出访劫生已睡访曹月江服后十时回

十四日晴出访劫生京伯次九酉仲颐士鸣定侯羽生同庄奂伯叔夫平夫（来本斋午饭）夜十一时归

奂伯夫妇与其二子专修佛法持名诵经不读他书一女在师范学校肄业亦茹素

奂伯云陈陵寺在松茅场石崖有沈叔人先生书孙陵经全文近居士等拟延高僧来

主持此寺又云暹罗全国人民均受五戒有遇之食之僧切延入家中尊敬傍神

徐君傅泉云彼处有一专治疯狗咬之异常灵验但秘其方不肯传人（两雷胥云胡适之患

糖尿病状卜乐云西医为之束手明能治此病断根之药品待有中医某教以服党参黄芪不食文

罢葛甫姻文均以误服黄芪不幸附记于此）

杭州访车每向新街送封闭一条可行二角

蔡谷卿弟有传其你与汉武同病者

同庄云培表弟可刘嘉兴

商务书馆之『近世思想潮刹』中华书局之『思维术』须难来一看

第一师人数不足额八成第二师则仅对补第十师之师人数比应有之数为有增出

第一师全年六十余万第二师全年七十余万十师之饷每月十五万七八千元一二师军食亦峰

以银元计四师十师以此为例以银两计故其数相差甚远

本年经临教育费经减七万元

士衡为余别去服自小粒云其中有虫

十五日早已饮马井巷蔡宅吊唁陆公使王子缘陆作之访仲谋英先均赐静山竹侠湘帆

作主人邀赴城站聚丰园午饭宴为胡俊卿龚贤初冯仲陵等午后偕叔夫平夫同步至

钱塘门外茶楼五时始归途遇周子由知在华宾饭打翔牛夜与葛织夫同饭楼翅

本日時事新報有葉公[illegible]日本[illegible]

中有數語摘錄如下　我要大聲宣言道「世界要從愛生的，要靠愛維持的，要向愛

運動的，要進入愛裏的」「存在的一切衝突在愛裏就沉没了，他們自己並且都消失了」

「我們的心永遠安適，若尋着了愛，便有了止境了」「在愛裏面[illegible]失卻調和了」

十六日　雨　午前訪改和平甫　午刻爲伯約往青年會眾聚歡迎日本早稻田大學教授内ケ崎

作三郎　席次演説未謂「中國和平東亞和平　日本應負此維持責任（柳）　日本一國力猶不足　將連同英

美爲之」聞之判戰使人不安　四時出　洗浴　夜爲伯約平甫孫夫婦過　織夫共往談　至九時始散

内ケ崎謂美國之社會學心理學生物學極發達　又謂日本人之在加州者少　與同化於美國

十年之後情感必能融洽　此事自然解决

織夫遇一美國人批評該學生在通州任教六年之缺點有四　(1)不内行　(2)有二十二

三處公司學校均由張氏自己一人出名管理　不獨無法於將來實增危險　(3)經濟力

爲文給人道主義全無研究　(4)織夫定之

本日上海民國日報載有西人反對工部局頒禁文一篇　頗多滑稽

八日　宗菊聯三信内告以「注意胸腺與身長關係　能否於胸腺未消滅前設法

保存或補益之」

九日　赴杭　車中覺得車窗兩旁及窗葉之[illegible]出處貼廣告甚妙

十七日（趁七時）早車九時半抵禾　恰係星期日　仰先在校　即留午飯（蘭姐同其陸氏表之來　未尋之　至東門旅）

偕同飯　蘭在校　爲好在二年級甲班　午後偕蘭姐至南門　欲往允嬪　余以文叔字四幅　嘉植聯　飯後仍

返中校（古農來中校　因余至南門未遇）　是日午後始轉晴（廿三日補記）　晚方叔府　余主張上面南窗

十八日　晨後七時辭仰先　并爲蘭姐請假　至南門坐毛本船（船錢一元二角　飯錢二角　酒錢二角）　走

王香塘振陸任滄辰詢 先塋楮柏全雜草（臨行給八元）去歲要六畈所補杉樹又枯

四株今春補種不損一株甚好祭掃畢順道至就近入茗一杯回船至海鹽塘

到東門車站抵二時三十分與蘭姊同往小湛（芊樓）飲旅來余因至物巴一轉遇汪志本

赴游藝場未晚遂出城四時半上車 領弟蘭姊均送至車邊七時抵家即回

家晚閒未出門

十九日 晴 小嬌母今日在西門內關帝廟設奠 早仲樸子頌來 從送伊至關帝廟安

有肅茹子振合僕諸人余途遇雨雷告知弘一師（俗姓李即前在師範教授圖畫音樂法名演音）寓斗姆

閣因入訪之知晚須赴溫州任職畢余趁雨車至孫華旅館晤秦合僕後訪雲

雷東茹遊至陶樂春晚飯客為甘子言（四川劇湘代表）張之方（晨報主筆）姜亭佛蘇王博沙旭初諸

人飯後又至新新旅館小坐即回

二十日 晴 訪合僕弘一師起遊（件）均未遇 至沈仲卿處之集年墨文至書房十二株仲

樸弟處歸晚飯

二十一日 莫氏鎮鎮來從午後至壖葵西林即余處歸晚飯後出至翔文妹通雨樓

（長途飯馬霞路口長崇里明東門）李宇文處 晴 睡者圖書

二十二日 寫王仁山訪弟信 午後出訪青翔未生 首羅成鄧州寅雨雷罷仍又至

五洲華房購牛痘苗一枚（三角） 訪達夫（伯衡未遇） 孫收齋代麵一碗（一角二銅元）訪妹通未晤遂

回家寫信八封 晴

二十三日 陰 微雨 午後三時至江蘇省教育會聽狄雷博士講演 翻譯郭秉文

君（演講指要錄後）寓中文告与來不得已訪李宇 似三十元 歸次贅妹通晤杜

郭秉文報告謂狄雷係全西以法律學會會長演說一係行權之衡於以全美

……在以力圖保全主權為全國政治方針……統一國須權力尤較知識……凡多數人民對

於國家觀念甚為薄弱之國如能集合能不能即認為真正的國家……中國能明瞭

國家之味之人甚為少數……中國不使一一至母一言統二者與有之衝突三情平衡穩

四又有國際之利用挑撥……凡倚賴希望別一國為之幫助者國必不能有振興之

望……教育對閱讀者文出版物甚多之機關如商務書館等皆負有一種責任

即注意喚起全國人民對於國家之思想……中國有家要於四衛生教育經濟（並達成）

政治……男女必須受同等教育……英文為輸入文明利器須注重以提高……重科學

……須編普通容易明白的關於法制一類書籍使流播全國……凡不注意教育兒

童是自制弱其種族將來之發展力……（二）逐年宜教育資格與財產資格

並重大宜仿照美國選民須自己親名簽字制度

郭秉文言檀香山新有一種大學計劃擬廣收華人前往暗中實含有抵制日本

之意思　秋間開萬國教育會郭君須代表前往

二十四日陰午前寫樾園信杭菊駐四姊信午後寫一封信代湯安予怕極三時正

郵政但向家信擾郵局人言今晚恰巧有船放洋文正寫記找帳即趕赴家庭

日新會黃膺白演說已畢余被推編輯負歸家晚飯寫家信九信

為文菊存款三元在江蘇職業學校附設之職業儲蓄銀行每月二十四日由銀行派

人來取每月三元定期十五年

二十五日雨中華書報湖南省憲全部發表午前仿恒來談下棋一局午後

丁貴樵王特翹來談寫趙夷午劫生文欽大有三東楊信

丁君言段合肥閱丁福保所著佛學撮要頗感動已茹李余竟丞書速
肄業實者今札前記羅素批評為之斯資本論之旨丁君則云無
徵不信聖人之言良不誣也

去年假期易放後一日晤歐陽石芝君集云可惜此不起假期來。集往前
常來實行念佛。余勸其用力念佛。集每答以實在忙不過來。現在我想問
他一句話。"現在到底還忙不忙呢。"歐陽君此說極好令我不能忘

看住於人臨觀明鏡。纖毫髮可鑑。身在鏡外。個住則自聞自得。念到
心境寂然時。祇覺上下四方。俱是佛音流暢。彌滿無際。却如入水浴渾
身浸潤在裏邊。一一毛孔都含樂趣。

入手工夫一錯。或不切實。等於以漆之物一般。後来無論如多少回工鈍是
廓起。不如根本的刮去。從頭做過工夫。方能日一寸是一寸。

一日晤塔老。我言好比潮流湧不可遏。塔老太息言帶魚不曾魚、却是順潮
流的。千頭萬緒。後来看他都入了網。我謂塔老此數語有詩的意境

咸豐紀年六月初十十一日江東老布衣已世自記之 初十十一連記兩日見石印本倫青十二絕句

靈魂輪迴等問題及科學家亦能以學理證實之世間男女的關係家族
的關係人生苦樂的問題及其他社會一切組織此將根本受一大打擊

燥迦和尚湘人日本士官畢業生已出家二年在南華寺遇之云煩惱曾
未[illegible]淨矣雷川君為信甚[illegible]熱心傳道去年告我云枯寂難堪矣伯
夫婦同學佛法一心堅牢覺其已能了知娑婆是苦而亦未必悟到信仰

二十六日陰[illegible]白来談留午飯午後訪丙農暢談至印泉處晚飯後[illegible]
百元歸已十時㕥岳軍復生芸石約於二十九日午刻假座彦文義路一〇六
號到並何寓處公讌西林令年西林六十一歲也（三月二十三日生日）
二十七日陰仲樸来留午飯閱報寫信致衡三时半至和民坊返已天黑（还嬙母三十元）
二十八日晴早至青箱處已其代寫後協和校長代印在彼午飯午後訪秉甫返
三十元後至商務書館等處買書即歸夜青箱来 印泉適至明日公讌作罷
二十九日致祿代仰来談早至和民坊晚至拈高乃古墨齋（如琴妹云有一種無毛作的筆非常之好）
三十日晴午前寫信數報午後至倉碩者拈高乃印泉各處並剃頭
五月一日星期午前仲樸来談午後偕敦夫同訪雲持不遇即返 舊曆三月二十四日
二日兩午前仲樸持徵文啓稿来寄大哥信接仰先信知禾中有屋一所午後至

十一州處遇張彦雲談天至黑後至古墨齋一轉即回寓
仲樸有洪憲郵票三枚係平貼在一硬紙上一伍分中印前門座象一壹角中印
午門一伍角中印太和殿上有中華帝國の字下有開國紀念四字三種均一
樣 蔚文函云前月大風擾老北京人云庚子年六月此且起風之日相同 雲
搏之女並未嫁人係定而退婚此我前告人錯誤愧極之 彦雲云暗殺吳祿貞
係李純主使而齊燮元實行 彦雲在二十年前乙未歲曾聞接閱一西人
預言家云後此再過二甲子世界將不了大兵大疫大水大風大旱等凡稱
之天災人禍將無一不備屆時又聞此將有破裂紛亂之害終自立自治此不過
一個國家云之當時我在杭州硤石彦雲往過
三日陰午後出寄菊騤五信至東亞定明晚菜單詩培老却好自禾歸

來。又老師出來晚。翔如長談。歸晚飯後復出回。復東五定菜(因戴老々病，雨農内病)沈浴歸

已十一時半

四日七時赴車站送仲揆。八時至娃通處。已赴銀行。午後送孟晓至長樂里。又回

復出至商務書館等處。買書。小菊閏門去。夜寫字

五日雨。早車赴禾。在中學校午飯。午後看徐家橋金明寺。橋金兩竹。甚合意

特別車歸。同行徐申父君(在車中看點滴；買李漢法理想看六涂男女及兒童無所注意者)

六日雨。寫字。未出門

七日晴。早訪雨雷。留午飯即歸。未出門。元常之云已為祖心在江西往天津

段口永原里鼎之棉紗。歸接上明日即須遊往

八日即舊曆四月初一日星期。晴。午前張君叙庭來談。午後偕小菊赴家庭

日新會在才松園攝影。會畢至馬夷聽家弟唁(新民里六號)並訪吳蓮仙君(安淦)

(湯里一號)歸。知五點鐘東蓀來過

九日早晴。訪佛蘇、艾子(?)妹通之嵩。杜存自嚴(?)雨畏。歸午飯。寫字。未出。徐君

溥泉來贈定海精油四瓶。午後雨

十日雨。午後晴。出訪印泉、慧僧、叙庭(名利棧三十七)、孝嚴(泰安棧四十)。贈佗紙煞度華

(中將西元六角)歸已十時

印泉此次贈叙訴似印律師一次已費銀三千兩。孝嚴云中山偽僑田洪用二

十餘萬元

十一日雨。午後晴。訪慧僧。東蓀、達齋長談。五時始回

十三日晴　做孟婷孝文、蕉僧、黃隱仙醫生文，已集成，葉翁要葉嘱之二份

飯後至和民坊，傳晚回，一日光陰遂如此虚送之，奈何

十四日早車赴禾，在中校午飯，觀運動會，晚餐家宣寓，五時後往南門大街看

一屋，勉強可住，仰先留夜飯，趁八時十五分夜快車返滬　晴

十五日晴　午前訪慧僧，燈九雷東蘇，午後偕孟婷赴家庭日計會，並看羅仍文婦

山天星。今日係星期

十六日雨　理報紙，竟日未出门

十七日晴　寫字竟日未出门　夜赴石小川、盧中嘉招飲，在廣西路新利查

十八日晴　午前訪青霜，借五元，季高借二十元，午後訪石小川未遇，偕孟婷孝文、菊正

兩岫處，歸寓後出至杭商，向和民坊

本日所記係十九日，夜赴石盧二君召係十八日事，十八日乃漏記一日也

狄雷講演未來之中國，有云：美國經五十年之奮鬥，亦曾使受俾多桂珍、若派

華盛頓、哈密爾頓、華出而排難解紛，早為聯邦之集，今中國亦當有此種領

袖，支持國運，謀全國統一，並研究國家制度與公共責任，於是提倡史之而改以

奠國基，文經今後社會教育、平民政治、普通代律等，增加國民之興趣與幸

福，拯救國運，一掃污腐，安之國家領袖不知不識，危而危險，如一國領袖皆受高

等教育之人充之，美國近二十年來不論男女，皆有高等大學之知識，方能共負國

家之責任，故謂此時代中，此人物可充國家之領袖，猶留歐之大英帝國孔克肢

里德上帝之言曰，此後青年救政文如偉大、強大、此世創中國之治，計日可待。

二月

久不写日记，日日想写，日日不写，病在一落笔即想追记前数日事，积多则记难，倦魔一来，便欲掷笔起去，如此办法终无成功。兹决意即从本日写起，不复追忆，以省藤葛，心里一定，痛快痛快。

辛酉十年二月十五日，即旧历正月初八日。早起赴北车站送次乾内弟，行迟三分钟，车已开行。因至仓硕老伯、杜存世丈、商务书馆编译所各处一转。归午饭复出至培老处，值其睡未晤，至名远旅馆访陶梦熊，以三陶合集还之，至招商局看四伯父，晚赴禅悦斋云雷招饭，客有莼斋、东荪、李俊夫即李达，即晚趁温州船往就中学校长等。饭后至招商码头图南轮船上访铁铮，渠买房舱十二号，询知尚未返船。余即上岸。至中华新报馆与季鸾王愿亭谈许久，归家过十二时。

十六日，晴　早起至贞吉里取行严写“无所住”“俨若思”小对。莼斋来谈，偕赴哈同花园午餐。西林、印畅、三公作主人为行严饯行。客约五六十人。席间，西林、行严均有演说，温钦甫讥如大话。西林所说似系廪生具稿，其实可不必也。饭毕合摄一照。散出至民厚里访龙门滇生陈伟成君，略谈即回家。

十七日，晴　午前，写信七封。午后，仓石老伯张君亚白陈君来谈，叔通来云商务书馆欲铸行书铜模，嘱余写定，送来明刻本草韵辨体五本，精印草字汇四本，草书两端切要一本，备余参考，以该馆三号铅字样本计算共八千二百七十三字，恐非三月不能写成。傍晚至欧阳石芝宝记照相馆大马路抛球场口取六祖及憨山大师丹田祖师相片，归上供系曾祖徐州公亡忌。

十八日旧历十一日，晴　早起题印泉所藏唐人写经卷，末行有澄晏二字，应是写经僧名，余因有感时事，做了一首不相干的诗以喻，倡异论之难也，诗曰：“宫中迎佛骨，四海建崇祠。皇者威力宏，臣庶随以靡。拜观写经卷，犹可想见之。抗疏称死罪，咄哉韩昌黎。是非不必论，其勇直可师。一吾当千万，曾氏子所为。俯仰感时事，千载动须眉。”午后送六祖憨师丹田师像片及写经卷等至印泉处，出门留件而返。复出访培老送六祖等三相片、铸夫是日忆农生辰与铸夫借百元，约三日内复我，傍晚回。培老谓平生所见相貌以张文达为第一，真是两眼光射数尺，又谓李石农，当时有神相之名如决，薛耘老为正鹤形必升尚书，杨士骧必做总督，王芾卿无眉，年不过五十皆有奇验。

十九日，晴　写行书字模样纸，数纸不就，因寄叔通一书论之。

行书字模因何发起，侄意恐不为社会欢迎。印书时楷字无论如何排接，因其字体整齐匀净，故终觉好看。行书字体则以欹侧取势为多笔画，亦往往粗细不一，故写好后深恐不适于用，每字上下衔接处一经排印，尤易有不贯气之弊。向来刻书行草多止用于序跋，无用于正文者，大致以字体比较难认，深不便于阅者，此亦为书籍内不用行书之一因也。英文书籍从不见有草体，恐亦以字体断续难于铸模，又实际不便于阅者耳。丈携来三书，草字汇采自碑帖，纯系草体，临摹最好，印书不宜无异于以钟鼎文排印书籍也。草书两端切要可备参考，草韵辨体一书，则系刻书体例，笔画粗细一律，字体亦与其谓之草，毋宁谓之行，故现拟一以此书为宗，惟丈云笔画务取其简，侄意不然，简之至则草矣，且印书终以阅者易于认识为宜，太简非宜也。

写大哥、杏儿信。傍晚至四伯伯处，归晚饭。

二十日即旧历十三日，星期，朝预备午后讲演，题为“素食之研究”，起草共约二千余字（另录）。饭毕，二时趁电车至十六铺，问至花衣街吉安里源升庄间壁朱少沂家，到者尚少，楼下布置古董甚多，点心炒年糕、豆沙末拌汤圆，颇佳。客有谈上海秘密社会所谓拜老头子者，中流社会亦有加入，势力不小，浦东一带最多，凡小偷暗标县差劳动者多入此党，为青帮之变相。余以时晏，未及讲演，唤胶皮车至西仓桥，四伯父留晚饭。观徐州公、乐清公、祖考、刘家大公公各信，共裱九大册，查得李太夫人生祖姑母名召男，十叔叔殇系二月十三日辰时，七娘娘生女一早殇，十一叔初生时小名申，又四伯伯云，祖姑母与徐州公对弈仅饶二子，沈烛门系大伯伯受业师。余有其所写杜诗一本，其子号撲先，四伯伯仅记其声，不知果为此撲先二字否。归家已九时，与四伯伯暂移五十元。

次日赴禾为六婶母祝寿，归已十一时四十余分，倦不能记，以后连日又犯前病，遂至辍笔十余日之久，一懒一贪多也。

十三婶母于十三日酉刻痰厥身故，太仓女仆来云，十二日夜斗牌十六圈，通宵未睡，次晨即痰厥一次，救治而醒，午后再厥，遂以不起，伤哉。（旧历正月十三日）

陈君元嵩于阳历三月六日正月二十七日星期日午后移寓我家，分认房饭费，每月十五元，另给仆人工资一元，以阳历计算。

三月

三月九日，即旧历正月三十日，晴　午前十一时至兴业银行与元嵩告假四十五元，午后偕闰儿至余君云岫处涂喉药即归。复出看雨农明早偕其夫人北上买来回票、真民平桥路张聋子医室后面长沙路百十号渠劝作省议员、慈念，留夜饭饮酒三茶杯深悔之，与王姓者谈养鸡术，经验甚富，归十时矣。

是月共借四伯父五十元，铸夫五十元，大哥兰学费余款三十五元六角，元嵩四十五元。

租家俱（具）还去桌子五张，扣一元二角，以后每月止须付五元二角。

十日，晴　午后写信，报载叨林于昨日失陷。商务书馆约写行书字模，以五个月为期，酬银币五百元，函复允之，以阳历三月十一日为始约之日。

十一日，雨竟日，早起，徐君溥泉来谈，厨子索火食甚急，而厨又无米，家中已无一文，不能不出借贷，为之叫苦不已。

列宁之演说，无抑扬，无修饰，惟以事实之引用，充溢于彼急速而且流畅之辩舌。德富猪一郎，《大战后之世界与日本》，尚无译本，在铸夫处借观。

马克思的大著作《资本论》，更将共产党宣言底量及质，加以扩充。《资本论》所贡献之赢余价值论，他自认为说明资工（本）主义掠夺之实在的工具，这种道理，非常复杂，不能看作一种纯粹的理论。不如把他看作一种恶感之抽象译名。马克思就是带着这恶感去看那种用人命来榨出财富之制度，凡读这书而加以赞赏，就在这种精神，并不在那干枯无趣的解剖，以批评的精神去研究赢余价值说，那就须涉及许多纯粹经济学说上艰涩的和抽象的议论，这桩事对于社会主义实际上的真伪，没有多大的关系，并且也似非本书所能够包含的。据我的意见，《资本论》中最好的部分就是讨论经济的事实，因为马克思对于这些事的智识，非常精博。他希望藉这些事实之力，将那种坚决的和永不磨灭的恶感，注入他门徒的心里，使他们成为阶级战争中之死士。他所搜罗的事实，是大多数享安乐生活之人所不知道的，这些事实是很骇人听闻的，而产生这些事实的经济制度，一定也要认为一种骇人听闻的制度，今将马氏所搜罗的事实，略举数例，看了这种事实，就可以明白许多社会主义者心中所怀之痛苦……（事实）

如此同性质的事实，一页复一页，一章复一章，描写定命底理论。马克思自命这理论，是由纯粹推理来证明的，给热情的劳动阶级中人读了，势必激起愤怒，给宽厚与正义心没有完全消灭的资本家读了，也要有点无地自容的惭愧。罗素《到自由之路》。

元嵩言早出赴银行时，见苏州河一带堆栈于昨夜失火，到行知损失甚钜，仅丝一项有二百卅余万，茧二百七十余万。前星期，培老云，闻张树屏有破产消息。

十二日，晴　午前出访李约之博适渠出门，晤季鸾后至印泉处告假五十元。渠言暗杀案已明内幕，并由捕房逮捕冯启民夫妇云云。归午饭。夜偕兰儿赴余君云岫大马路医室，见浓烟蔽天，焦毛气刺鼻，苏州河余烬尚未息也。蔚弟信来，正月廿八日亥时得一女。傍晚仲朴弟来谈。

立法家既明此处所谓“善”之真定义，则当知一切法律，只宜依据二种目的。（一）养成各个人之生长与伸张，并对于促进此种伸张之制度组织，确保其正当之运行。（二）遏阻凡是妨碍各个人与其所隶社群充分发展之任何事物。换言之，法律之目的，在使各个人与各团体充分发展，除因于其他个人团体正当发展上之必要外，不受何种限制，且人体太弱，其危害亦太多。致不便孤立，因而立法家当极力促起团结之感情，并鼓励各形式之协力。戴柏森《自然道德》第110页注。

盖凡一问题之起，即有极激烈之反对议论，随之而出，则此时两方面之争，已属于信仰范围而非属于知识范围矣。黎明《革命心理》。

十三日，晴　星期即旧历二月初四日，早九时七弟来约至陈君秀三处卡德路惟善里，四伯伯同事，随四伯父同访张晴枝百焘，长沙人，系文达师之弟，住孟德兰路武圣禅院内，今年九十，去年受十净戒于京师保安寺。据云，以净土法门专讲静坐功夫。访丁桂樵长谈。归家。夜偕元嵩出洗澡。

十四日，晴　午刻至新闸桥边寻小婶母灵柩自太仓来船，沿浜走不通，后至新桥堍，始寻得。上船一拜，趁电车至十一叔处。偕过顾午楼医生处，请其往视婶母气喘疾，仍趁十一叔马车同返家。晚饭后，复出访杨秉铨兄自常州来，寓大新旅馆，畅谈，归已十二时矣。

十五日，晴　九时五十分赴北站，不见小婶母灵柩，遇良侄云赴禾上坟。至均益里巷口遇书弟谈数语，即赴一品香访达斋，据云因金镑关系，关余盐余各款均已没有，北京财政竟非破产不可。公使团已向当局警告，谓凡向以关余盐余作抵押各项借款须另觅担保云云。亚白来，偕出，午饭毕即归。挈闰至云岫处。归又出访斐予，渠意甚乐观。

十六日，晴　午前，访达斋青箱。归午饭。午后，申叔携来先世硃卷等件。又铸夫来访。

十七日，晴暖　午前访培老。归午饭，培老约再隔二十日去取题写各件。仲朴夜快车赴杭，至车站送之。晤十一叔，即归家。

十八日，晴暖　午后偕闰至余云岫处，顺道赴商馆。夜编字模单字。

十九日，晴暖，可穿夹。学生王刍荛镇乾来，以虎骨膏二块见赠，因挈小菊、闰、又菊同至城内，以一块呈四伯父，留午饭。后趁电车至余医处，闰、又菊均请其诊察，即归家。旧历二月初十日，夜编字模单字。

二十日，星期，晴　午前单字编定（午后及晚间继续写字）。

二十一日，晴　竟日写单字，夜饭后送往叔通处，适出门，未晤，即归。

二十二日，微雨　访季鸾，午饭长谈，傍晚至印泉处，留饭，即归，晤佛苏龙门。

二十三日，微雨　午后挈闰、又菊至云岫处诊视。是日晤叔通、菊生、朱象甫、稚星各弟，归已十一时。夜大雷雨。

二十四日，早起，雨　午后至商馆总发行所三楼出纳科领阳历三月酬薪一百元。归。复至十一叔处。夜五弟邀饭，十时后即回家。

二十五日，阴　午刻至冕士处长谈。夜挈小菊出洗澡。

二十六日，阴　三时赴省教育会听狄雷博士讲演美国勃郎大学政治社会学系主任，狄雷博士近由沪江大学敦请来华讲演。今日系江苏省教育会、中华职业教育社、中华新教育共进社合请，四月二日下午三时尚须讲演，与今日共为二次也。题为“共和之教师”，口译者系郑牵成，顺道至四伯父处，胁肋痛已愈十之八九。夜饭后即回家。

二十七日，星期，阴　午前出剃头，并至朵云轩，补划手卷格子。午后三时赴家庭日新会，未黑即归。

二十八日，晴　午前至商馆取印片，朵云轩买对即归。午后至十一叔处，乞代写送王一亭、雨亭、竹亭三君之母赵太夫人八十寿联“嘉会集龙鸾喜觑桀铭新日日，名园盛桃李愿随莱彩舞年年”。王母共生三子六女，现家有四代，计六十余人。余与竹亭先生同为家庭日新会会员，故上联云然。归家后即赴小南门内乔家浜梓园，拜寿席系素肴，福田庵所做，甚可口。园内亭池、花木亦甚可观。终席即回。复至招商码头飞鲸轮船送稚欢，尚未上船，至卫生旅馆亦未返。归家已十二时矣。早晨尚至仓硕老伯处，徐耀昶规复，又字子鹏，东阳师范生，代楚翘自杭来谈。

二十九日，晴　早起访铸夫，据云：日本有一男子，达摩降灵其身，著经甚多，已十余年。有书坊愿以十万金刻其所著之书，白浪滔天之兄，曾以地权公有事询其意见，答言：人不过生物之一，如欲种种生物一概平等，则草木鸟兽亦应享有地权之一部，若行公有主义而仅限于人，草木无知，不能鸣其不平，鸟兽等如能知之，必有为之悲愤者，尚非根本办法云云。培老云湖南发现晋陶澹肉身（陶渊明之弟，晋书有传），已托人往摄照。归午饭。午后至云岫处买药。顺晤书弟。归途至印泉处一转。晚写复湖南自治意见书信。接菊阴历十二月三十日自德国固庭根第四次所发信。今日阴历二月二十日也。第一、第二两信迄未到，怪极怪极。晚至云岫处请教菊信上所写德文地址。

三十日，晴　终日编行书字部。晚至叔通处，未晤。过进益里五十二号访寰丞，略谈。

三十一日，晴　午前编写行书字部。午后写菊儿信。晚至招商局余云岫处一转。

四月

四月一日，阴雨　即旧历二月二十三日，午前冕士来谈。午后，至招商局，恳介侯偕赴外摆渡桥堍黄埔路礼查饭店隔壁之美国书信馆，取得菊第二、第四、第五各号信。仍不见第一号信。夜饭后往视大媳，即归。

二日，雨　楚翘寄我百元。午后三时至邮政总局在河南路过去北京路与四川路交叉处，往取票根，尚未来。至云岫处取药，复趁电车至城内。四伯伯在家，今日小婶母六七，延僧众礼忏申叔函属送寓用，因以三元交金生，嘱于明日送往。天黑即回家。

四伯父处有隶篇一书，道光时（十八年）翟文泉纂刻，杭州许梿题篇首二字，其目次内夏承碑下注云，“世所传者皆明唐曜摹本，此则金陵张芷原复纯依宋本重刻者，首题臧修堂摹本，又钤一印曰，乾隆甲寅江宁张复纯，属如皋乔昱摹宋拓本，其字无一伪误，亦无庸俗气，视唐本远胜，会稽徐松琴少尉方震赠本”。

在广州见泉苑精华六册，手钞一过，现存叔通处。

查翼甫燕偕姑丈家所藏吕晚村砚本，蒋氏宝彝堂物，余多方觅之。昨仲朴弟来信，附有陈鬫廷致其弟季廷书，据云“查氏现住无锡，此砚前在上海海防厅时即为朱竹石处仆人偷去”，不胜可惜。

三日，晴　星期，午后，偕闰儿送孟婵、小菊、又菊趁一时五分车赴苏。闰要求同至大戏园看影戏。天黑始归。晚未出门。

四日，晴　午前，至邮局取百元，又至宝记取翻印六祖憨山大师、丹田禅师各照片。欧阳石芝君谓，凡来印佛像者，每张加赠一张，以广流布云。过万国储蓄会存半会，得六千八百零四号，付四月份储洋六元，顺道看丁福保，送六祖照片各一纸。归家午饭。午后，偕闰儿往中华储蓄银行，付第二组存款，甲种三、四两月，共六元。至竹器店，讲定做竹书架，不成。又同往访印泉、培老，未进去，纯斋、俊夫不在申，遂归。七时到车站接孟婵，大媳亦在，车来未归。回家晚饭。十时又往车站，仍未归。

五日，清明节，午前，送佛象即六祖各片，先至铸夫处，与张晴枝顺道看印泉。午后，访培老。门簿尚未题好，取回归家。复挈闰至印泉处，宝记看相片。万国储蓄会换存单。书弟处知孟婵已归，遂回家。晚过清明节，拜供。

仲华，二叔借二百元，一分利，五月底还。次弟借二百元，分半利，五月廿七日满期。戴老太太借二百元。

六日，雨　午前，写二叔、次弟信。午后，达斋来谈，云同乡在德者来信，每月用一千马克已够。代印泉题六祖憨师各片共五十七张，七百九十八字，一个钟头写毕。四时至十一叔处，又买信封、白凤丸等。天黑始归。晚写菊联字第二号信，附张镕西、大哥、仲朴弟、兰侄各信，是日托元嵩由浙江实业银行以银六百元，合银四百三十三两七二，购马克一万六千零四十七（点）八二汇至德国汉堡地方，转寄固（哥）廷“固（哥）廷根”是一座德国城市，据银行中人云，本日恰好有船开。

七日，晴　午前，至铸夫、龙门、滇生处，均不遇。归午饭。午后，赴邮政总局取仲朴寄三十元。又至招商局中华储蓄银行。四时至印泉处，客有啸湖、直仰、滇生、式南、铸夫诸人。晚饭后谈至十时始归。

八日，即旧历三月初一日，晴　早访龙门，略谈。至滇生处，请其题门簿夏承碑。归饭。午后赴美国书信馆取得菊弟一号信。又至招商局，至集成药房遇见孟婵携大媳、又菊、美孙在请黄琼仙诊治又菊患小便短促病。余挈美孙至宝记拍照一张，即偕回。余又出访十一叔处。夜理赴杭行李。

九日，早偕元嵩趁七时三十五分快车十一叔来送，车上遇王真民。十二时五十分抵杭。楚翘在车站相候。下车即至青年里，荀伯有病，余即出门访梦熊、冕士清泰二、湖滨、霁英、清华、劼生、茂梧、敏人，均未遇。晤未生云慧生有信言，如举出总统，当即离粤，敬夫归。见案有劼生、梦熊片。又出访陶董仍未遇。晤陈哲侯，托其保元嵩荐任职，渠允一星期内办出公事。归晚饭楚翘来谈又出访董陶、笃生皆不遇。归写信。

十日，星期，雨　乘轿出，在让旃处午饭。天黑归。敬夫来谈。十一时始去。写日记。即睡。晤劼生、京伯、次九、马一浮、让旃、佩之、陈子式、幼山、石麟，静山，絅斋出门，恭先病，未晤。

马君一浮以周子几善恶之几为余言颜子知几的注脚，又以知之未尝复行引伸（申）余颜子不贰过之说，深惬余意。

佩之托为其弟兰华谋教员。圣约翰毕业。

敬夫约后早九时至白衣寺传道，并劝余抛弃十二段锦工夫，以为人生之气，须顺自然之序，而行不宜以意强令如何流走转动，又言色尘之心，有自生灭性，初习静坐时，偶尔觉得心似静止，实仍系色尘作用，不能即认为定。

十一日，雨　午前，晤叔惠、哲侯、絅斋、静山缄甫赴德清未见。在笃生行内吃饭、写信。午后，晤叔詹、仲贤、佩之、厘才，访子才，文薮未见。晚楚翘、溥泉、允钦来谈。十时半又出访冕士，尚未归。

荀伯厅壁悬有郑苏堪书，王介甫赋、杨子云诗“史官蔽多闻，自古喜穿凿”，近今谈道者，多喜谈僧、谈佛，吾以为亦穿凿也。

十二日，晴　访冕士，已趁早车回沪矣。九时到白衣寺，践敬夫之约，晤于献廷、柯荔孙，回寓午饭。午后，晤恭先、子九、孚川、子材、让旃。晚早睡。

十三日，晴　早楚翘、佩之、吴兰荪来谈。出访敏人，即在彼午饭。午后，晤墨君、静山、沈培之、郑圣伊、程光甫、让旃，包蝶仙、莫伯恒、缄甫、成九、新甫叔均未遇。归夜饭。出访劼生，已睡。晤曹月江，略谈。十时回。

十四日，晴　出晤劼生、京伯、次九、冯仲贤、士鸿、定侯、羽生、同庄、奂伯、敬夫、平夫。素香斋午饭，夜十一时归。

奂伯夫妇与其二子专修佛法，持各诵经，不读他书。一女在师范学校肄业，亦茹素。

奂伯云，弥陀寺在松茅场石崖，有沈谷人先生书弥陀经全文，近居士等拟延高僧来主持此寺，又云暹罗全国人民均受五戒，有遇乞食之僧，均延入家中尊敬优礼。

徐君溥泉云，彼处有一专治疯狗咬者，异常灵验，但秘其方，不肯传人，云雷曾云，胡适之患糖尿病，狄卜尔云西医尚未发明能治此病断根之药品，后有中医某，教以服党参、黄芪而愈，又罗笃甫姻丈均以误服黄芪而卒，附记于此。

杭州访事每向报馆送新闻一条，可得二角。

蔡谷卿卒，有传其系与汉武同病者。

同庄云，培老初十到嘉兴。

商务书馆之《近世思想解剖》，中华书局之《思维术》，须购来一看。

第一师人数不足，只八成，第二师则仅对折，第十师、四师人数比应有之数尚有增出。

第一师全年九十余万，第二师全年七十余万，十师、四师每月十五万七八千元，一二师军官薪俸以银元计，四师、十师照此方例，以银两计，故丰啬相差甚远。

本年预算教育费须减七万元。

士鸿为余剔去眼角小粒，云其中有虫。

十五日，早至饮马井巷蔡宅吊唁。晤陈公侠、王子余、陆佑之，访仲谋、恭先均，晤静山、竹溪，湘泉作主人邀赴城站聚丰园午饭。客为胡海帆、袁巽初、冯仲贤等。午后，偕敬夫、平夫同步至钱塘门外茶楼。五时始归。途遇周予由，知在华富银行办事。夜与荀伯、缄夫同饭，楚翘、允钦来谈。早，茗恩、致和来谈，墨君来谈及均之病已大愈。佩之云维忱已有四月领不到薪。

本日时事新报有叶公夐日本玩具事业发达的由来一篇，甚好，又瞿世英、太（泰）戈尔研究中有数语，摘录如下：于是太（泰）戈尔宣言道“世界是从爱生的，是靠爱维持的，是向爱运动的，是进入爱里的”“存在的一切冲突，在爱里就沉没了，他们自己并且都消失了”“我们的心永远变迁，若寻着了爱，便有了止境了”“在爱里面，得失都调和了”。

十六日，雨　午前，访致和、平甫。午刻荀伯约往青年会聚餐，欢迎日本早稻田大学教授内ヶ崎作三郎，席次演说，末谓“中国和平、东亚和平，日本应负此维持责任，抑日本一国力犹不足，将连同英美为之”。闻之刺激，使人不安。四时出洗浴。夜荀伯约平甫、敬夫、叔通、缄夫共饭，谈至九时始散。

内崎谓美国之社会学、心理学、生物学极发达，又谓日本人之在加州者，小孩多同化于美国，十年之后，情感必深，种种问题，自然解决。

缄夫遇一美国人，批评张季直先生在通州经营各事之缺点有四：（1）不内行；（2）有二十二、三处公司、学校均由张氏自己一人出名管理，不独无此办法，于将来实增危险；（3）经济力尚充裕，人道主义全无研究；（4）缄夫忘之。

本日上海民国日报载有西人反对工部局预算文一篇，语多滑稽。

八日，寄菊联三信，内告以“注意胸腺与身长关系能否于胸腺未消灭前设法保存或补助之”。

九日，赴杭车中觉得车窗两旁及窗叶之露出处贴广告最妙。

十七日，趁七时早车，九时半抵禾。恰系星期日。仰先居然在校，即留午饭，兰侄因其顾氏表兄来禾寻之，至东门旅馆同饭。兰在校尚好，在二年级甲班。午后，偕兰侄至南门，颂禄允赠余以父亲字四幅，喜极。晚饭后，仍返中校古农来中校，因余至南门未遇。是日午后始畅晴。（廿三日补记）晚参观厨房，余主张上面开窗。

十八日，粥后七时辞仰先并为兰侄请假至南门坐毛弟船船￥一元二角，饭￥二角，酒￥二角。走王店塘抵陆泾港，展谒先茔，督阿全薙草临行给以一元，去岁吴六顺所补松树又枯四株，今春补种石楠一株，甚好。祭扫毕，顺道至就近各茔一拜。回船走海盐塘到东门车站，只二时三十分，与兰侄同往茶楼小憩。颂禄来，余因至县署一转，适汪知事赴游艺场，未晤，遂出城。四时半上车，颂弟、兰侄均送至车边。七时抵沪，即回家。晚间未出门。

十九日，晴　小婶母今日在西门内关帝庙设奠。早仲朴、子顾来谈，遂偕至关帝庙，客有啸荪、子撰、介侯诸人。余途遇云雷，告知弘一师俗姓李，即前在师范教授图画、音乐，法名演音。寓斗姆阁，因入访之，知晚须赴温州。经忏毕，余趁电车至振华旅馆晤秦介侯，复访云雷。东荪邀至陶乐春晚饭，客为甘子言四川刘湘代表、张之方晨报主笔、斐予佛、苏王搏、沙旭初诸人。饭后又至报馆小坐，即回。

二十日，晴　访介侯，弘一师题件均未遇。至沈信卿处，乞渠笔墨。又至书弟、十一叔、仲朴弟处。归晚饭。

二十一日，真民、镇之来谈。午后至培老、西林、印泉处。归晚饭。复出至朔文、叔通、云抟长浜路马霍路口长乐里朝东门、季鸾各处。晴，晤者圈出。

二十二日，写王仁山、次弟信。午后出访青箱、未生、葛稚威、邹鸿宾、云雷、四伯父。至五洲药房购牛痘苗一枚三角，访达夫、伯衡未遇。禅悦斋吃面一碗一角二铜元。访叔通未晤，遂回家，写信八封。晴

二十三日，阴，微雨　午后三时至江苏省教育会，听狄雷博士讲演，翻译郭秉文君（演辞摘要录后）。寓中又告无米，不得已访季鸾假三十元。归次乾、叔通皆枉顾，略谈即去。接菊儿第八、九号来信。

郭秉文报告谓：狄雷系全国政治经济学会会长。演说（一）海约翰之开放门户主义……应以力图保全主权为全国政治方针……统一固须权力，

尤赖知识……凡多数人民对于国家观念甚为薄弱之国，此种集合体，不能即认为真正的国家……中国能明了国家意味之人甚为少数……中国不统一之原因：一、言语，二、省与省之冲突，三、督军盘据，四、又有国际之利用挑拨……凡信赖希望别一国为之帮助者，其国必不能有振兴之望……教员新闻记者又出版物甚多之机关，如商务书馆等，皆当负有一种责任，即注意唤起并造成全国人民对于国家之思想……中国有最要者四：卫生、教育、经济、政治……男女必须受同等教育……英文为输入文明利器，须注重与提高……重科学……须编普通容易明白的关于法制一类书籍，使流播全国……凡不注意教育儿童，是自削弱其种族将来之发展力……（二）选举宜教育资格与财产资格并重，尤宜仿照美国选民，须自己报名签字制度。

郭秉文言檀香山新有一种大学计划，拟广招华人前往，暗中实含有抵制日本意思。秋间开万国教育会，郭君须代表前往。

二十四日，阴　午前写樾园、次乾、菊联四号信。午后写一对，系代汤斐予，怕极。三时至邮政总局寄信。据邮局人言，今晚恰巧有船放洋。又至宝记找账。即赶赴家庭日新会，黄胜白演说已毕，余被推编辑员。归家晚饭，写寄次九信。

为又菊存款三元，在江苏职业学校附设之职业储蓄银行，每月二十四日由银行派人来取，每月三元，定期十五年。

二十五日，雨　中华新报，湖南省宪法全部发表。午前，伯恒来谈，下棋一局。午后，丁贵樵、王楚翘来谈。写赵夷午、劼生、允钦、大哥、三弟、榴侄信。

丁君言启合肥阅丁福保所著佛学撮要颇感动，已茹素。余意是书连举事实，有合于前记罗素批评马克思资本论之旨，丁君则云，无征不信，圣人之言，良不诬也。

去年履椮舅故后一日，晤欧阳石芝君、渠云，可惜叫不起履椮来，渠从前常来宝记，余劝其用力念佛，渠每答以实在忙不过来，现在我想问他一句话，“现在到底还忙不忙呢？”欧阳君此语极好，令我不能忘。

看经如人临观明镜，虽毫发可鉴，身在镜外，诵经则自闻自声，念到心境寂然时，只觉上下四方，俱是佛音流畅，弥满空际，却如入水浴，浑身浸润在里边，一一毛孔都含乐趣。

入手工夫一错，或不切实，譬如以漆漆物一般，后来，无论加多少回工，终是廓起，不如根本的刮去，从头做过工夫，方才得一寸是一寸。

一日晤培老，我言，新思潮汹涌不可逆，培老太息言，带鱼、石首鱼，都是顺潮流的，千头万头，后来看他都入了网。我谓培老此数语有诗的意境。

咸丰纪年六月初十、十一日，江东老布衣包世臣记之。初十、十一连记两日见石印本论书十二绝句。

灵魂轮回等问题，如科学家亦能以学理证实之，世间男女的关系，家族的关系，人生苦乐的问题及其他社会一切组织，皆将根本受一大打击。

烁迦和尚，湘人，日本士官毕业生，已出家二年，在南华寺遇之，云，烦恼曾未断净。吴雷川君笃信基督，热心传道，去年告我云，枯寂难堪。奂伯夫妇同学佛法，一心坚卓，觉其已能了知娑婆是苦，而亦未必悟到信仰乐处。我以为终是危险，恐或生退转之念也。

二十六日，阴　知白来谈，留午饭。午后，访雨农，畅谈。至印泉处晚饭，向假百元，归已十时。晤岳军、滇生、芸石，约于二十九日午刻假座爱文义路一百零六号刘亚修寓处公宴西林。今年西林六十一岁也三月二十三日生日。

二十七日，阴　仲朴来谈，留午饭。阅报、写信数封。三时半至和民坊还婶母三十元，返已天黑。

二十八日，晴　早至青箱处，乞其代写复协和校长信，即在彼午饭。午后，访季鸾，还三十元。复至商务书馆等处买书，即归。夜青箱来。印泉通知明日公宴作罢。

二十九日，颂禄、信卿来谈。早至和民坊。晚至招商局古墨斋。如登叔云，有一种熊毛作的笔非常之好。

三十日，晴　午前，写信黏报。午后，至仓硕老伯、招商局、印泉各处，并剃头。

五月

五月一日，星期，午前，仲朴来谈。午后，偕敬夫同访云搏，不遇即返。旧历三月二十四日。

二日，雨　午前，仲朴持征文启稿来，寄大哥信，接仰先信，知禾中有屋一所。午后，至十一叔处，遇张彦云谈天至黑。复至古墨斋一转，即回寓。

仲朴有洪宪邮票三枚，系平贴在一硬纸上，一伍分，中印前门画像，一壹角，中印午门，一伍角，中印太和殿，上有中华帝国四字，下有开国纪念四字，三种均一样。蔚文函云，前月大风，据老北京人云，庚子年亦如此，且起风之日相同。云搏之女并未嫁人，系定而退婚者。我前告人错误，愧极愧极。彦云云，暗杀吴禄贞系李纯主使，而齐燮元实行。彦云在二十年前乙未岁，曾间接闻一欧美预言家云，后此再遇二甲年，世界将不了，大兵、大疫、大水、大风、大旱，举凡种种天灾人祸，将无一不备，届时各国皆将有破裂纷乱之害，能自立自治者，不过一个国家云云。当时，我在杭州，确听彦云说过。

三日，阴　午后出，寄菊联五信，至东亚定明晚菜单。访培老，却好自禾归来，彦云出，未晤。翔如长谈。晚饭后复出，回，复东亚定菜，因戴老太太、雨农均病。洗浴归，已十一时半。

四日，七时赴车站送仲朴。八时至叔通处，已赴银行。午后，送孟婵至长乐里，先回。复出至商务书馆等处买书。小菊、闰同去。夜写字。

五日，雨　早车赴禾，在中学校午饭。午后，看徐家埭、金明寺埭屋两所，皆不合意。特别车归，晤徐申如君在车中看点滴，罗素政治理想有云，除男女及儿童无可注意者。

六日，雨　写字未出门。

七日，晴　早访云雷，留午饭，即归，未出门。元嵩兄云，已另租屋在江西路天津路口，永源里鼎元棉纱号楼上，明日即须迁往。

八日，即旧历四月初一日，星期，晴　午前，张君叙庭来谈。午后，偕小菊赴家庭日新会，在半淞园摄影会。毕至马彦聪家吊唁新民里六号，并访吴莲伯君老渔阳里一号。归知五点钟东荪来过。

九日，早，晴　访佛苏、斐予、叔通、元嵩、拙存、自严、雨农。归午饭。写字未出。徐君溥泉来，赠定海酱油四瓶。午后雨。

十日，雨　午后晴，出访印泉、慧僧、叙庭名利栈三十七、梦岩泰安栈四十。购信纸、熊毫笔中将两元六角。归已十时。

印泉此次暗杀诉讼即律师一项已费银三千两，梦岩云，中山总统票共用二十余万元。

十一日，雨　午后晴，访慧僧、东荪、达斋长谈，五时始回。

十二日，午前写信，午后写字，傍晚达斋来，偕访印泉，夜饭后十时半回。

十三日，晴　偕孟婵挈又菊候黄琼仙医生，又至集成药房买药，归已二时。饭后至和民坊，傍晚回。一日光阴遂如此断送，为之奈何。

十四日，早车赴禾，在中校午饭，观运动会，晤篆宣、冕百，三时后，往南门大街看一屋，勉强可住，仰先留夜饭。趁八时十五分夜快车返沪。晴

十五日，晴　午前，访慧僧、次九、云雷、东荪。午后，偕孟婵赴家庭日新会，并看四伯父，归已天黑。今日系星期。

十六日，雨　理报纸，竟日未出门。

十七日，晴　写字，竟日未出门。夜赴石小川、卢小嘉招饮，在广西路新利查。

十八日，晴　午前，访青箱，借五元，季鸾借二十元。午后，访石小川，未遇。偕孟婵挈又菊至云岫处，归寓复出，至招商局和民坊。

本日所记系十九日夜赴石、卢二君召，系十八日事，十八日乃漏记一日也。

狄雷讲演未来之中国，有云，美国在五十年之前，亦曾经受许多挫折，若非华盛顿、哈密儿顿等出而排难解纷，早为欧洲属土矣，今中国亦当有此种领袖，支持国运，谋全国统一，并研究国家制度与公共责任，于是提倡农工商各项，以奠国基，又从而治理社会教育，平民政治，普遍法律等，增加国民之兴趣与幸福，操纵国运，一扫陈腐。要之国家领袖，不知不识，最为危险。故一国领袖，当受高等教育之人充之。美国近二十年来，无论男女，有高等大学之知识，方能共负国家之责任，故谓新时代中，新人物可充国家之领袖，托留琴之大英豪，吼克脱儿祷上帝之言曰，此孩童当较彼父为伟大，能如此者，则中国之隆，计日可待。

书法

沈钧儒书赠陆介夫书

释文：

小楼作画不似画，
以手扪之疑有痕。
元旦落笔起突变，
峥嵘能写怒涛翻。
悬之狱壁海气泾，
晴窗黯淡失朝暾。
春风翩然忽满眼，
幽梅着蕊吐奇馨。
疏疏点点复斜斜，
瘦干中贮冰铁魂。
丹青狡狯拟造化，
意之所注操则存。
吾闻昔有流民图，
把握现实鸣烦冤。
方今国难日煎迫，
何不咨嗟穷其原？
社会万象供素描，
一花一水安足论。

介夫吾弟属书，钧儒时在渝城。

沈钧儒书旧作“纪念韬奋逝世15周年”

右杂记为一九四七年旧作共五首，韬奋今年十五周年，兹录两首为纪念

释文：

交同兄弟有逾之，
谊兼师友复奚疑。
相知数载遭天夺，
到此如何能不悲！
第一相关是读书，
商量选择到熊鱼。
求知今日应尤急，
叉手旁皇孰启予。

一九五九年七月于北戴河
钧儒

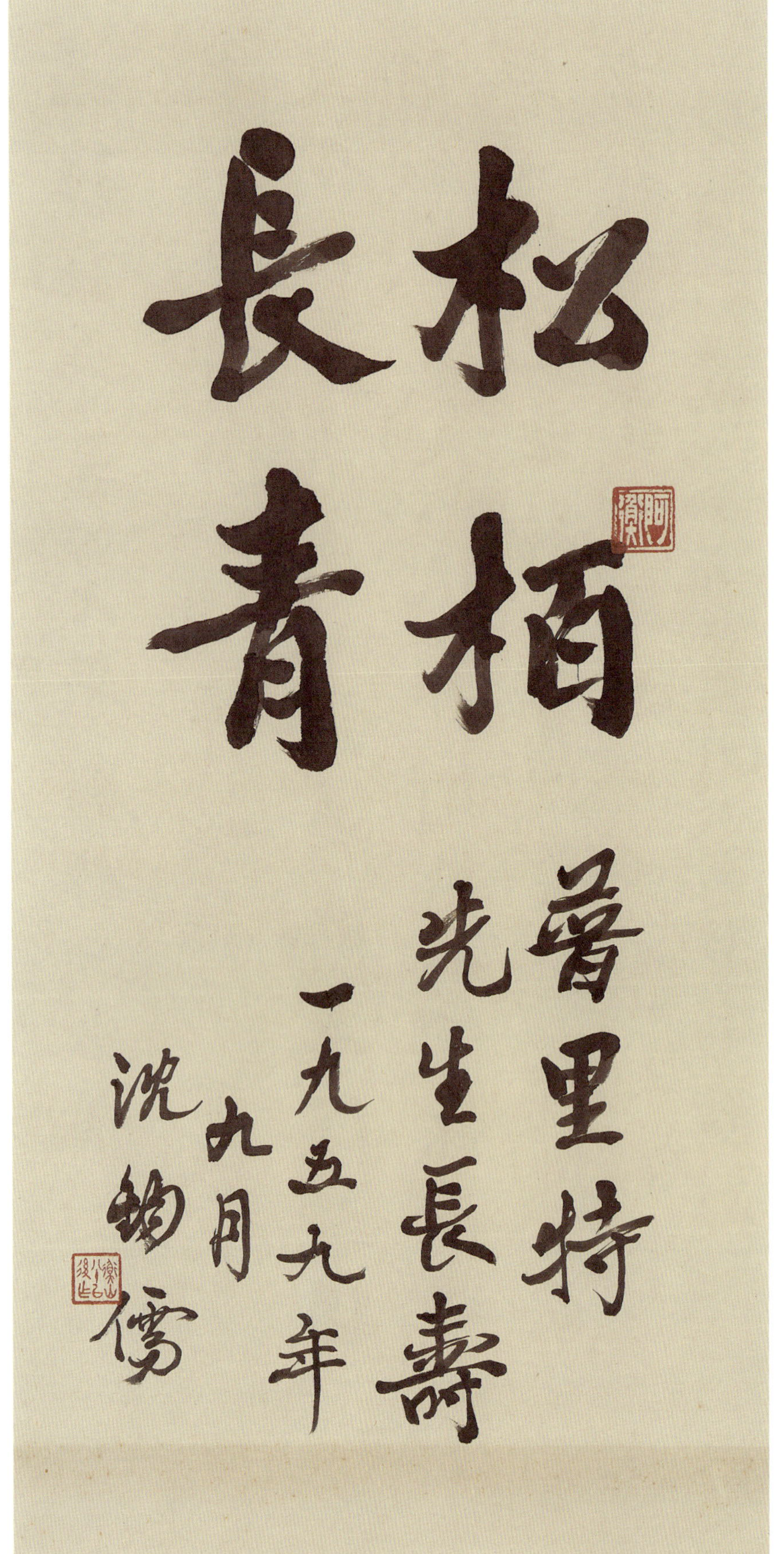

沈钧儒贺普里特寿

释文：

松柏长青

普里特先生长寿
一九五九年九月
沈钧儒

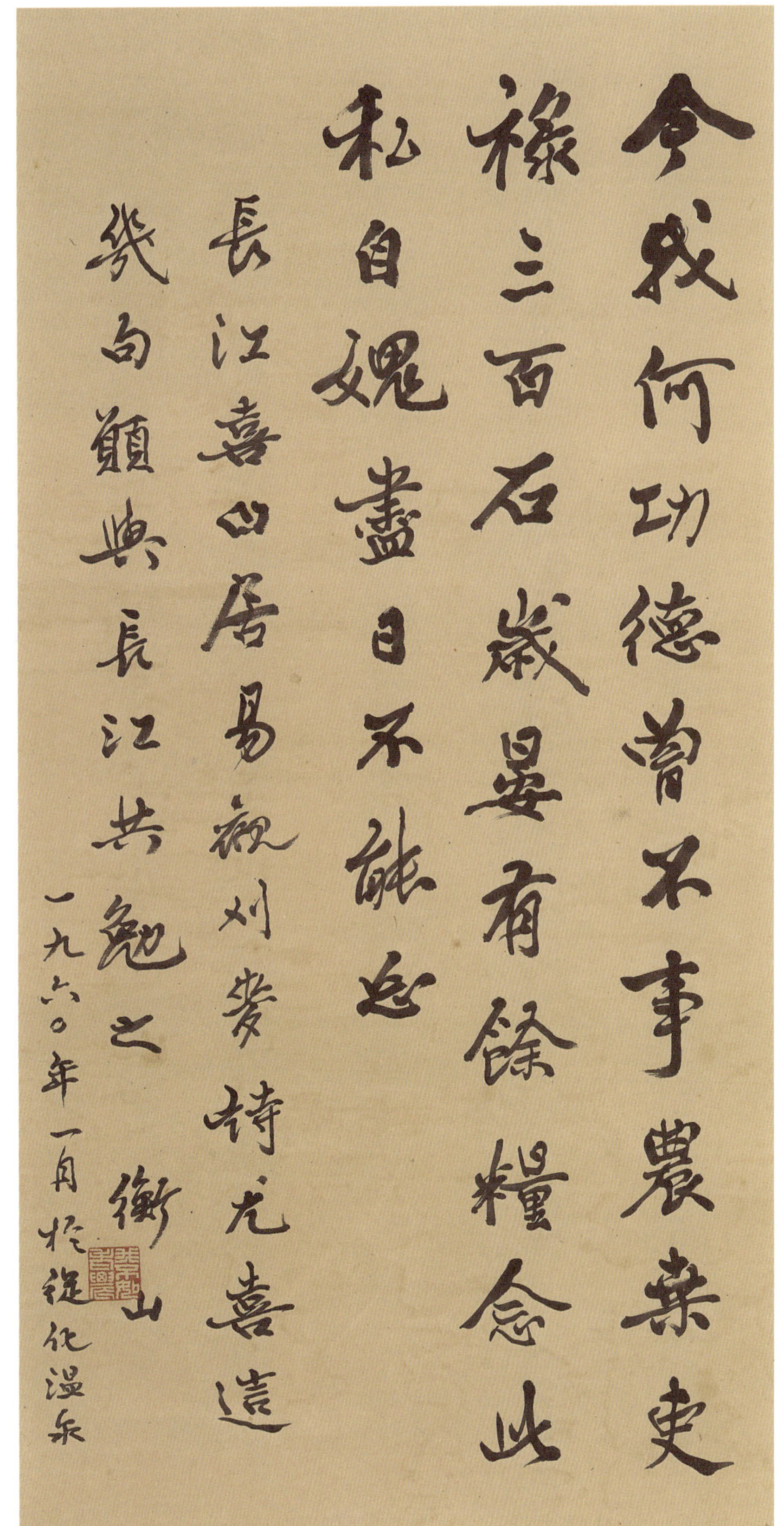

沈钧儒书录白居易《观刘麦》诗赠范长江

释文：

今我何功德，曾不事农桑。
吏禄三百石，岁晏有余粮。
念此私自愧，尽日不能忘。

长江喜白居易观刘麦诗，尤喜这几句，愿与长江共勉之
衡山
一九六〇年一月于从化温泉

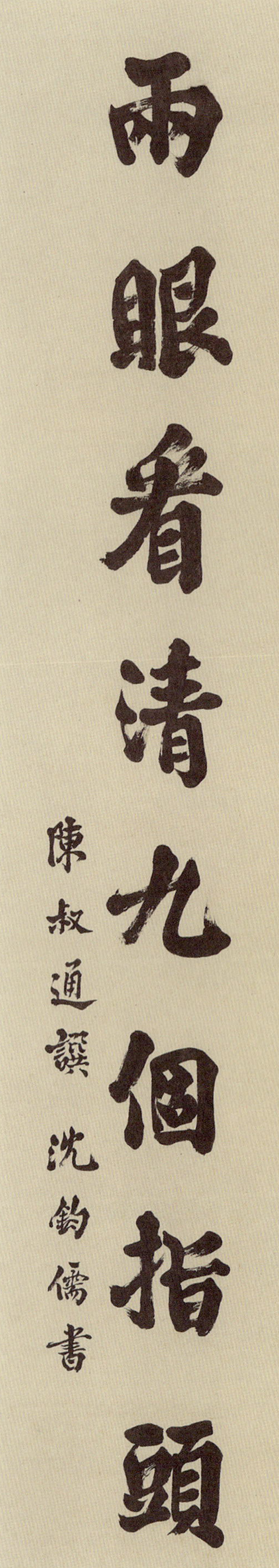

沈钧儒书录陈叔通撰联

一九六零年

释文：

一心记住六亿人口
两眼看清九个指头

陈叔通撰　沈钧儒书

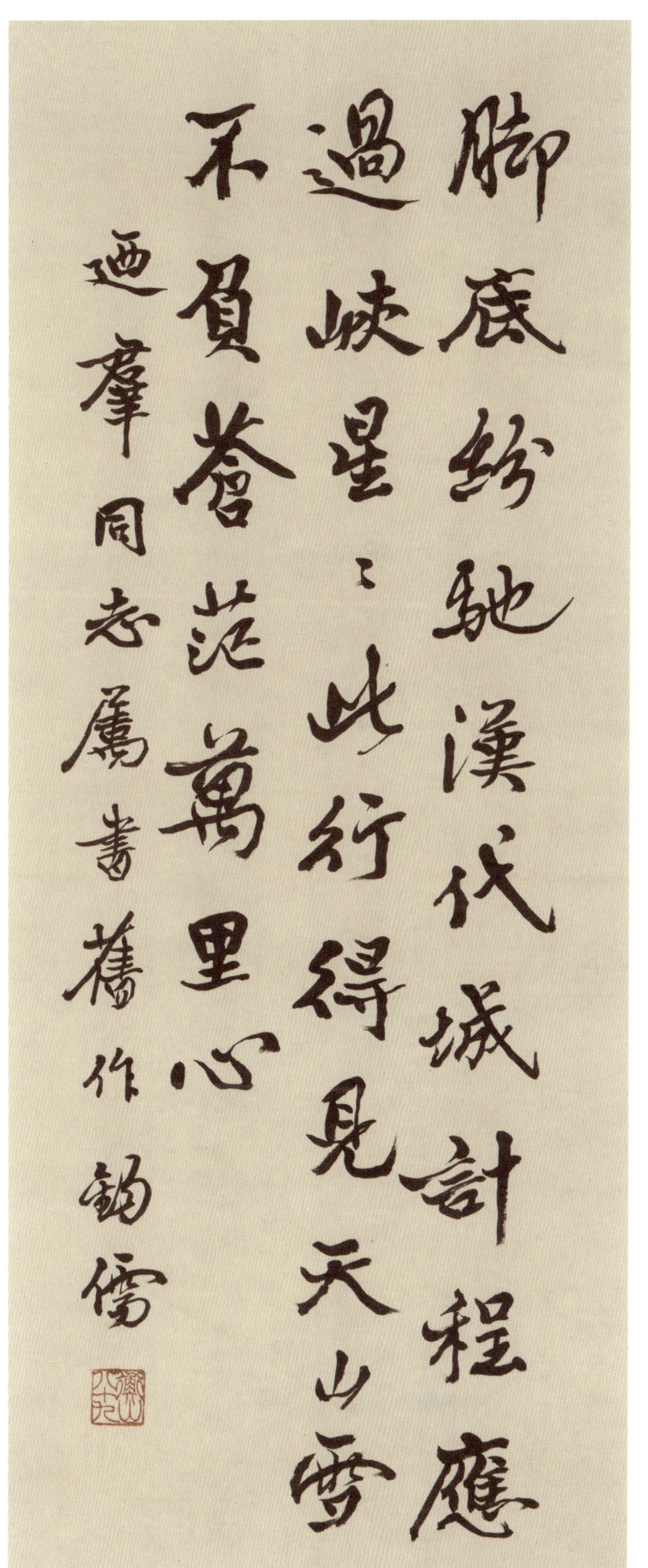

沈钧儒书旧作赠黄迺群

释文：

脚底纷驰汉代城，
计程应过峡星星。
此行得见天山雪，
不负苍茫万里心。

迺群同志属书旧作　钧儒

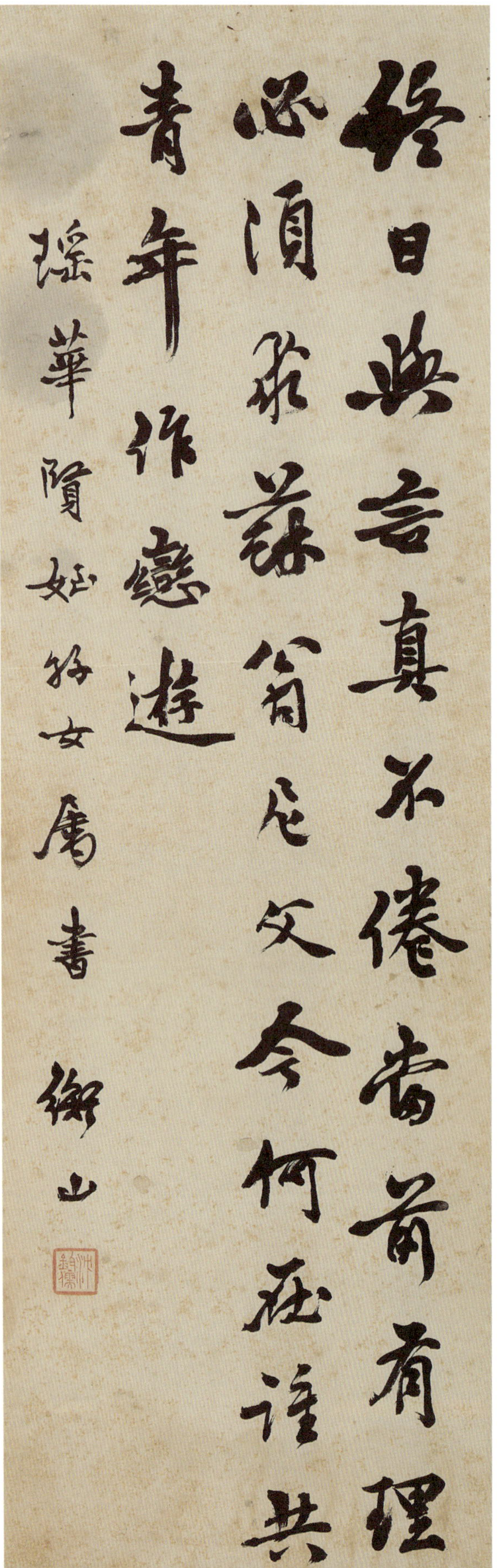

沈钧儒书赠瑶华七言诗

释文：

终日与言真不倦，
当前有理必须求。
苏翁尼父今何在，
谁共青年作恋游。

瑶华贤侄孙女属书　衡山

毛主席詩詞二十一首

沁園春

長沙

獨立寒秋湘江北去橘子洲頭看萬山紅遍層林盡染漫江碧透百舸爭流鷹擊長空魚翔淺底萬類霜天競自由悵寥廓問蒼茫大地誰主沉浮　携來百侶曾游憶往昔崢嶸歲月稠恰同學少年風華正茂書生意氣揮斥方遒指點江山激揚文字糞土當年萬戶侯曾記否到中流擊水浪遏飛舟

沈钧儒书录毛主席诗词二十一首
沁园春·长沙

释文：

独立寒秋，湘江北去，橘子洲头。
看万山红遍，层林尽染；漫江碧透，百舸争流。
鹰击长空，鱼翔浅底，万类霜天竞自由。
怅寥廓，问苍茫大地，谁主沉浮？

携来百侣曾游。忆往昔峥嵘岁月稠。
恰同学少年，风华正茂；书生意气，挥斥方遒。
指点江山，激扬文字，粪土当年万户侯。
曾记否，到中流击水，浪遏飞舟？

七律 長征
紅軍不怕遠征難萬山
千水只等閑五嶺逶迤
騰細浪烏蒙磅礴走泥丸
金沙水拍雲崖暖大渡橋
横鐵索寒更喜岷山千里
雪三軍過後盡開顏

七律·长征

释文：

红军不怕远征难，万水千山只等闲。
五岭透迤腾细浪，乌蒙磅礴走泥丸。
金沙水拍云崖暖，大渡桥横铁索寒。
更喜岷山千里雪，三军过后尽开颜。

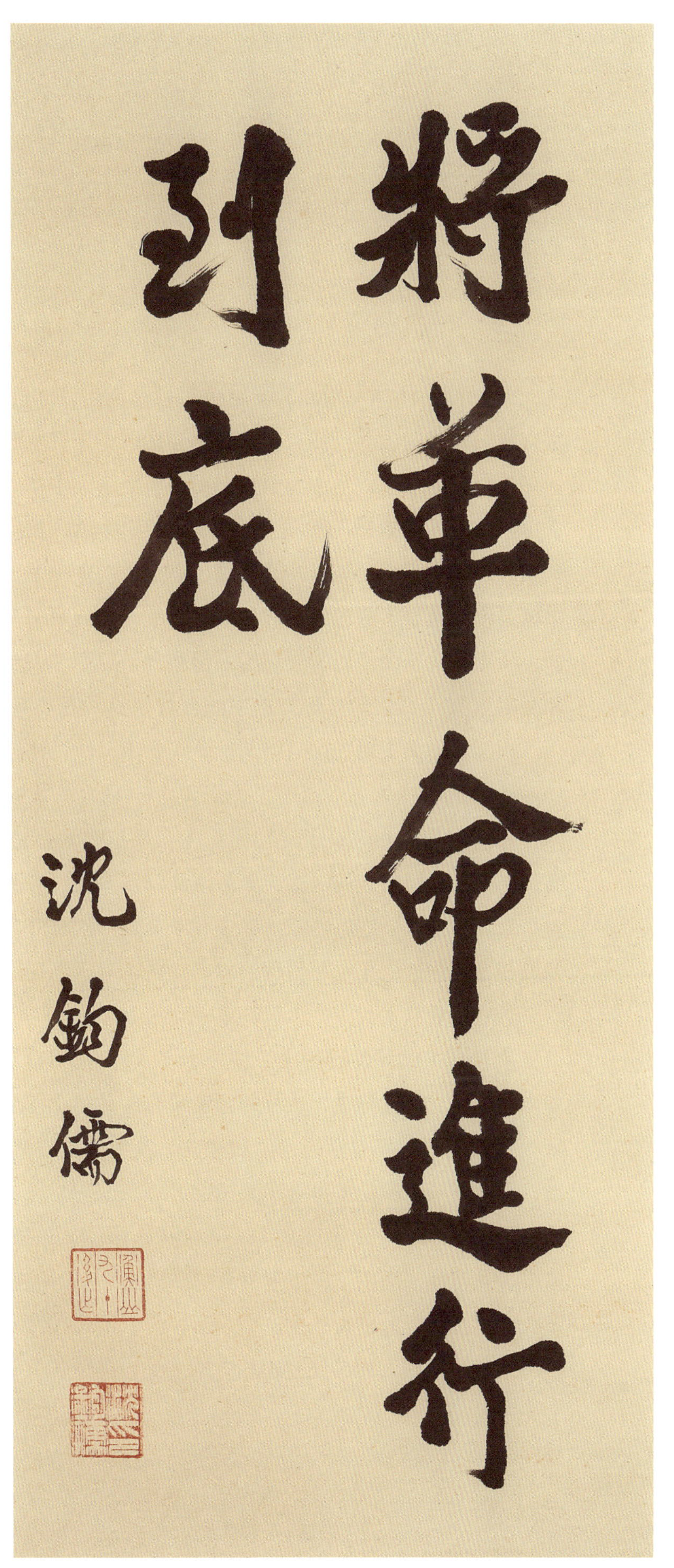

沈钧儒书条幅

释文：

将革命进行到底

沈钧儒

后 记

沈钧儒（1875—1963），字秉甫，号衡山，浙江嘉兴人。1939年在重庆发起成立统一建国同志会，1942年率救国会加入中国民主政团同盟。1948年代表民盟参加新政协筹备工作，当选为中央人民政府委员。中华人民共和国成立后，曾任最高人民法院院长，第一、二、三届全国政协副主席，第一、二届全国人大常委会副委员长，民盟中央主席等职，是我国德高望重的老一辈国家领导人之一。为深刻反映中国共产党领导下爱国民主运动及革命统一战线艰辛与光荣的伟大历程，展示沈钧儒先生不凡的革命经历和崇高的人格精神，让更多人了解他笔墨手书下的时代思想和精神情操，感悟他言传身教中的良好家风，在嘉兴市政协高度重视和组织领导下，由嘉兴市文史研究馆与南湖革命纪念馆、沈钧儒纪念馆共同编纂本书。

本书为沈钧儒先生原件手迹影印，分为“家书”“诗稿”“日记”“书法”四个部分，整理和收录了沈钧儒先生家属捐赠给嘉兴的部分亲笔手书稿，并附释文。全书在业已出版的《寥寥集》《沈钧儒家书》等基础上，进一步全面审慎地校对、纠正、整理、编辑而成，诸多细节尚属首次公开，是真实记录和生动展现这位德高望重的爱国人士心路历程的珍贵史料，对于更加深入地开展有关沈钧儒先生的研究具有重要意义。

在两年多的编注过程中，编委会多次召开会议，就手稿整理、篇目分类、影印内容、释文标注等进行认真的讨论研究，并广泛征求有关部门和党史、民盟历史研究领域及书法界专家的意见和建议，其间更是得到了沈钧儒先生亲属的热情支持，从而保证了编注工作有序顺畅推进。

在本书编注、出版过程中，陈水林、李朝林、柴林根、陈家骥等同志给予了诸多无私帮助，提出了许多宝贵意见，民盟嘉兴市委会、中共嘉兴市委宣传部给予了大力支持，群言出版社在出版方面付出了很大努力，在此一并深表感谢。

因能力有限，本书还有不尽人意之处，谨请各位专家和读者予以批评指正。

编 者

2024年2月